本书得到国家自然科学基金项目
——主导性高技术产业成长机制研究（编号：70773090）资助

高技术产业经济丛书
赵玉林 主编

高技术产业融合研究

单元媛 著

科学出版社
北 京

内 容 简 介

本书运用产业经济学理论、管理学理论等相关理论和方法，构建高技术产业融合研究的分析框架，从产业融合的视角对高技术产业成长问题进行深入、系统的研究，揭示在产业融合发展趋势下高技术产业融合的作用机制和融合成长的路径，为加快高技术产业成长提供新的思路。

本书可供科技工作者、企业和产业管理人员、高等院校师生以及对高技术产业有兴趣的人员阅读和研究参考。

图书在版编目(CIP)数据

高技术产业融合研究／单元媛著．—北京：科学出版社，2012.9
（高技术产业经济丛书）
ISBN 978-7-03-035603-1

Ⅰ.①高… Ⅱ.①单… Ⅲ.①高技术产业－产业发展－研究－中国 Ⅳ.①F279.244.4

中国版本图书馆 CIP 数据核字（2012）第 223455 号

丛书策划：林　剑
责任编辑：林　剑／责任校对：张怡君
责任印制：徐晓晨／封面设计：耕者工作室

科 学 出 版 社 出版
北京东黄城根北街 16 号
邮政编码：100717
http://www.sciencep.com

北京九州迅驰传媒文化有限公司 印刷
科学出版社发行　各地新华书店经销
*
2012 年 9 月第 一 版　开本：B5（720×1000）
2017 年 4 月第二次印刷　印张：15 3/4
字数：300 000
定价：120.00 元
（如有印装质量问题，我社负责调换）

《高技术产业经济丛书》序

高技术产业是高研发投入、高创新性的高智力密集型产业。自20世纪80年代以来，世界各国将高技术产业作为战略产业重点扶持，竞相发展，高技术产业成为新的经济增长点，成为世界各国科技和经济竞争的焦点。我国"863计划"和"火炬计划"的实施、高新技术产业开发区的建设，使高技术产业自20世纪90年代以来迅猛发展。"十一五"期间，我国高技术产品出口额连续5年保持世界第一，高技术产业增加值位居世界第二。2010年，我国高技术制造业总产值为76 156亿元，同比增长24.6%；高技术产品出口额达到4443.5亿美元，同比增长32.7%，比"十五"末翻了一番；高技术产业增加值达19 000亿元，同比增长16.6%，是2005年的2.3倍。高技术产业对经济增长和产业结构升级起到了突破性的带动作用。其中，一批战略性新兴产业发展壮大，并转换为主导性高技术产业，对产业结构升级的带动和促进作用显著增强。然而，我国高技术产业发展与发达国家尚存在较大差距：一是高技术产业占制造业比重还不高，美国在1982年这一指标达到10%，日本在1984年达到这一指标，我国在2003年才接近10%（9.9%），且2006年以来又呈下降趋势；二是高技术产业的效率偏低，我国高技术产业全员生产率只是美国的1/6、日本的1/5、德国和法国的1/4；三是高技术产业的研发（R&D）投入强度仍然偏低，2008年我国高技术产业R&D投入占高技术产业总产值的比重为1.4%，远远低于美国（16.5%）、日本（10.6%）、英国（11.1%）等发达国家。因此，如何加快我国高技术产业发展，提升其国际竞争力，充分发挥其对经济发展方式转变和产业结构升级的促进作用，是一个亟待解决的热点和难点问题。

高技术产业发展是科技与经济的交叉研究领域，高技术产业经济是产业经济学研究的前沿领域。武汉理工大学科技创新与经济发展研究中心是以高技术产业经济为主要研究方向的湖北省人文社科重点研究基地，自20世纪90年代开创这一研究方向后，先后承担并完成了4项国家自然科学基金项目、2项国家社会科学基金项目和20余项省部级项目，包括"科技成果向现实生产力转化的供求结构研究"（国家自然科学基金，编号：79570052）、"高技术产业生态系统管理理论与管理创新研究"（国家自然科学基金，编号：79873042）、"高技术产业化的界面管理研究"（国家自然科学基金，编号：70073023）、"发展对经济增长有突破带动作用的高技术产业研究"（国家社会科学基金，编号：04BJY035）、"主导性高技术产业成长机制研究"（国家自然科学基金，编号：70773090）等。依托这些国家和省部级项目，陆续出版了《科技成果转化的经济学分析》（企业管理出版社，2000）、《高技术产业经济学》（中国经济出版社，2004）、《高技术产业化界面管理：理论及应用》（中国经济出版社，2004）、《创新经济学》（中国经济出版社，2006）、《高技术产业发展与经济增长》（中国经济出版社，2009）、《基于科技创新的产业竞争优势理论与实证》（科学出版社，2011）等学术著作10余部，在权威和重要刊物发表论文100余篇，获湖北省科技进步奖二等奖1项、三等奖1项，获湖北省哲学社会科学优秀成果奖二等奖1项，获湖北省自然科学优秀学术论文奖二、三等奖10余篇。

  武汉理工大学经济学院1995年获产业经济学硕士学位授予权，2003年获产业经济学博士学位授予权，高技术产业经济是该学科点培养博士生和硕士生的第一方向，依托上述国家和省部级课题培养高技术产业经济方向博士研究生10余人、硕士研究生50余人，获湖北省和学校优秀博士学位论文、优秀硕士学位论文10余篇。

  在这些工作的基础上，我们对多年来在高技术产业经济方面的研究成果进行系统整理，在科学出版社的大力支持下，出版这套《高技术产业经济丛书》。这套丛书第一批包括：《高技术产业经济学》（第二版）、《主导性高技术产业成长机制论》、《高技术产业关联理论与实证研究》、《高技术产业集聚研究》、《高技术产业融合研究》、《高技术产业组织研究》等六部。这套丛书的出版，既是我们多年来在高技术产业经济领域研究成果的系统总结，也是对高技术产业经济领域一系列重大理论和实践问题的探索，为读者对高技术产业经济理论有全面系统的认识，从而为开展更深入的研究和思考奠定理论和实证基础；为政府制定加快高技术产业和战略性新兴产业发展的有关政策提供理论依据和决策参考；为高技术企业制定持续发展和不断提升竞争力的战略规划提供理论指导。

赵玉林
2011年6月6日

前言

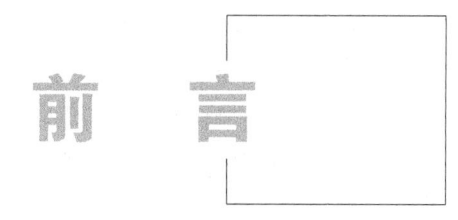

近三十年来，世界科学技术发明和发现比过去两千年的总和还要多。高技术的商品化、市场化和产业化，大大提高了劳动生产率、降低了成本，特别是高技术产业成长带动了整个国民经济和社会的快速发展。由该产业带来的物质财富和精神财富的增加，劳动者素质的提高，社会环境的改善等，是以往任何一个产业都无法做到的。

高技术具有较高贡献率和较强产业关联度，其市场化和产业化可以促使整个产业结构合理化和高度化，并对经济发展产生巨大推动作用。伴随着知识经济的迅猛发展，高技术产业已经成为当今世界经济发展的强劲动力和国际竞争中的战略制高点。当今世界经济的发展趋势也已经由传统的依靠能源和材料消耗的工业经济，转向了以生物技术、微电子技术、通信技术等高技术为代表的知识经济。世界各国都在努力地发展高技术，努力培植高技术创新企业，把高技术产业作为增强国家经济竞争力的"战略产业"和导致经济增长的"先导产业"，以求在未来的经济发展上能占据制高点。

高技术产业具有高成长性和高关联性，对产业结构升级和经济增长具有突破带动作用，其健康快速发展是关键。这对高技术水平相对落后的我国来说，在实现产业结构跨越式发展和调整经济发展战略时，就更需要准确把握高技术产业发展方向。

我国高技术产业的真正起步，是在20世纪80年代中期，从"863"计划确定七大高技术领域跟踪世界先进水平开始，经过20多年的发展，已经在不同高技术领域及其产业化方面取得了重大进展，为今后产业化发展提供了技术基础。20世纪90年代以来，我国高技术产业始终保持着较高的增长速度，生产规模不断扩大，在国民经济比重进一步提高，对经济增长和产业结构升级具有突破带动作用（赵玉林，2006；2008）。近年来，我国高新技术产业持续快速发展，高新技术产业规模的年平均增长速度高达27%，高技术产业总产值占制造业比重已经达到16%。2008年，我国高技术产业总产值达57087.38亿元，是1995年4097.76亿元的13.9倍。但总的来看，我国高技术产业仍处于起步发展阶段，即使是在经济发展较快的地区，高技术的贡献率也仅为30%左右，而经济发达国家却高达60%~80%。所以，如何加快我国高技术产业成长，不仅是实业界的热点和难点，也是理论界的一座理论高峰。

产业融合是伴随着技术的进步而产生的不同产业之间界限逐渐模糊的现象。产业融合使资源在更大的范围内进行配置，带来了规模经济和范围经济性，导致了企业成本的下降，带来了更好的产业绩效和巨大的增长效应。

目前，加速发展高技术产业并充分发挥其对经济增长和产业结构升级的突破性带动作用，研究促进高技术产业健康、快速成长的机制具有重要的现实意义。然而，从国内外文献回顾的结果来看，与产业经济学的其他领域相比，产业融合的研究都还处于初期阶段，大多数研究局限于现象的分析，理论框架也不够全面和系统，主要集中在个别具体行业的产业融合。除了研究行业的局限性之外，对于产业融合程度测算的研究也不太成熟和系统，融合后产生的经济效应以及对产业结构的影响仍停留在理论阶段。本书在对产业融合程度测算的基础上，通过测算结果揭示产业融合度与产业结构优化升级的关系，这对于产业结构理论的实证研究有一定的借鉴意义。而从产业融合的角度来研究高技术产业成长问题，构建高技术产业融合成长的分析框架，可以丰富和补充产业成长理论，研究的结果将为高技术产业健康快速成长提供理论指导，为政府制定有效的促进产业融合的政策提供决策参考。因此，本书的研究具有重要的理论和现实意义。

本书主要研究高技术产业融合机制和融合成长路径问题。全书共分六章：第一章为绪论。第二章阐述产业融合的基本理论，为研究高技术产业融合问题奠定相应的理论基础。第三章分析高技术产业融合机制与融合成长路径，为下文探索高技术产业与不同传统产业的融合成长奠定理论基础。第四章、第五章、第六章分别研究了高技术产业与农业、高技术产业与制造业、高技术产业与服务业的融合。从技术渗透融合的角度分析生物农业的产生背景、发展现状与问题，并提出促进生物农业成长的对策建议；从模块化分工角度揭示出汽车电子产业的产生背景、发展现状与问题，并提出促进汽车电子产业成长的对策建议；揭示高技术产业与服务业的融合过程，探索高技术服务业的特征与范畴，并以现代物流产业为案例进行实证研究。结束语是对全书内容的总结与研究展望。

研究表明，高技术产业融合导致了许多新产业的出现和成长，拓宽了产业发展的空间。对于高技术产业而言，本身具备的高成长性、高创新性和高关联性的特性，加上产业融合形成的复合经济效应，使得以融合方式成长成为高技术产业成长的重要路径之一。高技术产业融合形成的复合经济效应使得产业形态创新、产业组织创新和产业结构创新，由此高技术产业可以获得巨大的增值潜力，派生出极高的产业成长速度。要发挥高技术产业对经济增长的突破性带动作用，就必须加快高技术产业的融合成长，实现高技术产业的升级转换，要大力发展高技术产业，提高产业整体技术水平，培育新的经济增长点。

电子信息产业的发展应该成为重中之重，大力发展汽车电子产业。生物技术产业的发展应该重点扶持，优先发展生物农业。大力发展高技术服务业，加强信息基础设施的建设，增强电信服务的能力，推进电子商务和电子政务发展，积极发展数字内容产业，培育高技术服务业。要大力发展促进传统支柱产业升级的高技术产业关联成长，促进高技术产业创新扩散，加快高技术产业的融合成长。

作为赵玉林教授主持的国家自然科学基金项目《主导性高技术产业成长机制研究》（编号：70773090）的部分成果，凝聚了集体智慧。罗威和黄莉参加了本书第三章和第六章的部分内容的调研、数据处理和撰稿，赵玉林教授从选题、框架设计、文献收集、撰写到修改完善都给予了悉心指导，邹珊刚教授、任剑新教授、陈冬生教授、魏龙教授、魏建国教授、周军教授、刘树林教授等提出了十分中肯的意见和建议，黄蕙萍博士、阮光珍博士、张倩男博士、汪芳博士、周珊珊博士、魏芳博士、李文超博士以及贺丹、王静远、叶翠红、赵珏等师弟师妹在交流和探讨中，提出了许多宝贵的建议与帮助，在本书出版之即，一并表示衷心感谢。同时也要衷心感谢本书撰写过程中参阅过的诸多研究成果（包括国内和国外，参考文献已列出和未列出）的全部作者，感谢为本书出版给予大力支持并付出艰辛劳动的科学出版社领导和编辑。

产业融合属于产业经济领域的前沿性问题，限于作者的理论水平，某些学术观点还需进一步的深化，也有待产业发展实践的检验。诚恳地欢迎广大读者批评指正，也希望有更多的研究者加入产业融合这一研究行列，以推动我国产业经济领域的发展。如本书能够引发读者对产业融合有更多的了解和思考，并为我国的经济改革提供一些有益的启示，作者将深感欣慰。

单元媛
2012 年 4 月 10 日

目　录

序
前言

第1章　国内外相关研究概况/1

1.1　产业融合的概念/2
1.2　产业融合的发生机制/4
1.3　产业融合的方式与类型/6
1.4　产业融合的识别/7
1.5　产业融合的测度/8
1.6　产业融合与产业演进的关系/9
1.7　其他相关研究/12
1.8　综合评述/14

第2章　产业融合的基本理论/16

2.1　产业演化：分化与融合/17
2.2　产业融合的特征与融合过程/29
2.3　产业融合的方式与类型/48
2.4　产业融合度的测算/54

第3章　高技术产业融合机制与融合成长路径分析/58

3.1　高技术产业融合机制/59
3.2　高技术产业融合的复合经济效应/76
3.3　产业结构优化升级效应的实证分析：以技术融合为例/91
3.4　高技术产业融合成长的路径/104

第 4 章　高技术产业与农业融合：以生物农业为例/107
　　4.1　生物技术产业的发展及其特点/108
　　4.2　生物农业的形成：生物技术产业与农业的渗透融合/119
　　4.3　生物农业的发展现状：以美国和中国为例/128
　　4.4　促进我国生物农业成长的政策建议/131

第 5 章　高技术产业与制造业融合：以汽车电子产业为例/135
　　5.1　汽车电子产业是电子信息产业与汽车产业的融合/136
　　5.2　模块化分工：汽车电子产业的发展推进器/138
　　5.3　汽车电子产业的发展趋势和意义/149
　　5.4　加快我国汽车电子产业融合成长/152

第 6 章　高技术产业与服务业融合：以现代物流产业为例/162
　　6.1　高技术产业服务化与服务业高技术化趋势/163
　　6.2　高技术产业与服务业融合的动因、过程和结果/170
　　6.3　高技术服务业的形成：高技术产业与服务业的融合/180
　　6.4　国外高技术服务业的发展概况/201
　　6.5　现代物流产业的融合成长/208

结束语/220

参考文献/227

第1章 国内外相关研究概况

产业融合是一种新兴的经济现象，因此，对产业融合理论的研究是近几十年来才开始的。

1963年，Rosenberg（1963）在对美国机械设备业演化进行研究时，把因为采用了通用技术而导致产品功能和性质完全无关的产业独立化过程称作技术融合（technological convergence）。这是产业融合思想的最早起源。

1978年，美国麻省理工学院的媒体实验室创始人Nicholas Negroponte的开创性思想引起了学术界的关注。他用了三个重叠的圆圈来形象地描述电子计算机、广播和印刷业三者之间的技术融合，指出这三个产业的交叉处将会是成长最快、创新最多的领域。

1994年，美国哈佛大学商学院举行了"冲突的世界：计算机、电信以及消费电子学研讨会"，这是世界上第一次关于产业融合的学术论坛。1997年6月27~28日，"在数字技术与管制范式之间搭桥"会议在加利福尼亚大学伯克利分校召开，讨论产业融合及其相关的管制政策。这两次会议表明各界人士已经开始关注产业融合这一新兴的经济现象。

1997年，哈佛大学的Oettinger、法国作家Nora与Mince分别创造了compunction和telemetriqu两个新词来试图反映数字融合的发展趋势，并将信息转换成数字后，照片、音乐、文件、视像和对话透过同一种终端机和网络传送及显示的现象称为"数字融合"（Mueller，1997）。

1998年，Alfonso和Salvatore（1998）对20世纪末融合比较明显的电子产业进行研究后发现，其绩效明显高于其他融合不够明显的产业。

此后，对于产业融合这一新兴的经济现象，国内外许多学者都进行了研究和探讨，推动了产业融合理论的不断发展。综观国内外关于产业融合的研究文献，主要是从产业融合的概念、发生机制、类型与方式、识别及产业融合与产业演化的关系、产业融合与政府规制的关系、产业融合对企业战略管理的影响等方面进行了理论分析。

1.1 产业融合的概念

产业融合是伴随技术变革与扩散的过程而出现的一种新经济现象。许多学者在对产业融合现象进行研究时，均尝试着从不同视角对产业融合的内涵进行界定，其结果是使得有关产业融合的概念至今尚未形成统一的表述，往往与技术融合、三网融合、数字融合等概念混用。

1.1.1 狭义的概念

狭义的概念指局限于以互联网为标志的计算机、通信和广播电视业之间的融合，认为产业融合是在数字融合的基础上出现的产业边界模糊化的现象。

1997年欧洲委员会（European Commission, 1997）的"绿皮书"认为，融合是"产业联盟与合并、技术网络平台和市场等三个方面的融合"；认为产业融合是促进就业与增长的一个强有力的发动机，会催化世界经济的综合。

美国学者Yoffie（1997a）把产业融合定义为"采用数字技术后原本各自独立的产品的整合"，如计算机开始整合通信产品的功能，电话具有计算机功能，功能的统一会导致一个巨大的市场的产业，企业若要实现融合就必须采取全新的技术战略和企业发展战略。

美国学者Greenstein和Khanna（1997）则指出，"产业融合是指为了适应产业的增长而发生的产业边界的收缩或者消失"，并将产业融合区分为"替代性融合"和"互补性融合"。这个定义主要是针对计算机、通信和广播电视业之间的融合。

周振华（2002）提出，产业融合并不是原先就已存在的，也不是与产业分立同时产生并存在的，而是从产业分立中演变过来的，是产业边界固化走向产业边界模糊化的过程。随着信息化技术特别是互联网的发展及应用，首先在电信、广播和出版等行业出现产业边界的模糊与消失的融合现象。

Lind（2004）认为，所谓技术融合是指迄今为止不同产业分享共同的知识和技术基础的过程，将融合定义为"以前各自分离的市场间的合并以及跨产业进入壁垒的消除"，并且用四个圆圈彼此渐进最终融合成一个大圆圈的图像形象地说明了信息技术（IT）、电信、媒体和消费电子业融合成一个大产业的过程。

1.1.2 广义的概念

广义的概念从产业的演化发展等角度来界定产业融合。

Collis 等（1997）认为，产业融合的过程就是传统纵向产业结构向横向产业结构发展的过程，如传统的电话、电视和计算机产业的融合就是这三个产业纵向结构分解及形成五个水平化产业部门的过程。

Lei（2000）表示，当不同产业技术的一体化（即共享相同的技术基础）显著地影响或改变另一产业中产品、竞争、价值创造过程的本质时，就意味着技术融合的产生。

Malhotra（2001）认为："两个或两个以上在过去各自独立的产业，当它们的企业成为直接竞争对手的时候就发生了融合。"功能融合发生在当顾客认为两个产业的产品之间具有替代性或者互补性时；机构融合则发生在当企业认为两个产业的产品之间存在着某种联系因而同时生产或者销售这两个产业的产品的时候。

岭言（2001）认为，产业融合发展是指高技术及其产业作用于传统产业，使得两个以上的产业融为一体，逐步发育并成长为新的企业的过程。企业应运用技术创新、制度创新、网络经济创新、资本创新和人才创新等推进产业融合。

日本学者植草益（2001）在研究信息通信业的产业融合时指出，不仅信息通信业，实际上，金融业、能源业、运输业（特别是物流业）的产业融合也在加速进行之中。

马健（2002）认为，产业融合是指发生在产业边界或者交叉处的技术融合，改变了原有产业产品的特征和市场需求，改变了不同产业的企业之间的竞争合作关系，从而导致了产业界限的模糊化。

聂子龙和李浩（2003）认为，产业融合是指不同的产业间或者同一产业内的不同行业之间相互渗透、相互交叉，最终融为一体，逐步形成新产业的动态发展过程。

厉无畏和王振（2003）以及何立胜（2005）认为，产业融合是不同产业或同一产业内的不同行业在技术与制度创新的基础上相互交叉、相互渗透，逐渐融为一体，形成新型产业形态的动态发展过程。

Bally（2005）认为，技术融合是技术共同成长的过程，从根本上改变了以往各自独立的产业或者市场部门的边界，并使它们融合成了一个新的竞争环境。

Lind（2005）把产业融合的概念扩展到了更广泛的领域，指出融合是分离的市场之间的一种汇合和合并，是跨市场和产业边界进入壁垒的消除。

詹浩勇（2005）认为，产业融合是指从经济和技术有机联系出发，通过技术革新特别是以互联网发展为主导的、建立在数字融合基础上的各产业间的壁垒的逐渐降低，而使竞争合作关系不断加强的一种优化过程。

李美云（2005）提出，产业融合可以定义为"以前各自独立、性质迥异的两个或多个产业出现产业边界的模糊化而使彼此的企业成为直接竞争者的过程"。

余东华（2005）提出，产业融合是产业组织结构变迁的一种动态过程。

胡金星（2007）认为，产业融合是在开发产业系统中，技术与标准等的出现与扩散引起不同产业构成要素之间相互竞争、协同与共同演进从而形成一个新兴产业的过程，其本质也是一个自组织的过程。

胡永佳（2008）从两个方面对产业融合的相关定义进行梳理。从产业融合的关键特征进行定义，包括技术演化论、边界模糊论、过程统一论、产业组织论、产品与产业创新或产业发展论；从产业融合的涉及范围进行定义，则可以从狭义层次、中间层次和广义层次来理解。

1.2 产业融合的发生机制

植草益（2001）认为，产业融合是通过技术革新和放宽限制来降低行业间的壁垒，加强各行业企业间的竞争合作关系。

张磊（2001）认为，推动产业融合的动力主要有三个方面：半导体、软件和数字通信技术的革新，政府的放松管制，管理创新。其中，技术革新是内在的动因，管制放松和管理创新是外在的动因。

Lemola（2002）提出，在国家科技政策组织形式和实施上有融合发生。在有关产业内部和外部都可以发现技术融合的驱动力。这些都基于管制的放松以及将各自独立的产品部件连接成更大的系统的整合技术（Lei，2000）。

马健（2002）认为，技术革新是产业融合的内在原因，技术革新改变了原有产业的生产成本函数，为产业融合提供了市场空间，而经济管制的放松是产业融合的外在原因，管制的放松导致了其他相关产业的业务加入到本产业的竞争中来。

聂子龙和李浩（2003）认为，产业融合发展的内在动力是产业间的关联性和产业对效益最大化的追求，技术创新和技术融合是当今产业融合发展的催化剂，产业融合的主导力量是企业在不断地谋求发展与扩张。

自青木昌彦和安藤晴彦（2003）提出模块化理论后，朱瑞博（2003）将价值模块整合和产业融合问题有机地联系起来,认为技术创新、管制放松以及合作竞争的理念并不是产业融合形成的充分条件,具有通用界面标准的模块才是产业融合实现的载体。

Hacklin 等(2005)指出,近年来产业变革趋势的特点是融合技术领域越来越多,带来了新功能和价值创造的机会。这种技术乃至产业的融合可以看做是全球化产业的新兴非持续性效应,从管理角度看,受五个因素的驱动:①全球市场上产品组件的普遍存在;②技术解决方案之间的交叉接口;③建立创新合作的商业机会;④顾客对全面解决方案和服务提供的需求;⑤管制环境的变化。

何立胜(2006)提出,产业融合是系统集成创新,包括技术、产品、生产经营、组织层、产业层和制度层等。

于刃刚等(2006)认为,产业融合出现的主要原因是技术创新、政府放松经济性规制、企业跨产业并购、组建战略联盟以及四者之间的相互作用。

胡金星(2008)也从模块化分工的角度探讨了产业融合问题,认为模块化分工引起了产业边界的模糊,但是由于存在模块化成本,产业融合的进程和速度会受到一定的影响。

Hacklin(2008)提出,信息通信技术(ICT)产业融合的驱动因素主要包括技术进步、商业模式创新、管制放松和需求演变。技术进步和创新是促成器,而技术融合是产业融合引发器。技术和商业模式在产业融合中起到相关但是却截然不同的作用。商业模式发挥两个重要的功能:价值创造(value creation)和价值获取(value capture),而 ICT 产业有着自己的特色。有时候一项新技术在产业融合中起到主要作用,而有时候商业模式创新在融合过程中具有决定性。商业模式创新不仅仅是有关技术,有时甚至会击败更高的技术(Chesbroug, 2007)。将一项新技术作为产业融合的重要内生驱动力之一的观点,Hacklin 认为可以创新性地加以使用,他指出如果能够在新形成的市场结构中有效使用已有技术,也可以触发突破性进展。产业融合是技术和商业模式之间互动的结果。

Curran 等(2010)认为,融合的驱动力包括使得一个组织有能力去设计新产品或工艺的科学发现、技术发展,而且顾客需求(顾客包括其他组织或价值链末端的个人)的变化,甚至是政治管制和产业标准都可能是同等重要的因素。因此,Pennings 和 Puranam(2001)区分出供给方驱动融合和需求方驱动融合(也叫投入方融合和产出方融合)(Broring, 2005)。技术发展使得企业能向市场提供新的或加强型的产品,而顾客的结构和行为可能会导致需求驱动产出方的融合。国家管制是介于投入和供给方之间的,也同样具有重要影响力。

1.3 产业融合的方式与类型

Greenstein 和 Khanna（1997）提出，从价值链或产业视角看，产业融合的过程可以分为生产融合、采购融合和分销融合，价值链中的一个阶段发生融合，会促成另一阶段融合的发生。

Gaines（1998）将信息技术融合与学习的过程划分为突破（breakthrough）、复制（replieation）、经验（empirieism）、理论（theory）、自动化（automation）和成熟（maturity）几个阶段。

植草益（2001）认为，产业融合通过技术革新和放宽限制来降低行业之间的壁垒，加强了各行业企业间的竞争合作关系。企业间竞争会进一步激化，但同时产业融合也为企业提供了巨大的商机，企业可以扩大规模，扩展事业的范围，开发新产品、新服务等，还会演化出新的组织形式。

Porter（2001）提出了"合一论"，指出如果信息技术革命使得原有产业重新整合，企业就能够走向混业经营。新经济与旧经济日益结合，IT 企业与传统企业间界限会消失并走向融合，新经济的本质是使用新技术的旧经济。

张磊（2001）对产业融合的划分主要局限于电信业的产业融合方面。他将产业融合分为了替代型融合与互补型融合，指出融合将会改变管制机构的管制政策。

Stieglitz（2002）指出，市场融合或称产业融合可以区分为供给方的技术融合和需求方的产品融合。技术融合是指用相似的技术能力生产出不同的产品和服务，而产品融合是指通过使用不同的技术来提供替代性或互补性的产品。

聂子龙和李浩（2003）认为，产业融合的主要形式有以下四种：高新技术的渗透融合、产业之间的延伸融合、产业内部的重组融合、全新产业取代传统旧产业所进行的融合。

胡汉辉和邢华（2003）将产业融合分为了三种形式：产业渗透、产业交叉、产业重组。产业融合后，原来的产业管制失去了意义，要按照产业融合的要求来重组管制机构，制定新的政策法规，而业务融合和市场融合则是产业融合的必要前提。

Stieglitz（2003）将产业融合分为了四种基本类型：技术替代性融合、技术互补性融合、产品替代性融合和产品互补性融合。产业融合往往发生在产业边界的交叉地带，技术替代型产业融合及技术整合型产业融合最终促成了一个新产业的诞生，这一新生产业将成为新的经济增长点。

Hacklin 等（2005）依据现有技术的新奇性程度划分了融合的不同类型：应用融合、横向融合和潜在融合。

1.4 产业融合的识别

Pennings 和 Puranam（2001）认为，基于分类方案有效性假定，如国际专利分类（international patent classification，IPC）或标准产业分类（standard industrial classification，SIC）代码，可以从 SIC 代码或在 IPC 之间越来越多的重叠以及专利不同种类之间相互的引用中发现融合的迹象。

Fai 和 Tunzelmann（2001）利用阅读大学数据库（the university of reading database）来研究更广泛产业部门水平上可能的技术融合模式。通过分析专利行为，他们发现，一方面，当一种技术领域开始跨产业部门变化时，可以识别出技术融合模式；另一方面，产业部门如果只专注于其核心技术领域的专利活动，往往会产生很高程度的路径依赖。

马健（2005）提出，产业融合的识别原则主要包括三个方面：①产业之间是否存在着共同的技术基础或技术平台；②产业之间是否经历了技术融合到市场融合的整个过程，并最终达到了市场融合的目标；③原有产业之间的界限是否被打破，从而导致了产业界限的模糊化。

芮明杰和胡金星（2008）提出，识别产业融合的原则包括功能与结构、定性与定量等。在定性方面，识别产业融合的方法有序参量判断法；在定量方面，主要有网络分析方法、赫芬达尔指数与熵指数法。

Curran 等（2010）认为，识别完全融合基于三个方面：一是科学论文会反映科学融合或技术知识库融合的趋势；二是专利分析会反映不同产业部门的技术领域和企业在某个时点上互相介入的程度；三是可以利用合作项目的分析、新闻发布或商业媒体对完全产业融合进行彻底评价，而不是仅仅对技术或市场融合进行评价。他们试图测度三种融合阶段的科学领域或产业间的距离。在融合过程中，距离会越来越小，直到替代性或额外的融合领域形成。他们分析了关于融合迹象的第一显示指标的 7455 个科学专利参考文献，提出了基于可公开获取的数据在R&D 密集领域对融合进行监控的多重指标概念（a multiple indicator concept）。

Curran 和 Leker（2011）通过测试不同的专利指标和数据库，试图深化之前提出的监控融合（monitoring convergence）的概念，而且通过比较植物固醇在保健品和药妆品中的使用与 ICT 产业智能手机的案例，试图拓宽研究的可能性，阐明该概念的可应用性。两个领域都显示出了在可能的融合过程中各自不同分支间清晰的联系，也显示出了融合效应的不对称性。这些发现与 Fai 和 von Tunzelmann（2001）得出的结论相一致。

1.5 产业融合的测度

技术融合、业务融合与市场融合的存在性及融合程度是研究的热点内容之一。目前，国内外相关研究还没有形成系统的对产业融合程度的测度标准及方法，更多的是对某两个产业或多个指定产业的测度。Cameron 等（2005）从生产力增长角度来分析技术融合，指出融合可以与技术转移联系起来，因而对其进行测度具有重要的统计学和计量学意义。

研究方法上，国外主要有两种，即赫芬达尔指数法（Herfindhal index，HI）和专利系数分析法。例如，Gambardella 和 Torrisi（1998）在分析计算机、电信设备、电子元件、其他电子产品和非电子技术等五大产业技术融合状况时，在搜集各产业内代表性企业在各个产业的专利资料的基础上，运用 HI 值来衡量产业间的技术融合度。

Fai 和 von Tunzelmann（2001）从美国 867 户公司或分支机构中选择在 1930～1990 年有专利活动记录的 32 户公司，将它们被授予的专利分为化学、电子、机械、交通运输四个行业，分别计算了各行业所占的专利百分比，然后运用计量经济分析中的相关系数分析法，检验产业相互之间的专利份额的相关系数，以此判断产业间是否存在技术融合趋势。

Curran 等（2010）以植物固醇在营养功能食品和药物化妆品领域的使用作为产业融合的案例进行实证分析，建立了产业融合的分析测度指标，利用 SciFinder Scholar™ 对从 1 万家期刊和 57 个专利授权机构处获得的 2900 万份专利和论文进行分析，并根据结果讨论了融合评价指标的意义。

此外，也有学者运用线性回归分析法来衡量变量之间的关系，如 Duysters 和 Hagedoorn（1998）以此判断不同产业企业之间的融合的存在性，Gambardella 和 Torrisi（1998）用回归分析来衡量企业融合与企业业绩之间的相关性。

在国内，马健（2005）提出了产业融合过程中的技术融合、业务融合和市场融合等各个阶段具有特定的属性，它们包含在确定的内涵之中，因而可以分别对产业融合各个阶段的状况进行衡量，然后通过对各个阶段指标的整体考察来衡量企业的产业融合程度。不同产业或行业之间技术融合的趋势称为"技术融合化",而衡量两个不同产业融合程度的指标称为"融合系数",它表明产业间在技术上相互重复使用的范围的大小。

李美云(2007)提出了产业融合度测量的思路,以制造业各行业生产过程中信息技术产出占总产出的比重来表示信息产业与制造业各行业的融合度。

徐盈之和孙剑(2009)基于产业融合理论,对包括中国在内的主要国家制造业各行业与信息产业的融合度进行了比较分析,同时,利用面板数据回归的方法分析了信息产业与制造业的融合对制造业产业绩效的影响。

梁伟军和易法海(2009)以深市和沪市农业类和生物产业类上市公司为样本,运用赫芬达尔指数进行的实证研究表明,目前我国农业与生物产业的技术融合仍处于低融合度阶段。

万兴等(2011)试图以定量的方法来揭示ICT产业部门相互之间以及与其他经济部门之间是如何联系的,并且根据ICT产业的特点,重点测度在一国内ICT产业的融合,从宏观角度来阐明ICT产业的演化,从而促进对于ICT产业结构以及结构动态变化的理解。他们基于融合的两维度分类法即替代型/互补型融合和供给型/需求型融合,利用投入产出法测度了中国ICT产业的融合度。

1.6 产业融合与产业演进的关系

European Commission(1997)认为,产业融合必将成为新条件下促进就业与增长的一个强有力的发动机。产业融合无疑将扩展至整个信息市场,乃至催化今后世界经济的综合,这意味着信息通信业的产业融合将呈现出不断拓展化的趋势,通过信息化的技术进步加速经济全球化进程。

Lei(2000)指出,技术融合并不仅仅是带来新颖的技术概念,还可能在很多情况下影响着产业结构的演化。

马健(2002)认为,产业融合具有三个效应:一是产业融合能够改善产业绩效,减少企业成本;二是产业融合是传统产业创新的重要方式和手段;三是产业融合有利于产业结构转换和升级,提高一国的产业竞争力。

周振华(2003b)认为,产业融合是产业发展及经济增长的新动力。产业融合意味着传统产业的边界模糊化和经济的服务化趋势,以及产业间新型的竞争协同关系的建立和更大的复合经济效应,是在数字融合的基础上,通过放松政府的管制与鼓励企业进行管理创新,最终促使产业融合发生。在微观层次上,产业融合导致了许多新产品与新服务的出现，使更多的新参与者进入到新市场中，增强了竞争性和市场结构的塑造；促进了资源的整合，带来了就业增加和人力资本发展。在中观层次上，产业融合将带来巨大的增长效应，将导致产业发展基础、产业之间关联、产业结构演变、产业组织形态和产业区域布局等方面的根本变化。在宏观层次上，产业融合对世界经济一体化起着催化作用，对社会发展将产生综合的影响。周振华认为，市场竞争性效应是产业融合所产生的最重要的微观经济效应，产业融合环境下市场竞争性的增强，将带来市场冲击效应、新市场开辟效应、市场并购效应。

朱瑞博（2003）运用系统经济和模块化理论，揭示了产业融合的本质及特征。他指出，产业融合是一种模块化的过程，或者说是产业系统化过程，将会降低市场集中度，加剧竞争程度，并且使市场结构转为横向的或者立体簇群式的形态，实业界将突破产业分立的限制，建立起开放合作的生产体系，带来合作对手、标准的竞争和以"背对背"竞争为主的市场行为，改善融合后的产业的市场绩效。

Stieglitz（2003）运用演化经济学和产业生命周期理论，构造出了一个产业融合类型与产业动态演化的理论框架。他指出，企业在不断地利用产品融合所创造的创新机会来获取竞争优势的同时，也在推动产业的不断发展。产业融合除技术替代外，还存在着技术整合的过程。无论是技术融合还是产品融合，都包含了三个独特的阶段：第一阶段存在从供给到需求都不相关的产业，融合的过程由外部因素所激发；第二阶段意味着产业边界、市场结构和公司行为开始变化的产业出现融合；第三阶段则是这两个产业从技术或产品市场的角度具有相关性，并且市场稳定化。

Gerum等（2004）在Stieglitz研究的基础上，分析了不同类型的产业融合对移动通信业演进所产生的影响。他们指出，在整个产业演进过程中的不同分叉处，产业融合的类型往往是不同的，这导致了产业创新体系的转换，从而推动了产业不断地演化发展。

白雪洁（2005）研究了产业融合影响物流产业市场结构的主要路径，并探讨了由产业融合促生的寡头型企业和竞争型企业应该如何适应产业融合的竞争要求等问题。

陈柳钦（2006）提出了产业融合的六大效应，包括创新性优化效应、竞争性结构效应、组织性结构效应、竞争性能力效应、消费性能力效应和区域效应。在微观层面上侧重于阐述成本节约效应，在中观层面上侧重于阐述竞争合作效应，在宏观层面上侧重于阐述产业升级和经济增长效应。

柳旭波（2006）认为，产业融合对传统的产业结构理论提出了新的挑战，将改变产业结构的演进规律,产业结构政策是以产业结构理论为基础的,因而在制定产业结构政策时,要充分考虑产业融合因素。他认为,政府在制定产业结构政策时应促进衰退产业与高新技术产业的融合,而不是一味地寻求衰退产业的收缩和转移。

何立胜(2006)指出,信息技术和网络的发展给许多产业的发展提供了相同的技术基础,使得它们在协同互动中不断地走向融合,从而形成了新型的产业形态,并日益成为产业发展的基本态势。产业融合促使产业转型并不是一般的路径调整,而是重大的路径转换,完成它需要信息基础设施建设和研究开发与教育的投入,也需要提供一个产业变革的制度平台,需要构造产业融合的组织载体,还需要开拓产业融合与产业转型的有效途径。何立胜提出了产业融合的六大效应,在微观层面上侧重于阐述成本节约效应,在中观层面上侧重于阐述竞争合作效应,在宏观层面上侧重于阐述产业升级和经济增长效应。

唐昭霞和朱家德(2008)从微观角度阐述了产业融合能够推动产业结构优化升级的原因,认为产业融合形成了新产业需求收入弹性的增大,同时形成了新产业要素供给弹性的增大。产业融合推动产业结构优化升级的宏观表现在于产业融合推动了产业结构跨越式优化升级,且促进了各产业部门多头并进式发展。

韩顺法和李向民(2009)认为,产业融合在整个经济系统中越来越具有广泛性,传统的三次产业分类越来越难以准确地解释现代产业结构的演变特征,其经济解释作用大大削弱。产业融合后出现的创意产业深刻影响着产业结构演变的方向,处于产业体系的中心位置。他们还提出了以创意产业、服务产业、物质产业和生态产业为内容的四种新的产业类型。

龚雪(2009)探讨了创意经济时代产业融合对产业结构升级的影响。创意产业融合性表现为创意产业与传统产业间的融合以及创意产业各部门之间的融合,这样的融合不仅促使了新型交融产业的出现,也推动了产业创新。创意产业与传统产业之间的融合趋势,使得产业之间边界模糊和消失,形成共同技术基础,可促使传统产业过渡成为富有创意和高技术含量的产业,实现产业创新,促进产业结构的升级。

吴福象等(2009)通过对上海六大支柱产业的实证研究,论证了产业融合的产业结构高级化效应。他们认为,产业融合对产业结构升级的提升作用,主要通过信息技术嵌入和改造传统产业来实现,并最终体现在产业结构转换值、摩尔结构转换值以及结构熵指数等方面。

蔡艺和张春霞(2010)基于产业融合的视角对福建产业结构调整提出建议,认为福建产业结构调整应在更高层次上,以制造业与服务业融合发展带动产业结构的优化发展,突出服务业为制造业服务的力度和制造业对服务业的拉力,两者互动并进，从而构建布局合理、自主创新能力强、技术含量和附加值高的现代产业体系。

郑明高（2010）认为，产业融合效应应该归结为促进产业创新、提升产业竞争力，加剧市场竞争，拓展产业链、实现价值增值，催生新的合作形态，推动经济一体化发展五个方面。

吴义杰（2010）通过分析信息产业的产业融合及对产业结构升级的影响，认为信息产业的融合有助于促进信息技术的扩散和渗透，提高信息产业的生产效率，加速传统产业的升级改造。他以江苏为例深入研究了产业融合理论对推进江苏信息产业结构优化升级的影响。

喻学东和苗建军（2010）应用技术经济理论和模仿经济学的方法，通过对技术融合过程的分析，探讨了技术融合推动产业结构升级的作用机理。研究发现，单个企业的技术融合改变了原企业的生产技术体系，优化了原企业的技术结构，以至于同一产业内其他企业争相模仿，改变了整个产业的技术体系。与此同时，技术融合使得传统产业边界模糊和消失，出现了产业融合，加速了竞争。两者共同作用，推动产业结构升级。

Hacklin等（2010）认为，融合现象可以理解为技术变革的演进过程。从边界清晰的不同产业的知识库间的溢出开始，接着扩展为融合应用性越来越强的阶段，最后导致整个产业间的融合。这个过程可以由ICT企业的案例加以说明。一旦融合到达更高层次，如从技术替代变为商业模式竞争，这种变化就是不可逆的，因为大范围的实体和参与者都会立即受其影响。因此，这个演进过程可以理解为是不定向的。融合似乎代表着两个以上原本边界清晰的产业领域变成一个新的合并区域，而从管理视角来看，则不只是各部分的总和。为了发挥融合的协同力和管理成长作用，需要从战略高度理解融合现象所具备的演进含义。

吴福象和朱蕾（2011）以北京和上海六大支柱产业为例，通过统计分析和实证检验发现，产业融合对产业结构转换具有明显的提升作用，这种转换过程主要通过信息技术嵌入和改造传统产业来实现，并最终体现在产业结构转换值、结构熵指数和摩尔结构转换值等方面。

1.7 其他相关研究

此外，国内还有些学者在关注产业融合的最新研究动态的基础上，对已有的理论进行了述评，如吴颖等（2004）综合评述了产业融合已有的研究成果，并且对理论的发展趋势进行了分析和预测。韩小明（2006）在借鉴已有研究成果的基础上，对产业融合的识别、产业融合的类型、产业融合的发生机制等问题进行了理论分析。李美云（2007）对国外产业融合的相关研究成果进行了梳理，从多个领域系统地介绍和阐述了国外产业融合研究的进展及其焦点问题。

还有许多学者关注于融合时代的战略管理研究，如产业融合的价值链解析、产业融合对企业战略管理的影响、企业对产业融合的战略反应以及适应融合时代的战略管理框架的构建等。例如，Collis 等（1997）发现产业融合引起了公司激烈的回应，但是很多行动在现有框架下无法解释。

美国学者 Yoffie（1997b）提出了 CHESS 模型，用来描述产业融合对企业发展和战略制定的影响，认为产业融合将促使企业采取有利于实现产品融合的战略措施，主要包括创新性组合、外部性和标准设定、范围经济、规模经济和捆绑以及系统聚焦过程。

Pennings 和 Puranam（2001）认为，所有的融合过程都具有消融产业间边界的影响，因而给企业带来挑战，迫使其面临新技术、新顾客和新需求。融合现象应在关于技术变革、创新和公司战略方面的研究中具有中心地位。

Hacklin 等（2005）指出已知的累积性发展技术的融合是怎样带来了高突破性的创新。在突破性情形下，企业必须在制定战略规划前就采取必要的行动，因为产业和经济环境具有很高的不确定性。在这种情况下，技术融合带来的特殊情形可以帮助理解新兴产业突破（emerging industrial disruptions）的某些领域，帮助这个领域内的企业进行战略规划和技术管理，利用 ICT 产业来突出这种融合现象，使其成为新兴的突破性创新的专门案例。由于融合使得创新过程从累积性转变为突破性，Hacklin 等提出了保持竞争优势和支持性价值创造的措施建议。

另外，Hacklin 等（2010）提出由于技术融合可能会破坏企业现有的价值，融合现象要求企业在仔细规划之前就必须采取有效的回应。在现有生态系统内的战略性定位的组织路标可以通过融合现象产生的影响而不断得到强化，已有的战略方法需要快速适应新兴的范例。

许多 ICT 产业应用技术融合研究都是从技术角度进行的，而战略方面，如探讨商业模式和战略管理实践方面的一般意义上的研究很具有挑战性，目前涉及的不多。从企业家创新管理角度来研究的方法值得关注，这种方法不仅对 ICT 产业有效，而且可以从一般意义上来研究技术融合管理理论。除了 ICT 产业，目前类似的技术成长趋势，如纳米和生物技术，也代表着新兴融合现象突破的相关基础。这种创新管理的挑战表明，在融合环境下，要利用企业家规划和技术管理来保持参与者的竞争优势，就需要进一步研究开发出战略性管理工具。

另外，大量的学者、政府机构以及国际组织也纷纷在如何设计适应融合时代的管制框架、重新考虑政府管制方面展开研究，并且取得了一些成果。

1.8 综合评述

产业融合是在产业的边界界定清晰的前提下发生的现象，到目前为止，无论在国外还是在国内，对产业融合问题的研究都还只处于初期阶段。对产业融合理论的研究还处于进一步发展之中，深度仍有不足，还没有形成一个统一的定论，有待于理论和实践方面的进一步拓展。

国外大多数研究成果主要集中在信息通信领域或者与此相关的领域内已经显现出的产业融合现象上，并且注重对这些具体的产业融合案例进行剖析和实证描述，大多是从技术进步、管制放松、管理创新等角度来探析产业融合发生的动因，将产业融合看成是信息化进程中的一个特有的现象。而在现实中，一些非信息化的领域里也存在着产业融合的现象。因此，对产业融合的普遍性意义或规律性的探讨还有待进一步深入。

国内对产业融合的关注，始于20世纪90年代我国信息化发展过程中出现的信息技术的融合现象，最早关注产业融合的都是些从事信息技术方面的研究的专家。国内学术界从经济学和管理学的理论高度对产业融合现象予以研究则是21世纪以来才开始的。2001年，张磊博士出版了国内第一本关于产业融合的专著《产业融合与互联网管制》；2003年，马健提交了博士学位论文《产业融合论——兼论信息化条件下企业的融合成长路径》，2006年出版了《产业融合论》；2003年，周振华研究员出版了研究专著《信息化与产业融合》；2006年，于刃刚等出版了专著《产业融合论》；2007年，郭俊华出版了《产业融合与西部地区新型工业化道路》，李美云出版了《服务业的产业融合与发展》；2008年，胡永佳出版了《产业融合的经济学分析》，李怀勇出版了《信息化时代的市场融合》。

可见，产业融合的研究从早期的限于信息通信领域的讨论逐步扩展到了更广泛的产业领域。研究内容也已经从早期主要停留在对国外研究成果的零星介绍及分散讨论，逐步过渡到了比较系统的理论探讨，如关于产业融合的发展趋势及其影响，关于产业融合的内涵及动因，关于产业融合对产业经济的影响（对产业发展、产业竞争力、产业组织、产业创新等诸方面的影响）等。

国内学术界对产业融合的研究虽然起步比较晚，但发展非常迅速，总体上还处于早期的探索阶段，其中虽然不乏理论的闪光点，如于刃刚（1997）最早对服务业与第一、第二产业的渗透融合趋势的把握,厉无畏和王振(2003)对产业融合发生的内在动力机制的揭示,李晓丹(2003)对产业融合是与产业分化共存的产业发展形式的认识,但是都没有对这些理论闪光点进行深化并加以系统的研究,因而没有形成产业融合研究的一般性理论框架。

产业融合作为产业经济学研究中的前沿领域和难点问题,20 世纪 80 年代末至 90 年代初才逐渐受到社会各界的关注和重视。国内外学者对产业融合的研究相当丰富,形成了一定的理论成果。从已有的研究文献来看,在产业融合的概念、产业融合的发生机制、产业融合的类型与方式、产业融合的识别、产业融合与产业演化的关系、产业融合的测度上,许多学者已经进行了相关研究,而且在信息产业融合方面进行了一些有益的探索,这些成果为高技术产业融合的研究奠定了理论基础。但是,对产业融合促进高技术产业成长的机制并没有予以理论揭示,尚需要大量学者的长期研究和探索。针对如何促进高技术产业的融合成长,其机制和路径目前还没有研究文献面世,这正是本书所要进一步研究的问题。

第 2 章
产业融合的基本理论

人类社会的发展经历了从农业社会到工业社会、再从工业社会到后工业社会的演变过程，未来还将过渡到生物社会。从产业发展和演变的历史来看，产业融合起源于传统的工业化时代，发展于现代的信息化时代，并且还将盛行于未来的生物时代。本章将从产业融合的产生与发展入手，分析产业融合的特征和过程，阐述产业融合的类型与方式，介绍产业融合度的测算方法。

2.1 产业演化：分化与融合

当今社会产业林立，构成了高度发达的产业网络系统。随着社会科技的不断进步，产业网络系统还在不断地向高级的形态演化发展。产业已经从最初的混沌初开状态演进成为当今高度发达完善的网络系统，其间经历了一个漫长的演化发展过程。

2.1.1 历史背景：产业融合的产生与发展

产业融合是指由于技术进步和产业规制放松，企业间出现新的竞争合作关系，导致原本独立的不同产业之间的边界模糊化，从而形成新型产业业态的现象。作为一种普遍性的产业系统演化发展的方式，产业融合并非伴随着产业的出现而出现，而是在一定的历史条件下产生，并且与特定的社会经济形态相关联。

Hacklin（2010）指出，融合现象既不是代表着经济中的偶然活动，也不是经过深思熟虑后采取管理行动的必然结果。相反，融合的演进过程发生在企业和产业水平间，商业生态系统内参与者之间的相互依赖发展和集体行动形成了产业剧变的共同轨迹。进一步讲，融合可被理解为基础轨道的不断发展，也就是说，融合并不一定在企业将各个组件捆绑成混合产品和解决方案的时候就会必然发生，而是在现有知识和技术库最终融汇在一起时发生的。结果，这种现象引发了产业结构和公司相关战略方向的演进变化，给现有的垂直和水平分解及重整模式带来挑战。

一旦技术融合发生，一组相互交叉的技术就会出现，基于使商业模式扩展到更广阔领域的想法，价值创造的机会就会涌现出来（Quinn，2005；Ralph and Graham，2004；Sigurdson and Ericsson，2003）。机会一旦出现，创新者的行动就会驱使融合继续，技术变革的轨道就依赖技术交叉处的产业能力。整合交叉技术的这一步不仅将融合带入新应用、新产品和新服务（Robinson，2003），而且在更一般的意义上，导致了服务或应用的融合，此时，给客户提供价值以及与竞争对手的差异化将以新的更高的形式出现（Edelmann et al.，2006；Yang et al.，2004；Steinbock，2005）。

理解融合现象背后的集体演化机制对管理方面的探究非常重要：在这样的融合过程中，企业的发展不是仅仅依靠深思熟虑的战略行动，而是由组织和环境之间的互动决定的。

从系统论的角度看，产业融合实质上也是产业系统对动态环境的一种适应性选择的结果，而这样一种适应性选择的产业演化方式，或者说产业发展范式正是与20世纪中后期以来一系列深刻的社会经济条件的变化相联系的。

第一，自20世纪中后期以来的第三次产业革命，正在深刻地影响和改变着社会经济形态，使得世界开始从以产品的制造和销售为核心的工业经济时代进入以提供智力服务为核心的知识经济时代，从而带来生产和消费方式的根本性变革，而产业融合便内生于这种变革之中。

人类社会至今已经历了三次重要的产业革命（表2-1）。

表2-1 技术革命、产业革命和新兴产业的发展

技术革命	产业革命	技术时代	经济时代	新兴产业及其特点
手工、简单机械	产业革命前	手工时代	农业社会	农业、手工业等劳动密集型产业
蒸汽机	第一次产业革命	机械化	农业工业社会	纺织、冶金、煤炭、交通运输、机械制造业等资本密集型产业
电机、内燃机	第二次产业革命	电气化	工业化社会	电力、化学、汽车、飞机、造船等技术密集型产业
电信、核能、电子计算机、航空航天等	第三次产业革命	电子化、信息化	知识经济社会	电信、电子、核能、合成材料工业、电子计算机、生物工程、宇航空间、光电子、新能源、新材料等知识密集型产业

第一次产业革命发生在18世纪的末期，是以蒸汽机的发明和广泛应用作为推动力而产生的，这一次产业革命将人类社会从农业经济时代带入工业经济时代。第二次产业革命发生在19世纪的末期，这次产业革命是由电气和电力技术的发明和广泛应用所推动的，将人类社会带入以大型化、高速化以及大批量生产为中心的高度工业化时代。而20世纪中后期开始的第三次产业革命，则是以信息技术为代表的一系列高新技术的迅猛发展和广泛的应用为推动力而产生的，这次产业革命更是将人类社会从工业经济引入知识经济时代。

不同的社会经济形态内生出不同的生产和消费方式，从而对整个产业系统的演化方式和发展形态带来不同的影响。

在传统的农业经济时代，人们的生产和消费活动主要是围绕着农产品的生产和消费而进行的。由于农产品具有实物特征，可以储存和运输，因而在理论上，农产品的生产和消费活动可以在时间和空间上分离。但是实际上，由于生产力低下，不具备发达的分工和专业化生产的基础，农产品的生产和消费活动的主体往往是统一的，即农产品的生产者往往就是农产品的消费者。这种生产和消费过程合一的自给自足的经济模式可以称为直接经济模式。在这种直接经济模式下，许多产业部门并没有相对独立出来，而是融于若干个大产业之中，如农业、手工业和商业等。因而，整个产业系统就表现为产业部门稀少、产业关联简单、部门间的交易规模狭小而且交易量有限，其社会财富的创造主要依赖于简单的再生产，很少会有增值过程，这一经济模式实际上属于一种低水平的直接经济模式。尽管在若干个相对独立的大产业之间也有着较为清楚的产业边界，但是由于专业化分工程度比较低，经常会交织在一起，如农业与畜牧业的混合，以及与手工业的混合等，因此，这种产业间的融合交叉，实质上只是产业系统走向有序分化之前的混沌初开状态。

当进入工业经济时代时，人们的生产和消费活动主要围绕制造品的生产和消费而进行。同农产品一样，制造品具有的实物特征使之可以储存和运输，因而在理论上，制造品的生产和消费活动也可以在时间和空间上分离。但与农产品不同的是，在实际过程中由于技术革命所带来的生产力大发展，机械、电力取代人力成为生产的动力，从而使建立在机器大工业基础上的分工和专业化生产成为可能，制造品的生产活动和消费活动的主体则通过引入商人这一中介而开始分离。这种生产过程和消费过程分离的经济模式可以被称为迂回化的间接经济模式。可见，这种迂回化的间接经济模式是内生于工业经济时代的。在这一迂回过程中，既包括生产过程中增加的中间投入、设备投资的迂回，也包括商业流通中增加商场和分销商的迂回。因而，这一迂回的过程就是财富创造的过程，而迂回的中间环节往往就成为价值的增长点。由此，工业经济时代的财富增长主要是来自于专业化分工，来自于从生产起点到消费终点之间增加的诸多的中间迂回环节。而工业经济高度发达的过程也就是迂回程度越来越高，迂回线路越来越被拉长的过程。伴随着工业经济生产过程中迂回线路的拉长，专业划分越来越细化，产业系统也越来越走向分化，从而形成了日益众多的、边界清晰的产业部门。这些不断分化出来的新产业部门，使得产业间的关联更加复杂，交易的中间产品种类逐渐增多，部门之间的交易数量扩大，整个产业系统的总产出从而增大，价值增值的财富源泉也不断涌现。但是同时，随着生产和消费的社会规模与范围的扩大，其迂回的成本也在不断增多。例如，传统的商务交易就涉及很多代理商，会经历很多过程，每个过程都有其特殊的作用，通常是依次完成的——生产、装配、营销、交货、支付结算、保险、合格认证等。而这种迂回路径上的中间环节，都是以资金的投入和物质的消耗为基础的。因此，工业经济时代的迂回化间接经济模式是与迂回路径延长过程中的分工分业所形成的具有清晰产业边界的产业系统分化相联系的，其价值的创造与价值的耗费也都是源于迂回路径或者说是社会化范围的扩大。但是，一旦超过一定限度，则这个范围越扩大，它创造的边际效益就越小，边际成本就越会增加。

知识经济时代人们的生产和消费活动主要是围绕着服务产品而展开的，而服务产品具备非实物性及无形性，使得服务产品既不能储存也不能运输，这在客观上就导致服务产品的生产和消费活动既不能够在时间上间隔也不能够在空间上分离，也就是服务产品的生产过程和消费过程具备同一性。这种生产过程和消费过程同一的经济模式就是直接经济模式，是内生于知识经济时代的。只不过这种直接经济模式已经不再是农业经济时代的直接经济模式，而是建立在社会分工高度发展基础之上的一种融合化的直接经济模式（李美云，2006）。这一模式兼有工业经济时代分工经济的好处，但是却摒弃了在迂回化生产过程中大量中间环节的物耗，因此，是一种高级形态的直接经济模式。这种经济模式虽然从表面上来看是人类社会发展的某种回归，但在实质上却蕴涵了人类社会经济变革的深刻内涵。

一方面，第三次技术革命的发生，使得信息动力代替了机械动力成为整个社会生产的主要动力，信息资源代替了物质和能源成为社会生产的主要资源，从而带来生产方式和消费方式的根本性变革，原来工业经济时代的那种依赖机械动力的专业化大规模生产就让位于依靠信息动力的小批量少产品生产，原来迂回化生产过程中形成的那些需要迂回依次完成的中间环节就可以通过信息资源的共享一次性完成，原来生产者与消费者、生产过程与消费过程的相互脱节所带来的供求失衡，也通过定制化的服务达到了统一和均衡，而这种信息动力的广泛应用在更多地消除了生产与消费中的迂回化中间环节的同时，也使得原来各个分立的产业逐步走向融合，这种融合的过程就是不断地创造财富的过程；另一方面，信息技术的广泛应用和渗透，使得更多的组织和个人都被纳入一个统一的生产和消费网络中，在这个网络中，不同的组织或者个人都可以根据自己的专长来从事专业化的生产，同时，正如麦克卢汉在论述知识经济本质时所说，"网络使人们在交流中形成了一个具有生命的集体智慧"，从而使人类可以消除工业经济时代的那种直接经济模式下天人合一的有机状态（姜奇平，2004）。因此，这种直接经济模式既保持了全社会专业化分工所带来的提高经济效益的优势，又恢复了直接经济在降低中间性物质消耗和减少中间性交易费用方面的优势，从而其价值增值主要是从生产与消耗的物理性中间环节的相对减少与物质流转路径的相对缩短中产生。随着迂回过程的缩短以及其所带来的生产与消费过程中中间环节的减少，生产者与消费者也在逐渐地走向融合，从而使服务经济中社会财富的价值源泉也孕育在产业融合之中。

第二，20世纪的后20年以来，发达国家政府纷纷采取放松行业管制的政策，使得企业的合并、合作可以在更大的区域范围内和更多的行业内展开，在企业的这种合并浪潮中，产业间出现了融合。

各国纷纷降低自然垄断性行业的准入壁垒，积极地推进自然垄断性行业的民营化改革，使得其他行业的企业可以进入这些垄断性行业，并且增强其行业活力；各国都积极地修订传统的反垄断法条例，为企业在更大的范围内实施扩张创造了条件，使得企业可以更好地享受规模的经济性、范围的经济性及网络的经济性，进而提升企业的国际竞争力。在私营化、自由化浪潮的背景下，企业纷纷寻求其新的经济增长点，实行跨业经营，导致融合产业的频繁出现。1977年美国联邦最高法院判决放松公用有线电视的进入管制，之后又相继放松了铁路、航空、卫星、运输、天然气、存款与保险、电气、原油等产业。日本则从20世纪90年代中期开始对各金融业放宽了管制，从而降低了银行业、证券业、信托业、生命保险业之间的壁垒，诱发了金融企业之间的相互渗透，以及其他产业进入金融业（厉无畏和王振，2003）。

以信息技术为核心的新技术革命，以及各国纷纷放松行业管制政策及其所推动的经济全球化、经济服务化浪潮，使得产业系统所处的环境发生了根本性的变化，而产业系统为了适应这一变革的环境，势必要进行相应的调整，产业融合便是产业系统在这种环境变革的大背景下进行适应性选择的一种发展模式。

在这样一种大背景下，作为产业主体的企业纷纷进行了诸如企业重组（BT）、业务流程重组（BPR）、电子商社、虚拟企业、战略协同等管理模式的创新，分别从科技、经营、发展战略等多个层面推动着产业融合的发展。从科技层面上看，一些跨国企业加大了对科技开发的投入，最早洞察出技术融合及其在产业中应用的前景，并通过向其他的公司输出技术，逐渐向其他行业广泛地渗透，进一步推动产业的融合。例如，日本公司NEC，早在1977年时就描绘出了"电脑与通信"融合的图景，并且将"C&C"（computers and communications）作为其公司的口号，加大了对"C&C"融合性技术的投资力度，并予以商业化应用。之后，大量的信息通信公司也跟进开发，不断地寻求技术的跨行业扩散，如1991年，苹果的前CEO斯库利（John Sculley）预测，随着计算机日益地成为"信息工具"（information appliances），一种综合通信、消费电子产品、办公设备、媒体和计算机的混合体将会出现。商业将会逐步运用数字技术的优势，并最终会导致各产业之间边界的模糊。从经营层面上看，随着各国市场的逐步放开与发达国家国内市场的日渐拥挤，跨国巨头们都纷纷寻求更为广阔的海外市场，并且按照整体利益最大化的原则，对从研究开发到加工制造、再到销售服务的整个价值链的各个环节，在全球范围内进行优化布局，从而把国际分工转变成为企业内部分工，使产业细分转化为产业融合（厉无畏和王振，2003）。从发展战略上看，随着人们对服务需求的日渐高涨及消费偏好的改变，一些制造业企业为了更好地满足消费者的一体化解决方案的需求，提升其竞争力，纷纷注重产业价值链的后移，"服务"而非"产品"逐渐成为价值链的重心所在，并通过实施不同产业之间的企业联盟、技术联盟和收购兼并的发展战略，进一步推进产业的融合发展。

1978年，美国麻省理工学院（MIT）媒体实验室的创始人 Nicholas Negropontes 首次对这个现象进行模型化的理论解读。鉴于产业融合所带来的巨大影响，1994年，世界上第一次关于产业融合的学术论坛"冲突的世界：计算机、电信以及消费电子学研讨会"在美国哈佛大学商学院举行。1997年6月27~28日，"在数字技术与管制范式之间搭桥"的会议又在加利福尼亚大学伯克利分校召开，讨论产业融合及其相关的管制政策。此后，各个发达国家和世界组织也纷纷发表关于产业融合的报告，讨论如何应对这一融合趋势的管制政策。在学术界和政界的推动下，实业界开始了更加广泛的融合实践，自20世纪90年代以来，企业之间的跨产业、跨国界并购风起云涌。

数字技术导致的融合成为普遍现象，2005年，世界最大型的年度贸易展销会 CeBIT 在德国汉诺威市举行，采用的"数字融合"标题非常引人注目。

在2004年的一次新闻发布会上，电信手机和设备制造商诺基亚向人们解释了过去相分离的产业，如通信产业、消费电子产业和媒体产业，正逐渐融合成一个产业——"融合数字产业"的现状，消费者将面对更多具有吸引力的产品和解决方案，从商业角度看，这创造了未曾开发的领域的新机会（Nokia，2004）。

不过，融合不仅仅只和机会与成长相联系。一方面，随着技术的融合，许多产业合并活动通过并购方式出现了（Chan-Olmsted，1998；Lee，2003）。另一方面，由于业务模式相冲突（Hackler and Jopling，2003），融合甚至会导致参与者完全出局（Shepard，2002；Steinbock，2003）。

尽管融合的概念在电信和信息产业部门已被关注了十多年，最近的产业趋势才表明，最初的想法最终开始成为事实，融合现象已经逐渐"从写在制图板上的概念进入了消费者的手中"（Accenture，2006）。

信息技术、消费电子和电信产业（information technologies, consumer electronics, and telecommunications, ICT）是融合的代表性例子，现有和新兴技术突破的特点是基于由数字化而引起的规模经济的存在，高度的网络效应和关键质量效应关联（Baer，2004）。这些汇流在一起就带来了竞争联合（competitive constellation)这个值得注意的具有深刻含义的重要概念。

在ICT部门,电信和计算机产业的融合已经是众所瞩目的发展趋势。一般来说,融合现象可以分为技术融合和商业模式融合(Hacklin and Marxt, 2003)。同样,通过汇流而驱动融合的技术和经济因素可以加以区分,技术因素包括通信和信息技术的演化。另外,在世界电信市场自由化中可以发现重要的经济因素(Bores et al., 2003)。在目前ICT产业环境下的许多案例中,技术融合的效应可被视为现有商业模式的碰撞(Hackler and Jopling, 2003; Pringle, 2003),即企业间现有技术解决方案概念的突然重叠,引起累积性的竞争环境出现。换句话说,由于高技术产业部门的迅速变化,现有的技术解决方案甚至整个商业模式可以在短期内就被淘汰。这种现象尤其在无线通信产业的市场结构演变中得以体现(Backholm and Hacklin, 2002; Camponovo and Pigneur, 2003)。但是融合现象不仅仅限于电话和计算机相关技术领域。图2-1描述了产业间的融合发展趋势。

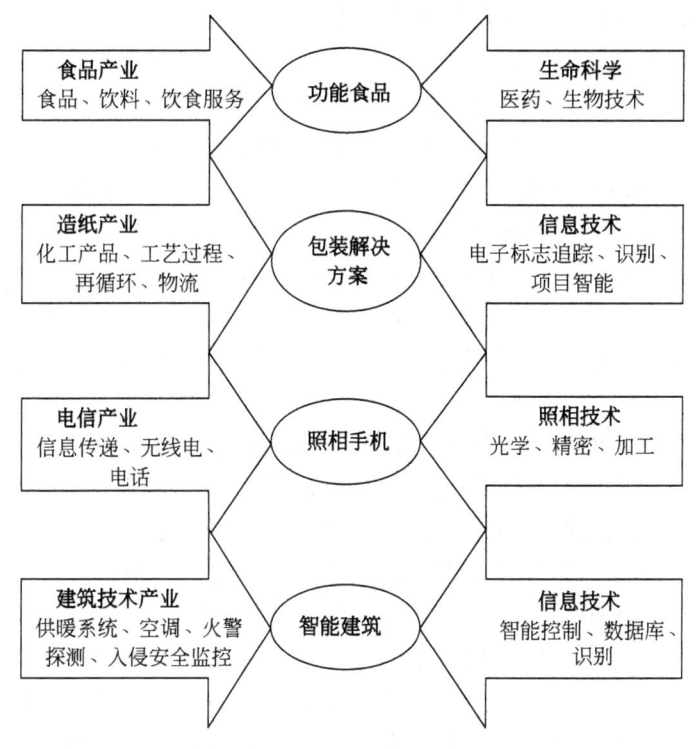

食品产业 食品、饮料、饮食服务	功能食品	生命科学 医药、生物技术
造纸产业 化工产品、工艺过程、再循环、物流	包装解决方案	信息技术 电子标志追踪、识别、项目智能
电信产业 信息传递、无线电、电话	照相手机	照相技术 光学、精密、加工
建筑技术产业 供暖系统、空调、火警探测、入侵安全监控	智能建筑	信息技术 智能控制、数据库、识别

图2-1 产业间融合发展趋势(Hacklin et al., 2010)

在ICT产业,原本清晰的部门边界已经模糊(Pennings and Puranam, 2001; Duysters and Hagedoorn, 1998),新兴的不同技术和客户需求导致许多跨产业产品的出现，如苹果的 iPhone 手机和加拿大 RIM 公司的黑莓手机（都属于"智能手机"类产品），学者们还在讨论完全产业融合的程度（Gordon，2003）。在管理实践中，尤其是在 20 世纪 90 年代至 21 世纪初的几个战略性决策，也都与这种现象的发生有关（Lind，2004）。

很多战略行为，甚至如美国在线（AOL）和时代华纳 2000 年的公司合并，都是由那些认为有必要应对逐渐消弭的产业边界的高层管理人员发起的。最近，这种现象也在其他产业发生，如化学、食品或药品产业。尤其是在微电子、材料设计、分子生物学间交叉处出现的新兴科学进展，以及络合物化学的纳米技术发展，也会导致类似的产业现象发生。在这种环境下有人估计，融合的信息、生物和纳米技术的市场十年内的累积会达到 1 万亿美元（SVEDA，2005）。

新的产业部门给已有的产业带来了机会和威胁。一方面，出现了许多新的商业领域和经济增长的机会；另一方面，新组织往往具有挑战性，企业不得不使用不在其传统专长范围内的知识和技术。而且企业面临着新的竞争者，而这些竞争者在新部门形成之前可能就在其领域里是强者。

由于这个缘故，对融合进行预期可以使企业形成战略联盟或是在早期就获得新技术，从而能够为面对挑战和陷阱提前做好准备。及时应对由外在事件带来的挑战对于寻找到最好的合作伙伴来说具有决定性意义。问题是，如何及早预见或至少是尽可能早地察觉到产业边界的模糊？如何区分只是共同技术平台的使用还是真正的产业融合带来的融合市场？第一个行动的人会在很多情况下收获丰厚的回报；但是如果预期的边界模糊并没有出现，或是在完全不同的参数下出现，对管理人员来说，等待第二个行动就成为更加可持续的发展战略。因此，面临的挑战是不仅要指出其弱点，同时，还要能开发出一个可靠的、强健的早期预警系统。

但是值得注意的是，产业融合作为一种新的经济现象，为广大的学术界人士所认识和研究，主要是围绕着信息通信领域而展开的，这主要是源于产业融合的频频出现是在信息化将人类社会带入知识经济时代的大背景下，首先在生产力最为先进的信息通信领域里发生的，因而影响最为深远，也最容易受到人们的关注。但从现实情况来看，产业融合不仅仅发生在信息通信领域，也存在于其他的领域，尤其是 20 世纪 90 年代以来，伴随着各国管制政策的不断放松，传统上垄断性的行业也纷纷出现了产业融合的现象。伴随着服务管理的创新，在非信息通信领域的制造业如化学品制造业也纷纷转向服务业。这就意味着，我们必须要从更广泛的意义上来研究产业融合现象。从目前已展露出的产业融合实践来看，作为一种广泛意义上的产业发展趋势，产业融合的历史过程主要表现为两个方面。

一是开始显露于 20 世纪 70 年代末期和 80 年代。首先是在通信技术和信息处理技术发展的推动下，启动于通信、邮政、广播、电视等产业领域，这一历程在日本经济学家植草益的著作中已经有详尽的描述。

二是拓展于 20 世纪 90 年代以来的更广泛的产业领域。包括：①由于通信技术的进一步革新，尤其是个人电子计算机的普及，数字通信网的发展，互联网的广泛应用，产业融合的范围推进到出版、广告、音乐、电影、教育等领域，信息通信业领域的产业融合化发展的趋势从而日渐明朗。②产业融合的步伐并不仅止于信息通信业领域。伴随着各国管制政策的放松，传统上属于垄断行业的运输、能源、金融等部门间的壁垒也被打破，导致合作、合并频繁发生，形成了这些产业部门间融合的趋势。例如，日本自 1995 年以来对能源产业，如电气、天然气和石油业等放宽了限制，允许各行业的企业之间相互介入，而以金融体制改革法为高潮的相关法规的修正也引发了金融业的合并与合作。在运输业，航空、铁路、汽车、船舶运输等部门间相互渗透，尤其是各个运输部门及其附属的服务行业，如物产收集、包装、仓储、流通加工、信息管理等，相互间有机地结合在一起，形成了许多高效运转的融合型的产业形态。③伴随着人们对于便利、高质、高效生活方式的追求，人们的消费偏好发生了改变，不再仅仅满足于对单项产品或服务的需求，而是倾向于对一整套解决方案的需求，而一整套解决方案往往涵盖的是"产品服务的综合体"或者是"一站式服务"，从而导致高技术产业广泛渗透到农业、制造业以及服务业，产业间的相互渗透和融合化发展的趋势在新世纪里表现得越来越明显。

综上所述，从产业融合发生的历史背景和历史过程来看，产业融合是产业发展的必然趋势，是在特定的历史阶段展现出来的，具有一定的内在规律性，但是这种内在规律的展示必须具备相应的条件。因此，在信息化的过程中，产业之间界限的模糊化趋势会更加明显，产业融合现象也出现得更加频繁。可以预见的是，产业融合作为一种普遍意义上的产业发展趋势，将会在更广泛的领域里展开，对社会经济也将带来越来越深远的影响。

2.1.2 产业演化：从分立转向融合

信息化是当前世界经济发展的主要潮流，以信息技术为核心的新技术革命将人类带入了一个全新的信息化时代。自 20 世纪 90 年代以来，各国政府和国际组织均积极采取措施促进信息化的发展，如 1993 年美国提出了"国家信息基础结构计划"，1994 年欧盟也提出了建立信息社会的计划，确定了为欧盟"信息社会"建设所主攻的方向的十大应用领域，即远距离工作、远程教育、中小企业远距离服务、建立大学和研究中心信息网络、道路交通管理、空中交通管制、欧洲公共行政管理网络、健康与卫生网络、电子造林、城市信息高速公路。信息技术和信息产业的迅速发展使得国际竞争出现了新的特点，已经由原来的资源竞争、产销竞争转向了技术竞争，由过去的市场需求导向转向了市场竞争导向。在信息产业的国际竞争中也开始注重通过合作、合并与并购，来实现跨产业、跨地域和跨空间的渗透。

在信息化的潮流中，伴随着跨行业、跨区域的企业并购和企业联盟的浪潮，出现了产业的融合。美国学者 Greenstein 和 Khanna（1997）认为，产业融合是为了适应产业增长而发生的产业边界的收缩或者消失。我国学者则认为，产业融合是高技术及其产业作用于传统产业，使得两种产业合并成为一体，逐步成为新产业的过程（厉无畏和王振，2003）。产业融合之所以会产生，主要是基于三个方面的原因：一是高新技术的产业化为产业融合提供了技术基础和产业基础。由于高技术的发展，电子信息技术与其他技术相互渗透，不断出现新的产业和产业生长点。伴随新产业的不断出现，传统产业的战略调整和产业重组成为产业融合的重点内容，资本密集型产业和劳动密集型产业中的数字技术含量都在不断提高。二是产业结构的高度软化趋势。依据产业结构理论，工业化的次序是轻纺工业阶段—重化工业阶段—高技术工业阶段，而在工业化后期从高加工工业向高信息技术过渡的时期，产业结构将会出现软化的趋势。产业结构的软化趋势意味着产业将向混合方向发展，非物质产业将向物质产业渗透，非物质产业在产值构成中的比重也会不断提高。与此同时，产业间的界限开始模糊、相互融合。三是大型的企业组织不断出现。大型企业和跨国公司是推动产业融合发展的重要载体，它们都设有研发组织，通过加大对科技的投入，以科技创新推动了产业融合的发展。同时，跨国公司在国际范围内优化布局，把国际分工转变为企业内部的分工，使得过去的产业分立转变为产业融合。

产业融合的出现首先改变了传统的产业组织，使产业细分转化为产业融合，行业间界限逐步淡化，产业的边界逐步收缩。以前各自独立、性质迥异的两个或多个产业出现了产业边界的消弭或者模糊化，而使彼此企业成为直接竞争者。融合后形成的新型产业具有原来各产业的功能，因而，对原有的产业都具有一定的替代性，这就使原先在各自分割的市场领地活动的不同产业的企业间面临直接的竞争。但是，由于个人消费偏好的依赖以及消费层次的多样化等，融合后的新型产业不一定会完全替代原有的产业，而是可能与原有的产业相互并存、互为补充，而且较之原有的产业具有更强大的功能，能提供质量水平更高的产品和服务，可以带给消费者更多样的选择、更方便的服务消费方式，具有更大的增值机会和收益递增效应，从而也更能代表产业的发展方向，推动整个产业系统向高级化发展。可见，产业融合作为一种产业创新方式，不但丰富了产业系统的内容，而且还推动了产业系统内部结构的高级化和复杂化发展，若从系统演进的角度而言，融合无疑也是产业进化的一种表现形式。值得注意的是，无论是从产业系统演进的时间序列来看，还是从产业系统演进起点的复杂程度以及产业演化的条件来看，与产业分化相比，产业融合都表现为一种更高级形态的产业演化方式。

产业融合不像产业分化那样是伴随着产业演化的发生而发生的，而是在产业系统已经演进到高度分化的阶段时发生的。这种演化方式的出现显然与产业系统所处的历史条件的改变密切相关，如果说产业分化的方式是与工业时代生产和消费过程的分离，要求大规模机械化和专业化生产的条件相联系的话，那么产业融合则是与服务时代或信息化时代生产和消费过程的统一，要求定制化和综合化的服务方式相联系的。就像服务经济不可能消除工业经济一样，融合的产业演化方式也不可能从根本上替代被分化的产业演化方式。因此，产业的高度融合和高度分化将会成为后工业社会产业的演化发展方式，共同推动着产业系统向着更高级的形态不断演化发展。

产业融合的过程实质上就是打破了原有产业间或企业间的分工链条，形成了一种混沌的分工链条网，然后再通过分工链条的重新组合，建立起一种新的有序的产业内部或者企业内部的分工秩序。因此，产业融合并非是分工的退化，即由产业间的社会分工退回到企业内部的分工，而恰恰是在分工高度深化的基础上的一种分工的再组织。虽然它形式上表现出产业分化的逆过程，但实质上却并非简单的分化的逆转，而是在更高的分工程度上，富含着更新内容的分工的重新组合。

2.1.3 产业融合的历史进程

1. 传统工业化时代的技术融合

产业融合体现为一个产业与另一个产业在技术、业务、管理与市场方面的融合。然而，在传统工业化时代，由于技术革命的不断涌现，新产业的出现瞬息万变，工业的生产过程逐渐由简单变得复杂，因而产业之间的分工尚不明确，产业之间的界限也难以划清，许多产业只是在一定程度上以新的技术和生产过程融入其他产业的生产过程之中，而以业务或经营内容为意义的产业融合不是普遍的现象。因此，在这个时代，以技术融合为产业融合的主要表现形式。根据康德拉季夫对经济长波的划分和熊彼特对技术变化周期的划分，并根据研究的需要，这里将传统工业化时代下产业融合的历史过程细分为蒸汽机与铁路时代（19世纪

40~90年代)、电气与钢铁时代(19世纪90年代~20世纪40年代)、汽车与电子时代(20世纪40~90年代)。从这些不同的时代中,可以找到技术融合或产业融合的历史证据和足迹。

2. 信息化时代的产业融合(20世纪90年代至今)

对于世界兴起的信息化与网络时代的来临,人们尚难以确切估计其开始和将要结束的时间。即使如此,这个时代却具有与工业化时代所不同的明显特征:①以信息网络为主要特征的基础设施成为技术革命的共同平台;②由以大规模生产为主转向以服务为主,由以产品经营为特征转向以内容经营为特征;③由大规模的标准生产与经营形式转向灵活、敏捷的生产与经营形式;④由以大量的物质资本投资为主转向重视人力资本的重要作用。由于这个时代的技术平台、技术基础和生产与经营形式皆产生了实质性的变革,因而产业融合的现象频繁发生,新的产业不断形成。

3. 未来生物时代的产业融合

人类的后工业化尚未走完它应走的路程,其轰轰烈烈的产业融合过程才刚刚开始。可是在这个时代,生物技术革命正处于萌芽阶段,人类正在跨入生物经济的门槛。美国著名的"未来研究所"总监保罗在1999财富论坛上发言说:"科学领域正经历着一场根本性的变革,推动社会发展的代表科学,将由信息科学转为生物科学,信息科学领域仍将有很多惊人的发明与创造出现,但是生物科学对商业与社会的影响将远远胜过信息科学。"虽然早在1953年,克里克和沃森就鉴定出了DNA双螺旋结构,从而揭开了生物技术革命的序幕,但是,人们尚难以确定未来的生物化时代开始的准确时间。

由于生物技术将彻底地改变人们的生活和进化方向,并进而改变社会结构和现存的所有法律、道德与秩序,因而其对人类的影响是革命性的。尤其是作为生物技术关键的基因技术,由于其信息量非常巨大,常常与其他技术交叉紧密,因而将使得产业的分界线越来越模糊。例如,人们将很难区分传统的制药业、农业、食品工业、化工工业、化妆品业、环境保护业、能源和信息产业的分界线,很难判断出它们的产品是由哪一类企业所生产的。基因科学将为人类开创一个新的经济增长点,这就是将要出现的生命科学产业。生命科学产业将以其极大的渗透力融合到其他各个产业之中,其影响之大绝不亚于信息技术融合对各个产业的影响。

在表2-2中,我们可以较为清楚地看到产业融合的历史全貌。

表 2-2　产业融合的历史全貌

时代		重要的技术革命	基础设施或技术平台	产业融合的基本现象	代表性融合产品
传统工业化时代	蒸汽机与铁路时代	蒸汽机技术、火车的出现	铁轨、电报	蒸汽机技术与纺织、冶金、机械、食品等工业融合	蒸汽织机、蒸汽车床、蒸汽火车
	电力与钢铁时代	电气技术、发电技术、钢的生产	铁路、电话	电与化学、电气与机械和工具生产、电与通信的融合	电气机械、电动工具、电话
	汽车与电子时代	汽车的装配生产线、电子技术	高速公路、航空线、芯片系统	新型生产过程或通用技术被其他产业生产采用、电子与机械和电力的融合	数控机床、工业机器人、电力装备
信息化时代		信息技术、网络技术、通信技术	信息网络基础设施、宽带网	信息与电子、信息产业内部、信息与媒体、信息技术与其他传统产业的融合	传真机、IP电话、数字电视
生物时代		基因技术、生物信息、遗传技术	不详	生物与电子信息、生物与农业、生物与畜牧业、生物与食品、生物与医药	生物电子装置、基因植物塑料、基因医药

资料来源：马健，2006

由此可见，技术融合或产业融合并不是信息时代所特有的现象，它在人类社会产业演进的各个历史阶段都有发生。只是到了信息化时代，产业融合的现象更加频繁，产业之间界限的模糊化更加明显，因而引起了学者们的广泛关注和重视。

2.2 产业融合的特征与融合过程

2.2.1 产业融合的特征

1. 产业融合的本质特征是产业创新

产业融合蕴涵着新产业的诞生，是一个新产业形成与发展的过程。因而，它在本质上是一种产业创新。按照熊彼特的观点，所谓的"创新"，就是建立一种新的生产函数，把一种从来没有的关于生产要素和生产条件的"新组合"引入生产体系；而所谓"创造性的破坏过程"，就是从体系内部来革新经济结构，不断地破坏旧的并且创造出新的结构的"产业突变"。创新的五种方式分别如下：①产品创新，即采用一种消费者还不熟悉的产品，或者利用原有产品的一种新的特征；②工艺（技术）创新，即以新的方式使用现有的资源生产出现有产品；③市场创新，即开辟出一个新的市场；④管理创新，即控制原材料或者半成品的供给；⑤组织创新，即实现一种新的产业组织格局。虽然熊彼特的创新理论主要是基于企业的层面提出来的，但是实际上也可以应用于产业层面进行分析。有着"新熊彼特主义"之称的克里斯·弗里曼（Freeman et al., 1997）提出的产业创新理论就是建立在熊彼特创新理论的基础上的。按照他提出的理论，产业创新是一个系统的概念，它包括全方位、多层面的创新，涵盖了诸如技术和技能创新、产品创新、业务和流程创新、管理创新（含组织创新）与市场创新等方面。

一般而言，产业诞生的过程可以描述如下：科学—技术—产品开发—个别生产厂商—企业群体—产业。在产业融合创造出新的产业这一过程中，在不同的层次上有着不同的融合内容和形式（图2-2），这种不同层面上的融合所激发出的各种形式的创新实际上就涵盖了弗里曼所提出的全方位、多层面的产业创新，即包括了技术、产品、业务、组织和市场等多方面的系统的创新。

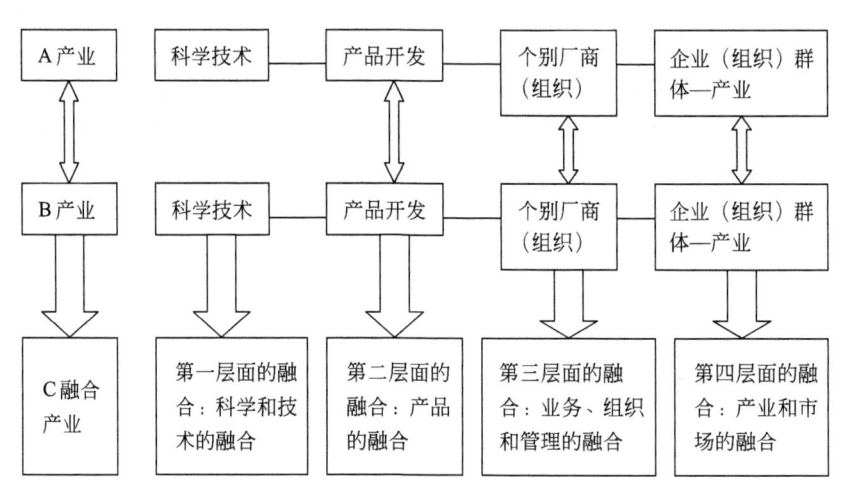

图2-2 产业融合的内容和形式（李美云，2007）

首先，技术融合从本质上讲就是不同技术的结合，是两种或更多种的技术融合以后形成的某种新的而且是不同的技术——具有原先的各种技术的特点但是又有独特性质的技术，而由融合产生的新技术和新产品的功能大于原先各部分的总和；其次，技术融合作为一种建立在革命性的技术创新基础之上的扩张性的技术创新，又为产品、业务、管理（组织）和市场的融合提供了可能，并且通过对传统产业的改造，促进了劳动生产率的提高和资源的节约；最后，产品、业务、管理（组织）和市场的融合又催生出许多新的产品和新的服务，如数字电视、互联网广播、在线超市和网络游戏等，更多性能好而价格低的新产品的问世将会使消费者的福利水平得到提高并且开辟新的市场，如企业利用互联网平台在各种可能的地方扩展业务、开辟新的市场，电视、广播利用短信平台可以制作更多的互动节目，增加了新的需求和市场。

技术融合与创新是否成功，市场是起着决定性作用的，而对于企业管理和组织来说，企业间的新型竞争合作关系的建立和战略联盟、虚拟组织等组织的重整融合都会给企业战略管理的稳定性带来一定的挑战，但是同时也促进了企业管理和组织上的创新。因而，产业融合在本质上是一种产业创新，是以产业之间的技术、业务融合为主要手段，以管理和组织的融合为过程，以获得新的融合产品、新的市场和新的增长潜力为主要目标，而实现的一种扩张性的产业创新（马健，2003）。

产业融合作为一种产业创新形式，不但丰富了产业系统的内容，而且推动了产业系统内部结构的高级化和复杂化发展，从系统演进的角度而言，融合无疑也是产业今后的一种表现形式。值得注意的是，无论是从产业系统演进的时间序列来看，还是从产业系统演进起点的复杂程度及产业演化的条件来看，产业融合都表现为一种更高级形态的产业演化方式。

2. 产业融合的前提是产业边界清晰

产业融合发生的前提是存在着"原本各自独立、性质各异的产业"。产业融合的发生必须建立在产业的高度分化的基础性上，因为没有高度分化的产业结构，就不可能形成壁垒分明的产业边界，产业之间的融合就无从谈起。因此，产业的高度分化构成了产业融合的前提和基础性条件。产业融合不同于在生产力极其低下的自然经济时代时不存在分工的大一统产业，而是在工业经济时代产业高度分工的基础上发展起来的，是以产业部门日益细化、产业关联日益复杂化、部门间交易规模更庞大而且交易量大大增加作为前提条件的，在此基础上，通过对原有产业的边界进行调整或者重划而得以实现的。因此，产业融合属于产业演化发展史上更高形态的产业发展模式。

产业融合往往发生在不同产业的边界处，从而导致原有的产业边界的模糊化。产业融合不同于那些发生在产业边界之内的产业重组或者产业替代，而是在产业的边界处使得原来相互独立的产业相互渗透、相互交叉，并且最终融为一体。对原有的产业价值链的各个环节进行重新整合和分工，组合成新型的产业，从而使融合后的产业具备了多个产业的特征与功能，以至于人们很难分清融合产业的具体特征和类别，产业之间的边界变得越来越模糊。产业融合是一个价值链解构与分解并且再重新调整融合的过程，这是一种混沌的状态，使得原来不属于同一产业的企业成为直接竞争者。

产业融合是以前各自独立、性质迥异的两个或多个产业出现产业边界的消弭或模糊化而使彼此的企业成为直接竞争者的过程。例如，传统的电信业、出版业和广播电视业是各自独立、性格迥异的三大部门。电信业主要是通过有线、无线等介质（电信网和电话机、电报等终端设备）提供点对点的信息传递服务；出版业是以有形的方式复制信息，并通过其有形分发网和文件、照片、唱机等终端介质，提供报纸、书籍、杂志以及影像产品等；广播电视业则是通过其广播网、电视网和无线电接收机、电视机等终端设备，提供单向声音与视像等信息服务。这三大产业部门无论是在信息传送机制、传递平台还是接受终端设备方面都各自不同，有自己特定的要求，因而它们分别提供不同的产品和服务，使用各自独立的技术，在各自分割的市场领地活动，不同产业部门内的企业也就处于非竞争关系。信息技术尤其是数字化技术的发展，将这三大产业不同形式的产品（语音、数据和视像）统一为数字产品形式，从而可以在非专用性的信息平台上运作，采用统一的终端设备接受，由此使这三大产业之间的边界模糊或消失。

3. 产业融合的实质是产业间分工的内部化

产业融合是产业间分工的内部化，或者说是由产业间分工转变为产业内分工的过程和结果。原来不同产业之间的分工发生了模糊甚至消失，原有产业中的那些具有较大产业影响力的代表性企业，或者说是产业中的大多数企业，开始由原来的单一经营转变为融合意义上的多元经营，也就是说，这些企业向与其融合的另一方产业扩展自己的经营范围，降低专业化的程度，原来不同产业的企业之间的分工，就转换成同一产业的企业之间的分工以及企业内的分工。原来不同产业的企业在融合的时候，发生了业务交叉和市场竞争，而事实上，竞争不仅仅是融合的结果，竞争本身就是融合的标志，而且竞争还促进了融合。Malhotra（2001）就认为，"两个或两个以上过去各自独立的产业，当它们的企业成为直接竞争对手时就发生了融合"。在已经实现了融合的产业内，仍然存在着分工。融合企业内部出现了新的内部分工，即原有的业务与融合创新业务之间的分工，其实质就是社会内部的分工或市场内部的分工转化成了企业内的分工，它是一种特殊类型的融合双方的一体化。例如，金融混业经营后形成的金融控股集团内部，仍然存在着银行、证券、保险等各个业务部门或者子公司之间的分工，但是由于是在一个集团内部的分工,就可以实现某种协同效应、规模经济效应和范围经济效应,就会完全不同于以前两个互相分割的行业之间或者两个独立企业之间的分工。

产业融合既不等于横向兼并,也不等于纵向一体化(胡永佳,2008)。横向兼并是指同一市场区域内,同一生产经营阶段上,从事同样经济活动的企业间的兼并。横向兼并一般是为了获得规模经济和占有更大的市场份额。通常,横向兼并发生在同一个产业内部,而融合是发生在产业之间。因此,大部分的横向兼并都不是产业融合。但是,也有横向兼并发生在市场有部分重叠的不同产业之间,或者发生在同一个大产业内客户对象紧密相关的子产业之间。在现实中,某些融合可能会采取横向兼并的方式,如银行兼并保险公司。纵向一体化是指从事同一产品、不同生产阶段生产经营活动的企业间的兼并,可分为前向一体化和后向一体化。其目的一般是控制该行业的原料供应、生产与产品销售全过程。纵向一体化可能发生在同一产业内的不同工序和生产阶段之间,也可能发生在前后关联的产业之间。有些融合,比如前后向关联产业的融合,或许会属于纵向一体化;但其他一些融合,发生在没有前后生产步骤的衔接、关联性很弱的产业之间,就属于混合型融合。混合型融合通常发生在高技术产业与传统产业之间,发生在制造业与服务业之间,如果从企业的角度来看可能会表现为某种多元化经营。现实经济中有很多进行多元化经营的企业,这些企业业务范围横跨数个产业,往往要与多个产业的企业发生竞争。但是,通常的多元化经营,不是为了与其他产业进行融合以取得融合收益,而是为了其他原因,如分散风险、合理避税、寻找新的利润来源等。因此,这种多元化经营并不是产业融合的表现。例如,一家很大的房地产公司收购了一家很大的食品企业,但是我们并不能据此断言房地产业与食品业开始了融合。

总之,产业融合既包括了某些横向兼并、纵向兼并的情形,也包括了某些混合兼并的情形,但并不是说,所有的横向兼并、纵向兼并或混合兼并都可以归入产业融合的范畴。更关键的是,不论是横向、纵向兼并还是混合兼并都仅仅是融合的一种表现形式。事实上,不同产业的企业之间开始出现业务的交叉,发生直接竞争就意味着融合的开始,企业之间的兼并、收购活动则是融合在微观上完成的重要标志,或者说是融合的最高表现形态。而在融合开始之后直到融合完成之前,还存在着许多的过渡形态,如企业之间的合作、战略联盟、合资等都是融合的表现。此外,个别企业不能代表整个产业,即使个别企业的跨业经营和竞争行为属于有意识的融合行为,但是少数企业之间出现的融合形态,并不必然表明它们所从属的产业之间正在发生融合。只有大多数企业之间,或者是数量虽然少但是却具有强大的产业影响力和代表性的企业之间发生了各种融合行为,出现了各种融合形态时,才能够据此认为发生了产业融合。

4. 产业融合的发生有其特定的历史规定性

产业融合的发生有其特定的历史规定性，既不是信息时代的典型产物，也不是人类的任何历史阶段均会发生的普遍现象。只要存在着各自独立的产业，而且它们在边界处相互渗透、相互交叉，并且融汇成一个完全不同于原有各产业的新型产业，就会发生产业融合。由于并非人类社会的各个历史阶段都存在着各自独立的产业，如在自然经济或者农业经济时代，生产力水平极其低下，生产者和消费者为一体，自给自足，没有或者很少有社会分工，也就没有产业分化的发生，自然也不存在相互独立的产业群，因此，在这一历史阶段不可能有产业融合的发生。而到了工业经济时代，由于以机器作为工具，电力取代了人力作为动力，并引入商人作为中介，使得生产者与消费者分离，生产与消费环节脱离，形成了迂回曲折的产业链条，从而引起产业的高度分工，并分化出门类众多并且相互独立的产业体系，这才为产业融合的发生提供了前提条件。因此，产业融合只可能发生在存在高度产业分工分业的工业经济时代及其之后的更加高级的经济时代。但是，工业经济时代的主导性价值增长源泉——迂回化的中间环节，也决定了"反中介"的产业融合不可能大量发生，当然不排除有偶尔出现的情况，因此，产业融合成为一种比较普遍的经济现象只可能是在后工业社会。

从驱动相互独立的产业在彼此的边界处相互渗透、相互交叉，并且融合成新产业的因素来看，信息技术由于其广泛的渗透性、低成本的扩散性以及高度的系统整合性，在推动信息化的这一历史动态过程中，引起信息产业领域内产业融合现象的频频出现，并且有将此现象拓展到其他产业的势头。因而，一些学者便认为产业融合是伴随着信息化进程而发生的，是信息经济时代的特有现象。产业融合的空间范围有其规定性，只是在与信息有关的产业部门以及产业关联环节才有可能发生。但事实上，并非只有信息技术才是唯一的驱动因素，其他的高新技术，如正在蓬勃发展的有可能掀起一场新的生物产业革命的生物技术，也推动了一些产业的融合化发展。例如，人们今后可能很难区分出传统的制药业、农业、化工、食品工业、环保、能源等产业的分界线。此外，作为软技术的服务也正在全方位地渗透到农业和制造业，从而使得农业服务化、制造业服务化彼此间的界限越来越模糊，如观光农业、工业旅游等。

可见，产业融合的发生虽然有其历史规定性和空间范围规定性，但是产业融合的发生并不仅限于信息时代和信息产业及其关联产业，而是有可能发生在工业经济时代以后的任何更高级的经济时代，也并不会仅限于与信息有关的产业领域，而是会在更广泛的产业领域发生，只不过正是由于信息技术的广泛渗透和应用，产业融合才有可能成为一种普遍性的产业发展范式。

而就产业经济的整体而言，由于通用技术的出现和扩散，产业之间的资产通用性会提高，整个社会的产业融合度也会相应提高。通用技术本身在不断地革新和演化，从蒸汽机、电力等动力技术，到电子信息技术，再到生物技术，经历了200多年的时间；而且从总体上来看，越是后面的通用技术，对其他产业的影响和渗透就越是强大，对其他产业的资产内容和结构的改变也越是剧烈。正因为如此，尽管技术融合、产业融合在人类社会产业演进的各个历史阶段都有发生，但是工业革命之前的产业融合仍十分罕见，传统工业化时代的产业融合也不太明显，直到信息化时代以后，产业融合的现象才大量地出现。

需要特别指出的是，在人们对信息技术的应用方兴未艾之际，生物科技革命也已经悄然而至，人类正在不经意间跨入了生物时代的门槛。在生物时代，以基因技术为核心的生物技术很有可能就会成为人类产业发展史上又一个革命性的通用技术，从而会带来更广泛、更深入、更大规模的产业融合。因为生物技术不但能够与信息产业融合，而且还能够与农业、畜牧业、保健业、食品业、医药业、化学工业、航天业、新材料制造业等融合，由此产生大量的新兴融合产业，这些产业将成为新时代举足轻重的经济增长点。在生物时代，产业融合现象将会更加普遍，产业之间的界限将会更加模糊，"人们将很难区分出传统的制药业、食品业、农业、环境保护业、化工业、化妆品业、能源和信息产业的分界线，很难判断出它们的产品究竟是由哪一类企业所生产的"。当然，生物产业与其他任何一种产业是否能够融合，以及融合的程度，也是要由生物产业与其他产业的资产通用性所决定的，要由生物技术、生物资源以及相关的知识和人力资产在其他产业的资产体系中所处的位置、所占的份额来决定。

2.2.2 产业融合的过程

Curran 等（2010）认为，可以基于融合发生的理想化时间序列（idealized time series of convergence events）来对融合进行预期，当不同学科、技术和市场融合时，产业融合会不断发展（图2-3）。从不同学科之间开始越来越多地相互使用研究成果开始，就出现了跨学科引用的科学融合，最终会发展为更紧密的研究合作。当基础科学领域间的距离越来越小的时候，就是应用科技的发展，导致技术融合。接下来，新的产品-市场结合会带来市场融合，一旦企业开始相互介入，最终会成为产业融合。当然，这是一个简化的理想过程，完全产业融合只有在技术和市场融合后才会发生。

Curran 和 Leker（2011）辨识了如下四个融合轨迹，括号内是对融合前状态的简单描述：①科学融合（不同的学科或领域）；②技术融合（不同应用领域的

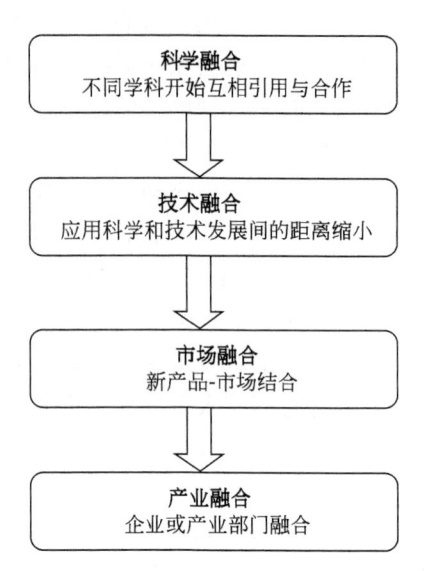

```
       ┌─────────────────────┐
       │      科学融合         │
       │ 不同学科开始互相引用与合作 │
       └──────────┬──────────┘
                  ↓
       ┌─────────────────────┐
       │      技术融合         │
       │ 应用科学和技术发展间的距离缩小 │
       └──────────┬──────────┘
                  ↓
       ┌─────────────────────┐
       │      市场融合         │
       │    新产品-市场结合     │
       └──────────┬──────────┘
                  ↓
       ┌─────────────────────┐
       │      产业融合         │
       │   企业或产业部门融合    │
       └─────────────────────┘
```

图 2-3　融合的理想化时间序列（Curran et al.，2010）

中心技术）；③市场融合（应对不同需求的市场）；④产业融合（拥有部分或完全不同技术基础、不同应用领域和不同市场、不同目标群的公司）。

这几个轨迹都能够回答"融合在什么层面上发生"的问题，相互之间也部分相关或依赖。这种层级式相互依赖的性质是融合顺序过程的起点（图 2-4）。这是对目前为止的研究中所讨论的时间序列划分（Curran et al.，2010；Curran and Leker，2009；Hacklin et al.，2009；European Commission，1997；Fransman，2000；Hacklin，2008）的提炼。

```
    ┌─────────────┐
    │   科学融合   │
    └──────┬──────┘
           ↓
    ┌─────────────┐        ┌─────────────┐
    │   技术融合   │┈┈┈┈┈┈│   市场融合   │
    └──────┬──────┘        └──────┬──────┘
           ↓                       ┆
    ┌─────────────────────────────────────┐
    │              产业融合                │
    └─────────────────────────────────────┘
```

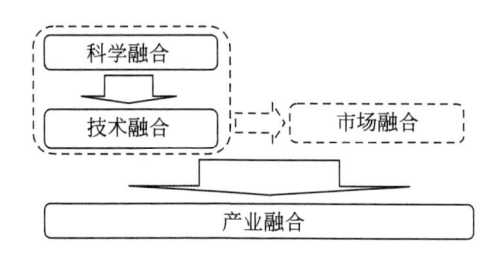

图 2-4　产业融合顺序过程（Curran and Leker，2011）
注：虚线表示特许的依靠，实线代表各个顺序之间的必然联系

为了在每个轨迹测度融合，就必须在每个阶段之间作出一个清晰的划分。在理想化的时间序列过程中，当学科和技术或市场开始融合时，产业融合在不断演进。从不同学科开始越来越多地相互使用研究结果开始，科学融合就因为跨学科引用而逐渐发展为更密切的研究合作；当基础科学领域之间的距离不断缩小，应

用科学和技术发展会紧随其上（Meyer，2000；Murray，2002），导致技术融合发生；接着会触发产业融合，产品和市场新的结合；最后，企业开始相互介入，完成产业融合这一最后阶段。在多数情况下，融合是在每一阶段逐步增进的，有时候产业融合可能是从新商业模式或新产品/服务这两种发展的其中之一的直接结果演进而来的。例如，银行业和保险业的融合（有时候会贴上"银保"标签）并不是由技术发展驱动的，而是由新的商业模式驱动的；而且，融合并不必然意味着新产业的发展。有些情况下，产业领域或学科可能会创造出新的合作领域，而并不改变先前的领域，甚至只是松散的结合而已。这就意味着可能是其中任何一方的变动，也可能是其中之一的领域正朝着这个方向演进。

当然这个时间序列模型只是一个简化而理想的过程，但是在探讨如何预期和实现融合的不同手段时可以发挥作用。

Hacklin等（2010）认为，融合有以下四个阶段（图2-5）。

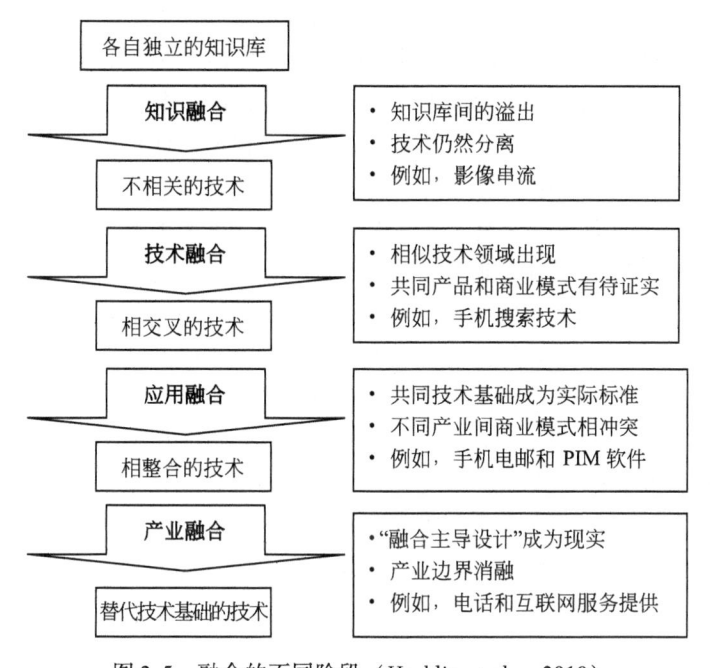

图2-5　融合的不同阶段（Hacklin et al.，2010）

1）知识融合：由于以前不相关的、各自独立的知识库之间偶然出现的演进溢出，界定和隔离产业具体指示的已有边界消融。这种知识边界的消融并不发生在企业水平上，而是通过更长期的产业发展而发生。

2）技术融合：知识融合转变为潜在的技术创新，使得产业间的知识溢出加速了新技术联合。

3）应用融合：技术融合转变为新价值创造的机会，以至于度量的大部分已经超出了最初各部分的总和（即 $1+1>2$）。

4）产业融合：应用融合转变为产业边界的转换，使得原先各自独立的产业间的企业因为共同应用的出现而突然成为竞争对手。

通过文献的综合分析可以得出，完全的产业融合要经过技术融合、产品与业务融合、市场融合等几个阶段。这几个阶段前后相互衔接，相互促进。

1. 技术融合

技术创新在不同产业间的扩散和应用，促使许多技术组合在一起发生复合效应，又构成了新技术。各产业通过引进、学习新技术，对本产业的技术进行改造，并促使其与自己原有的技术相融合，创造出新工艺和开发新产品，这种现象被称为技术融合，如机电一体化技术，是由传统的机械技术、控制技术、传感技术、计算机技术、软件技术相融合而形成的。20世纪70年代机械技术与电子技术融合而导致机电一体化复合技术的兴起，是技术融合最为典型的一个例子；80年代开始了光学技术与电子技术的融合，导致光电一体化复合技术的诞生；90年代后，将光学、机械、电子三者融合而产生光机电一体化的复合技术。纳米科学和纳米技术、生物技术、信息技术、认知科学的融合必将带来人类生活方式的改变和自身素质的提高，导致人类认识和改造世界能力的重大突破。例如，利用纳米生物技术，日本已制造出了1厘米见方、里面有传感器的纳米机器人，可以作为医疗用的体内机器人在人体的血管中移动，到达患病的部位进行治疗；纳米显微技术使人类观察原子真面目的愿望得以实现；生物芯片技术的开发与运用将在生物学和医学基础研究、农业、疾病诊断、新药开发、食品、环保等广泛的领域中开辟一条全新的道路，它将改变生命科学的研究方式，革新医学诊断和治疗，极大地提高人口素质和健康水平，为人类的健康和长寿造福。实践证明，一个领域的发现和创新可以给其他领域带来进步。例如，信息科学领域的进步主要依赖于集成电路运行速度的不断提高，目前的方法正接近其物理极限，纳米技术则会给硬件发展带来突破。在提高软件能力方面，生物计算方法可能会带来突破。另外，认知科学能帮助计算机科学家开发软件，科学家在工作中从对人脑实际使用的神经结构和算法的更多认识中获得启发。再如，如果没有信息技术的进步，人类就不可能在诸如破译人类基因组、模拟蛋白质分子的动态结构等领域充分利用生物技术。信息技术和微生物学能为装配纳米结构提供手段。人工智能的研究也涉及认知科学、系统科学、计算机科学、心理学和脑科学等众多学科。

技术融合是内生于经济过程中的一种现象。人们受知识、实验手段等条件限制，任何一项新技术在诞生时大都存在未被认知和开发的潜力，即显示技术与技术极限间的差距。随着研究的进展,技术潜力将不断地被开发出来,并通过产品升级换代得以实现。由于物理性能的限制,技术潜力总是有极限的。随着时间的推移,技术发展将逐渐逼近物理极限,处于停滞状态。此时,往往也就酝酿着新一轮技术创新。一种可能是技术突破,即通过科学研究的新发现、新发明来发展新技术;另一种可能是技术融合,即通过创新扩散来发展新技术。由于技术突破投入大、周期长、不确定性高,技术创新更多地表现为技术融合。通过融合不同技术来突破技术极限,赢得新的发展空间。例如,20世纪70年代以来,计算机集成电路芯片(CPU)的发展一直遵循着摩尔定律,即单片硅芯片的运算处理能力每18个月就会提高一倍,与此同时,价格下降一半。到90年代中后期,以硅材料技术为基础的芯片技术已接近物理极限,其性能提高受到严重限制。为此,人们纷纷探索新的技术路线,融入超导技术、纳米技术和生物技术等,拓展芯片技术的发展空间。又如,在70年代,传统机械制造技术与大规模集成电路技术融合,发展出数控机床等先进生产设备和计算机集成制造系统(computer integrated manufacturing system,CIMS),导致了传统生产方式的变革,不但大幅度提高了生产自动化程度和生产效率,而且能根据用户的特殊要求,进行单独设计和小批量多品种柔性生产。

Ames和Rosenberg(1997)曾指出,在工业经济发展的过程中,最早的融合表现为技术融合。早在1985年,日本通产省为日本产业结构调整所写的一份报告中就将技术融合这个概念解释为"两种或两种以上不同的技术之间互相渗透,互相融为一体而形成的一种技术现象"。技术融合从本质上来说是发生在各个产业边界处的更高一级的技术进步,是通过革命性的技术进步进一步扩散和外溢,相互渗透以至于融合形成的一种技术创新。前文提到,研究开发有着两种基本方式:一种是在现有的技术上来寻求突破,产生出新的技术来替代原有的技术,即"技术突破"方式;另一种是将多种现有的技术或者改良的技术融合在一起,产生出杂交技术,即"技术融合"方式。而技术本身发展到了一定程度,就很难有突破性进展,这时就需要引进其他技术,只能够用技术融合的方式来取得突破。融合后的技术功能和优越性是单一的技术所无法比拟的。技术融合可以从生产过程和通用技术两个角度来进行考察。历史上,曾多次出现过一些通用技术和生产过程被众多产业部门所采用的现象。18世纪60年代发生的第一次技术革命,蒸汽机作为机械动力被广泛应用于社会生产和生活各个方面。Ames和Rosenberg曾研究了相同的生产过程是如何使用车床和钻床等而被应用到不同产业部门的。Bresnahan和Trajtenberg也研究了火车、蒸汽机和机床如何因提高了其他产业部门的生产效率而成为一种通用技术。但是,这种现象与信息范式下的技术融合有着本质区别。它们只是一种通用技术的融合,对各产业技术体系起补充作用,并没有对产业主导技术及技术边界产生实质性的影响。直到 20 世纪 80 年代的第三次技术革命，信息技术日益广泛地渗透于经济生活各个领域，并与其他产业部门的专门技术发生融合，改变了原有的技术组合及技术边界，才产生了真正意义上的技术融合。这是因为，信息技术尽管在各个领域的应用上存在差异，但由于其高渗透性既可以作为一种专门技术，也可以作为一种通用技术，更容易与其他技术发生融合。

技术融合产生于信息革命背景下，但并不完全局限于信息领域，在其他领域也同样发生着大量的技术融合现象。2001 年 12 月，美国商务部（DOC）和美国国家科学基金会（NSF）组织召开的一次关于技术融合的专题讨论会，有一篇题为"推动技术融合，提高人类素质"的报告认为，在未来几十年中，纳米技术、生物技术（包括生物医学）、信息技术和认知科学（包括认知神经科学）四大科技领域的相互渗透和有机结合，将使人类的精神、身体和社会能力持续增强，成功应对各种挑战。报告中提出了"融合技术"（NBIC）的概念，这些融合技术具有两个方面的基本特征：一是高渗透性和衍生性，能广泛应用于其他领域，产生全新的技术；二是对信息技术的深度运用。例如，计算能力和网络技术为生物技术研发提供了强有力的工具，不但能使其更好地适应日趋复杂化和多样化的数据处理要求，包括各种格式和多种来源的信息的统一，或采用多种标准和便于使用的格式；而且导致大量的研究方法创新和研发流程改善，大大提高了研发效率。在基因（DNA）和蛋白质研究中，运用信息技术创造出 DNA 自动排序、高过量筛选和微排列等新的研究方法，降低了研发所需要的成本和时间。在药物研究中，药物发现成本自 1999 年以来上升了 3 倍，开发一种新药的成本平均需要 9 亿美元，花费 15 年时间。其中，临床成本占绝大部分，大约 75%的成本被浪费。运用计算机快速筛选候选药物和预测药物反应，可以大幅度降低失败率，减少 1/3 的成本，缩短 2 年的时间。在未来科学研究中，具备利用信息技术来管理多样而广泛的数据的能力是成功的关键。

技术创新在高技术产业与传统产业之间的扩散导致了技术融合。而技术融合使高技术产业与传统产业之间形成了共同的技术基础，并且使产业间的技术边界趋于模糊，最终导致产业融合现象的产生。产业间的技术创新扩散溢出效应是一种普遍的现象。技术创新在高技术产业与传统产业之间的扩散和应用所引发的溢出效应，会促使技术融合现象的产生。产业间的技术扩散和应用，促使许多技术重新进行创新组合，又构成了新技术。高技术产业与传统产业通过引进、学习新技术，对本产业的技术进行了改造，并且促使其与自己原有的技术相融合，又会创造出新工艺和开发出新产品，这就导致了产业的技术融合（图 2-6），如生物技术与医药技术相融合，开发出了生物制药技术；电子技术与机械技术相融合，创造出了机器人技术；电力技术与汽车生产技术相融合，产生了电动汽车技术等。

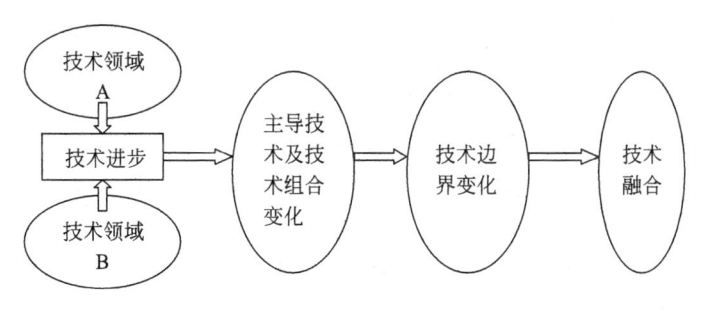

图 2-6　技术融合

技术融合是技术创新扩散溢出效应的主要表现之一。在信息化时代，产业融合是以信息技术之间的相互融合以及信息技术与其他产业技术之间的广泛渗透和融合为特征的。Gaines（1998）揭示了信息技术融合的技术基础，他认为，信息技术融合存在着替代和不断学习的过程，并且他还给出了信息技术融合的学习曲线。随着从20世纪70年代开始的信息技术革新直到90年代计算机的普及所带来的互联网的广泛使用，技术融合表现为数字融合，其实质是改变了获得数据、视像和语音这三种基本信息的时间和空间及其成本，这不仅仅使得语音、视像、数据与文件之间可以融合，通过同一种终端机和网络传送与显示，而且还使不同形式的媒体彼此之间的互换性和互联性都得到加强。以计算机和电话为例，在数字融合之前，通信服务、计算机和媒体服务之间存在着不同的市场而且功能各异。因为数字技术在通信领域里的不断拓展，通信技术与计算机技术出现了数字融合，计算机开始引入通信功能，而电话则开始引入程控功能，使得经营在线通信处理、信息处理业务的企业发展非常迅速。随着各个企业内部以及企业间的局域网和宽域网的发展，各个企业在管理方面都大力普及在线信息处理系统，使得客户在任何时候、任何地点都可以获得自己所需要的信息、产品与服务，数字融合导致各产业之间的界限趋于模糊。在美国、日本等发达国家，信息技术创新以及互联网的普及推动了信息产业与传统产业的融合。例如，20世纪70年代机械技术与电子技术融合而导致机电一体化复合技术的兴起，就是技术融合最为典型的一个例子（于刃刚，1997）。在齿轮的转速达到前所未有的高速时，超大规模集成电路所集成的电子元件也几乎不可能再增加了，这两个过去并无任何关系的技术都达到发展的极限时，却有机地结合在一起而且形成了机电一体化技术，带来了数控机床和自动化机床的问世，使得机械加工业提升到了一个新的高度；80年代开始光学技术与电子技术的融合，导致了光电一体化复合技术的诞生；90年代以后，光学、机械、电子三者融合产生了光机电一体化的复合技术。

2. 产品与业务融合

产品是技术的载体，任何一项技术进步都有可能导致一系列产品创新。在工业经济时代，产品创新主要有两种情况：如果技术进步发生在技术边界内，那就表现为对原有产品结构、功能和质量等的改良，推动原有市场的发展；如果技术进步超越了技术边界，那就有可能创造出全新产品，形成全新市场。显然，技术进步无论发生在技术边界内还是技术边界外，其产品概念和市场边界都是明确的。

在信息化时代，技术融合使得不同产品生产具有共同的技术基础，从而有可能对不同功能的产品进行集成，以同一产品或产品组合来实现不同产品的功能，满足个性化、多样化的需求，这就是产品融合。产品融合不仅发展出了大量的全新产品和服务，而且明显改善了原有产品和服务，带来巨大的增值收益（图 2-7）。

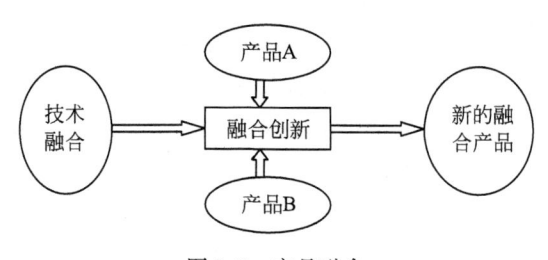

图 2-7 产品融合

因此，产品融合作为一种产品创新，有别于传统的产品创新。它通过融合创新，既保留了一部分原有产品的功能，又创造出一部分新的功能，从而模糊了原有的市场边界，导致不同市场间发生聚合反应。

信息化的发展导致产品和服务出现数字化、智能化和网络化的发展趋势。在产业融合中，不仅有大量的实体产品间和服务间的融合，而且有更多的知识产品与物质产品间的融合。随着知识和信息成为社会产品价值构成中的主要成分，大多数知识和信息将隐含在物质产品和服务中。物质财富成为"知识和智慧的价值"的"容器"。知识产品与物质产品的高度融合使传统意义上的物质产品转化为一种新型的知识产品。它不但包括智能化产品——利用知识和信息更好地支持产品功能和服务，而且也包括生产过程中凝结有较高的知识和信息含量的产品。

在通常情况下，融合产品对原有产品具有替代性。但两者的替代关系往往是不完全的，构成一定的互补性。这主要有两个方面的重要原因：一是融合产品的主要功能、特性等与原有产品不完全相同。它总是先以原有产品的补充形式出现，继而逐步替代原有产品。而当融合产品一旦成为市场主导产品时，原有产品则有可能转变为融合产品的补充。例如，电子出版物与传统出版物之间存在明显的替代关系，但两者的特性不完全相同，传统出版物并没用因电子出版物的出现而消失。个人计算机一开始是作为微机和主机的互补产品，然后才成为两者的替代产品（Greenstein and Khanna，1997）。二是即使某些融合产品的功能、特性等与原有产品完全相同，具有完全替代性，但由于消费者偏好和使用环境的不同，在现实生活中也只能是部分替代、相互补充。例如，随着信息技术的发展，个人计算机与数字电视机在功能上都可以成为交互服务的传输工具，具有很强的替代性。但事实上，两者的消费者偏好和使用环境有明显差异。电视机属于生活导向型产品，个人计算机属于工作导向型产品。前者是一种"后向学习"，使用者处于被动状态；后者是一种"前向学习"，使用者处于主动状态。因而，电视机通常被作为一种生活设备，而个人计算机通常被作为一种工作和学习设备。显然，广泛的需求可以通过多种设备来满足，但某类设备也许比其他设备更适应于某种应用环境，这就使得融合产品与原有产品间形成一种替代与互补共存的趋势，从而极大地丰富了消费选择。

在技术融合出现以后，高技术产业与传统产业已经形成共同的技术基础，这就需要进一步调整原有的产业发展战略，原有的技术生产路线、业务流程、管理以及组织等来整合产业内企业的物资、技术、人力和管理资源，以便在创新技术的基础上，积极地开展新业务，增强核心技术，使得企业实现在管理和流程上的再造，实现产品和业务的融合。例如，电信、广播电视和出版产业的融合不仅仅要解决网络连接的技术标准问题，而且还要产生新的业务与内容。这样，在技术融合的基础上，各个产业原来不同的产品和服务的提供方式和途径就开始趋同，从而使产业的业务边界开始了交叉与重合。在电信、广播电视和出版三大产业融合的过程中，电信、广播电视和出版业纷纷在传统业务的基础上开发出新业务，扩展和延伸各自的产业链。电信业扩展了其传统的低速数据和语音传输上的优势，逐渐向视频通信等宽带业务方面发展。而广播电视部门在扩大其有线电视业务的同时，也开始把数字电视、数据传输、高清晰度电视、点播电视以及电话业务作为其扩展的领域。另外，利用互联网传送音频信号也可以大规模地降低用户的费用，同时也成为 IP 网络逐步向多媒体业务支持发展的最重要的方向。这些业务的扩展使得原来各自独立的产业出现了交叉。这样，原有的三大产业不同形式的产品或者服务（语音、数据和视像）的差异性明显地弱化，甚至消失。在信息服务产品数字化的基础上，其业务边界也开始发生交叉与重叠（图 2-8）。

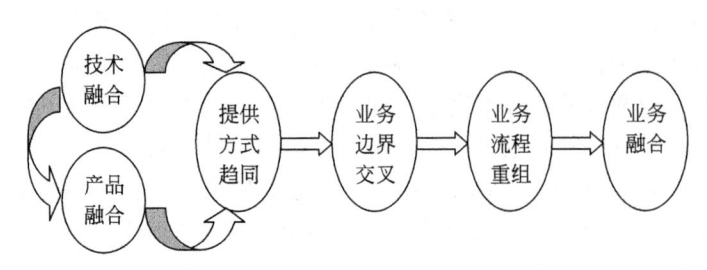

图 2-8 业务融合

在业务融合中，信息化的发展起着非常关键的作用。一是信息化的发展导致基础运行平台发生变化，各种专用平台被融入互联网公共平台，并进行重新定义和整合。企业可以更多地以电子商务模式从事交易活动，因而有可能使各种业务在新的运行平台上发生交叉和融合。二是信息化的发展极大地改变了企业技术装备、生产工艺和业务流程，用知识和信息整合传统生产要素，用高流动性的信息资源重组低流动性的物质资源，从而创造出新的价值。

业务融合不但弱化了不同产品提供方式的差异，而且产生大量的交叉业务，引发价值链和业务流程重组，促进了业务融合的发展。例如，数字融合将不同的信息服务产品转化为数字产品，削弱了语音、视像和数据等产品差异，能够采用同一数字载体和传送网络向用户提供服务，从而打破了原有特定的提供方式。业务融合打破了传统业务边界，拓展了业务发展空间，具有重大的经济意义。从微观上看，业务融合优化了企业内部结构和资源配置，实现了生产经营体系的耦合，改善了成本、质量和服务，增强了对以顾客、竞争和变化为特征的市场环境的适应性；从宏观上看，业务融合对社会分工和市场结构产生显著影响，改善了面向终端客户包括供应商、制造商和中间商在内的正规供应链系统的经营绩效。具体表现为：减少了中间环节，降低了迂回生产物耗；缩短了生产与消费的距离，形成供求双方直接融合；产生了新的业务模式，为企业谋求更广泛的业务创新提供了可能性。

例如，广电网络与移动通信网络的融合焦点就是手机电视业务（肖弦弈和杨成，2008）。手机电视业务是一种新型的数字化电视形态，是通过广播网络或者移动通信网络进行电视内容传输，利用具有操作系统和视频功能的智能手机进行观看的电视业务。手机电视不仅能够提供传统的音视频节目，利用手机网络还可以方便地完成交互功能，更适合于多媒体增值业务的开展，按照麻省理工学院媒体实验室的 Negrouponte 教授的三个圆圈理论，其交叉处将会成为成长最快、创新最多的领域，手机电视正好是这个交叉处的核心。手机电视赶上了所有的传统媒体，可能成为最后的可移动媒介，能够实现信息通信的无缝覆盖。

3. 市场融合

市场融合是产业融合得以实现的必要条件。Alfonso 和 Salvatore（1998）通过电子行业 1984~1992 年的数据证实了技术融合和市场融合的关系，指出技术融合并不必然带来产品和市场的融合，因而并不必然会带来产业融合。技术融合是指两种或两种以上不同技术相互渗透，融合为一体而发展出新技术的一种现象。技术融合是市场融合的关键因素。技术融合使不同产品应用共同的技术基础，导致产品融合创新。用一种产品或产品组合满足多样化需求，从而推动了市场融合的发展。同时，技术融合又必须以市场融合为导向。任何一种技术最终都需要通过市场来体现其商业价值。一种新技术无论其水平多么高，性能多么先进，如果不能为市场所接受，不能创造出新的需求，那就是一种不成功的技术。相反，一种新技术哪怕只是技术集成或改良，如果能为市场所接受，创造出新的需求，那就是一种成功的技术。因此，技术融合只有通过市场融合，创造出新的需求，才能体现其商业价值并得以延续。2000 年 3 月宣告破产的美国铱星公司，其最初的目的是想通过全球的卫星通信系统，来实现电视与电话的融合。但是技术上的先进性并不能够保证商业上的必然成功，技术融合与其业务和市场的脱节正是其失败的原因。

在工业经济时代，技术屏障使各种流通渠道具有很强的专用性，加剧了市场分割状况。在信息化时代，信息技术特别是互联网对各种渠道的强大整合力产生明显的融合趋势。以网络融合为例，通信、计算机和媒体业的供应商原先分别通过不同的网络，向消费者提供各自的服务产品。在数字融合情况下，计算机引入了通信功能，通信引入了程控功能。这样，无论是语音、视像还是数据都可以通过同一网络和终端设备进行传输和显示，既可以以一种公共发射网络替代原先独立的电信网络、电视网络和数据网络，又可以以不同网络提供同一种信息服务内容。网络融合改变了信息服务产品的分配方式，推进了市场融合的发展。同样，银行、证券和保险等金融机构在分业经营的情况下，分别通过各自的分销网点提供特定的金融产品，造成市场分割。在混业经营的情况下，不同金融机构可以通过各自的分销网点提供各种金融组合产品，从而融合了分隔的金融市场。

创新扩散促使技术融合、产品融合和业务融合发展，为市场融合奠定了基础。在市场选择和市场激励作用下，处于融合市场的企业间通过示范模仿效应，个别企业的融合行为最终演变为一种群体行为；管制放松降低了市场进入壁垒，导致大量新企业进入，从而有力地推动了市场融合的发展。在市场融合的过程中，不同的产业应当考虑到技术与业务的融合能否改变人们当前的消费习惯而创造出新的需求，融合后的新产品和内容能否适应新的市场需求，技术与业务融合的结果能否改变成本结构，能否形成产品差别和取得市场竞争优势而获得更多的市场需求等。Christensen 和 Rosenbloom（1995）认为，许多产业技术融合战略的失败，是在于它们所联结的新价值网络能力不足，不能够充分创造出新产品和业务的市场需求，而不是因为创新能力不足。

信息技术在产业领域得到广泛运用，通过产品功能重组和业务流程重组，构建起了互联互通的数字化信息流和服务流平台，重新定义了市场，促进了市场融合，原先由不同行业分割的产品市场融合成了一种综合性融合市场（图2-9）。例如，电子商务为市场融合提供了一个很好的平台，把各个产业的企业连接在一起，从而提高整个系统范围的效率。

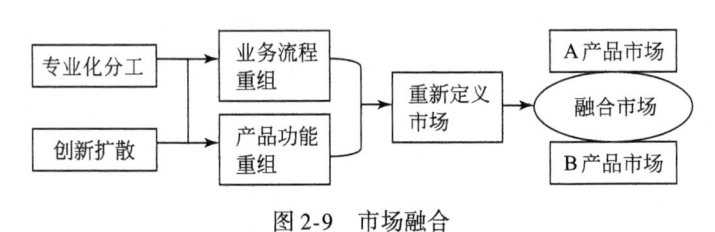

图 2-9 市场融合

例如，当今信息技术越来越多地被应用到社会经济的各个领域，经济信息化和服务化的发展趋势日益明显，制造商正在经历一个向服务商转变的过程。这一新的变化意味着服务已大规模地渗透到生产和消费过程。大工业的迂回生产过程分离和创造出规模巨大的服务市场特别是生产者服务市场，而服务业本身的高度发展又促使了市场融合的发展。琼斯和凯茨考斯基认为，随着工业、农业生产专业化分工程度的提高，需要服务业提供大量的专业服务，包括金融、通信、物流、法律、管理咨询、设备维修、员工培训和销售服务等。服务日益广泛地渗透到研发、生产、流通和消费过程中，呈现出消费者服务向生产者服务转变的发展趋势。

正如 Shelp 所指出的，农业、采掘业和制造业是经济发展的砖块，而服务业则是把它们黏合起来的灰泥。在美国，服务业与制造业的融合形成了新的附加值网络。计算机、家具、房屋装修、机械工具、食品、教育、旅游和投资等众多领域的生产与服务已融合为一体，将原先分割的市场融合为一种新市场，从而带来了更大范围内的交叉竞争。在高价值生产模式下，企业利润主要不是来自规模和产量，而是来自不断发现解决方法与需求间的新联系。企业将资源和战略集中到专门知识上，致力于为用户提供各种解决方案的专门服务。于是，实物产品的生产和销售不再是一个独立过程，而是从属于服务，作为解决方案的一种实现手段。越来越多的制造业正变得无形，依据个性化要求进行定制生产；越来越多的服务业却开始从事大规模生产和远距离提供。企业从制造一种产品转向提供一种服务，制造业与服务业的界限开始变得模糊不清了。

总之，在不同的产业领域内，产业融合以不同的方式演进，最终将促成整个产业结构的高度化和合理化，并形成融合型的产业新体系。产业融合要求以技术上的融合为基础，以实现产品与业务的融合为方法，以市场需求为导向。产业融合的这三个过程是相互促进的。产业融合的最终发生经过了技术融合阶段、产品与业务融合阶段到市场融合阶段，最后才能完成产业融合的整个过程（图 2-10）。

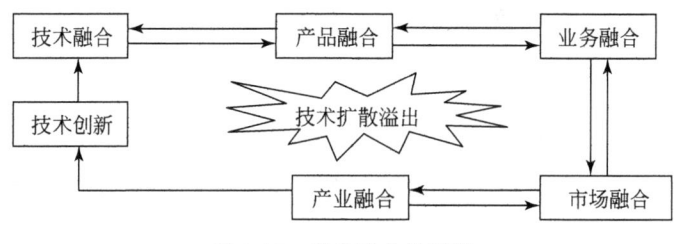

图 2-10　产业融合的过程

产业融合要求技术与业务融合能够通过改变人们当前的消费内容和工作方式来创造出新的需求，能够改变成本结构、形成产品差别从而取得竞争优势和获得更多的市场需求。产业融合的这几个阶段是前后相互衔接的，也是同步相互促进的。技术创新是动力，技术融合是基础，产品融合和业务融合是积淀，市场融合是"半成品"，产业融合就是整个融合过程的"产成品"。

例如，传媒产业的产业融合基本上经历了以下三个阶段。

1）与其他产业的技术融合。信息技术的每一步发展，都在技术和业务上扩大了融合的趋势。首先，数字化技术统一了信息形式，实现了原有模拟信号向数字信号的转换。其次，网络间互连协议（IP）技术给传统媒体带来了更大的冲击，信息传播成本急剧降低，有力地推动了媒体信息的传播广度与力度，使信息由单向的"广播"方式向双向的交流方式转变，从此，原来各产业分立的传输平台由专用性变为非专用性，彻底统一到了一个传播平台上。这种技术进步的力量产生了传媒产业与其他产业的技术手段融合，使其原有的技术边界消失。

2）与其他产业的产品与业务融合。正是因为数字技术实现了所有信息的标准传输形式，使电信、互联网、广播电视、电影等产业的不同形式的产品或服务的差异性明显弱化。在信息服务产品数字化的基础上，原有不同服务产品的提供方式及途径趋于统一，从而使其业务边界产生了融合。

3）与其他产业的市场融合。在技术融合、产业与业务融合的推动下，传媒产业与其他产业之间构成的横向市场结构形成新的价值链，重新塑造了交叉竞争、竞争合作的格局，从而改变了市场边界。过去界限清晰的产业区分时期所形成的传统价值链的合理性正在逐步消失。价值链的组成变得不像过去那样简单，往往是多个产业、多个产业的企业纵横交错地纠缠在一起。价值的创造以及价值的传递方式都发生了明显的改变，不再是单向的运转，而是相互流动形成一个比过去更为复杂的循环系统。

2.3 产业融合的方式与类型

2.3.1 产业融合方式

产业融合方式可以分为产业渗透、产业延伸交叉、产业重组三种形式。

1. 产业渗透

产业渗透是指高技术产业的技术和产品应用或者扩散于传统产业，出现了传统产业的高技术化（图2-11）。属于不同产业的经济活动通过技术创新或管理创新，无摩擦地渗透到另一产业中，从而在彼此的边界处融为一体，形成新型的产业。

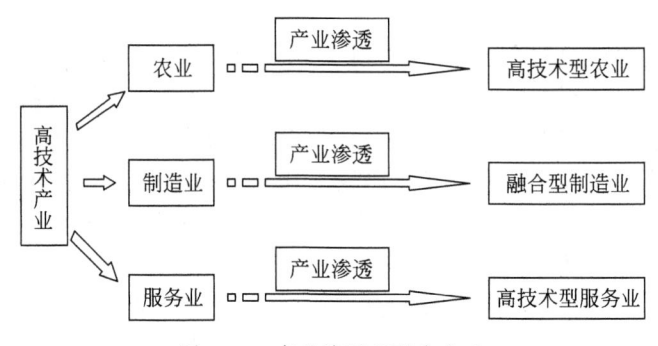

图2-11 产业渗透的融合方式

以高技术为核心的产业随着科学技术的日新月异逐渐地成长起来。由于高技术的特点是具有渗透性和倍增性，可以广泛地渗透到传统产业中，并会极大地提高传统产业的生产效率。因此，高技术产业不仅从事着高技术产品的生产，还通过技术渗透逐步向传统产业延伸；不仅为传统产业带来了生机和活力，并且通过与传统产业的融合，形成新的产业形态，为提升产业整体竞争力提供了新的支撑，并开拓了新的发展领域。例如，机械与电子产业的融合形成了机械电子产业，信息技术、生物技术与传统产业的渗透融合，产生了航空电子、生物电子、生物农业等新兴产业，电子信息产业与汽车产业渗透融合则形成了汽车电子产业。而互联网产业对传统产业的渗透融合更是普遍，如电子商务、电子图书、远程医疗、远程教育等。

电信业的媒介化也通过产业渗透方式出现，在产业融合的初期，拥有高端通信技术的电信企业与互联网企业，形成了能与传媒产业竞争的新兴信息传播渠道，通过各种方式向传统传媒产业渗透，将原有传媒内容的传播渠道——发行网、有线（无线）电视网、无线广播网、电影院线/DVD、音乐CD等统一到了电信网络和互联网上来。在我国，互联网向传媒产业渗透的过程中形成了新的传媒子产业——网络媒体，如门户网站、专业化网站、电子商务网站等。

2. 产业延伸交叉

产业延伸交叉是指产业间的融合通过产业间经济活动的功能互补和延伸来实现，通常会发生在高技术产业的产业链延伸的部分。通过各自产业活动或产业链的延伸在彼此产业的边界处发生交叉融合，最后会导致产业边界的模糊或者消失，形成融合型产业（图2-12）。这种融合可以赋予原有产业新的附加功能和更强的竞争力；但是这些发生交叉的产业往往只是"部分的合并"，并不是全部融合，原有的产业还继续存在，这也使得融合后的产业结构出现了新的形式。

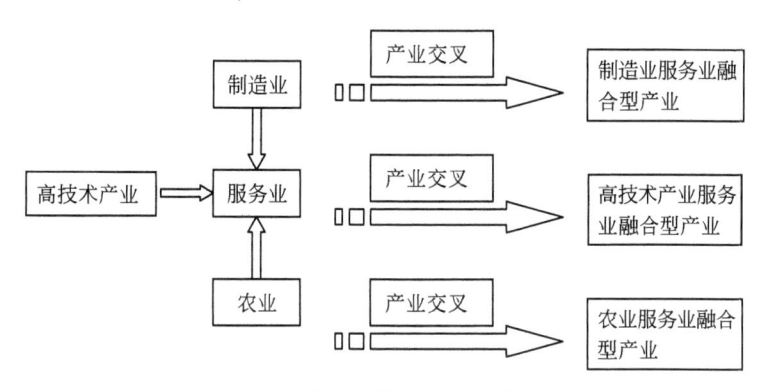

图2-12 产业延伸交叉的融合方式

这种融合更多地表现为服务业向第一产业和第二产业的延伸和交叉，如第三产业中相关的服务业正加速向第二产业的生产前期研究、生产中期设计和生产后期的信息反馈过程展开全方位的渗透，金融、法律、管理、培训、研发、设计、客户服务、技术创新、运输、批发、广告等服务在第二产业中的比重和作用越来越大，相互之间融合成不分彼此的新型产业体系，如农业、工业、服务业之间延伸交叉融合形成的现代农业生产服务体系、工业旅游、农业旅游等。产业交叉融合的现象对放松管制后的自然垄断行业来说具有更重要的意义，因为它们具备比较成熟的扩张产业链的技术和业务条件。三网融合就是典型的交叉融合的例子，而生物技术产业和信息技术产业的交叉产生 DNA 芯片计算机也是高技术产业交叉融合的典型范例。

由于产业融合突破了产业分立的限制，不同的产业可以利用现有的资源，整合其价值链，来寻求交叉产品、交叉平台以及交叉部门进行收益共享。由于产业价值链可以不断延伸，企业可以开发新的业务领域，扩展其事业范围，开发出新产品和新服务。在欧洲，许多 IT 公司将大量的投资引向信息基础设施和电视业，去发展多媒体内容发布和普遍应用的软件开发，并且充当起数字化电视试验的集成者角色，其目的就是成为新服务市场的参与者，进入新的业务领域（周振华，2002）。

电信业的媒介化也通过产业交叉来实现。电信业引进和应用了新技术的传媒产业，通过多种媒体互动开发，走图书、报刊、广播电视、影视等内容产品的数字化开发之路，将同样内容用不同媒体形式包装转化，最大限度地推向市场和占领市场，实现了媒体对电信或互联网产业的"反渗透"，形成了产业交叉的态势（肖弦弈和杨成，2008）。以广播电视的有线网络为例，有线电视网络在引进新技术后，其业务范围得到了扩展，从原来的传输模拟节目和音频节目，逐渐向数字式业务、数据业务和话音业务等领域扩展，不仅提高了传媒产品的传输质量，而且可以向电信和互联网领域提供可替代的竞争性数字产品。

3. 产业重组

产业重组是实现产业融合的重要手段，这一方式主要是发生在具有紧密联系的产业之间，这些产业往往是某一大类产业内部的子产业（图 2-13）。原本有着各自独立的产品或服务，通过延伸产业链，重组为一体的产业融合。通过重组型融合而产生的产品或服务往往是不同于原有产品或服务的新型产品或服务。

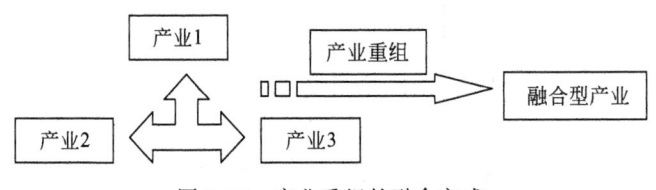

图 2-13 产业重组的融合方式

例如，第一产业内部的种植业、养殖业、畜牧业等子产业之间，可以通过生物链重新整合，融合成生态农业等新的产业形态。第二产业内部的计算机、机器制造、自动化技术、通信技术等子产业之间进行重新整合，融合成为新的产业形态：机器人产业。智能机器人集成了当代各种先进技术，如数字、机械、电子、力学、通信、计算机、自动控制、传感、人工智能等，在汽车、航天和精密制造领域得到了广泛的应用，是现代高科技的集成平台。这种新业态既适应了市场的需求，又提高了产业的效率，代表了产业的发展方向。

又如第三产业内部的零售业、娱乐业、餐饮业等子产业之间，通过购物街这种形式整合起来，形成了新的融合产业形态。金融业的银行、保险、证券的混业经营，也是重组型融合的重要代表，目前的金融业务已经不仅仅是传统的银行、保险和证券，还包括基金、信托、典当、理财等多方面的混合经营；另外，还有运输业、仓储业、批发零售业，重组融合为现代物流业。

这种产业间的重组融合与一般的产业纵向一体化不同的是，这种融合最终产生了新的产业形态，形成了新的商业模式，其过程既包括技术创新，又包括体制和制度创新，其结果是促进了产业的升级换代。

2.3.2 产业融合类型

产业融合的结果或者是改造了原来的产业，或者是创造出了全新的产业，从而使产业融合所形成的新产业或者替代了原来产业的全部或部分需求，或者创造出全新的市场需求。

第一，按照产业融合的方式，可以将产业融合分为高技术产业间的交叉融合、传统三次产业之间的延伸融合、传统产业内部的重组融合、高技术产业对传统产业的渗透融合，具体表现见表2-3。

表2-3 产业融合的类型及表现

产业融合类型	融合的表现
高技术产业间的交叉融合	三网融合、生物芯片、纳米电子等
传统三次产业间的延伸融合	现代农业生产服务体系、工业中的服务比例上升、旅游工艺、旅游农业等
传统产业内部的重组融合	生态农业、混合型金融业（证券、保险与银行的混业经营）等
高技术产业对传统产业的渗透融合	生物和信息技术的渗透、动植物新品种培育、光机电一体化、电子商务、网络金融等

第二，根据产业融合的程度和市场效果，也可以将产业融合分为完全融合和部分融合两种类型。

完全融合是指原来各自独立的两个或两个以上的产业完全融合成一个新的产业，要么完全替代了原有的产业，要么完全替代了其中的一个。这种类型的融合有三种情况：一是当新产业 X3 与原来的两个产业 X1 和 X2 在资源的使用上具有重叠性并且产品功能具有完全的替代性时，则 X3 将取代 X1 和 X2，这一情况在现实中还没有出现；二是当 X3 与 X1 的产品存在着完全替代，与 X2 的产品部分替代的情况下的资源使用重叠时，X3 将取代 X1，并与 X2 共存，原有的资源可以得到更为有效的利用；三是当 X3 与 X2 的产品存在着完全替代，与 X1 的产品部分替代，则 X3 将取代 X2，并且与 X1 共存。实际上第二和第三种情况也可以归为一类，这类情况在现实中还是常常见到的，如电话业的出现就完全替代了电报业，使之退出了历史舞台；同时，电话业也部分地替代了邮政业，并与邮政业共存。

部分融合是指原来各自独立的产业之间出现了部分的替代使得新产生的融合产业部分替代了原有产业的市场需求，即与原有的产业之间形成了既替代又互补的关系。原来的产业之间的界限模糊化了，但是并没有全部消失，它们仍然在一定的市场范围内按照自己的方式成长。当新产业 X3 与两种旧产业 X1 和 X2 的产品都只是部分替代的情况下，资源使用重叠时，新产业将会增长，但是会与两种旧产业都共存，这类融合是产业融合中最为普遍的现象，如互联网业的出现只是部分替代了电信业、通信业、有线电视业和传统纸质媒体业等。

第三，根据产品或产业的性质来进行分类，则可以分为替代型融合、互补型融合、结合型融合和创新型融合四种类型。

所谓替代型融合，是指在共同的标准元件束或集合下，通过对具有相似特征产品的整合，把原先的独立产品融合为一种替代性产品。在信息化时代，大量发生数字虚拟产品与实物产品、服务产品之间的替代现象，如数字影视产品对传统影视产品的替代等。根据替代方式的不同，替代型融合可分为两种主要类型：一是固定数量的用户用不同的产品，替代地实现更多的不同任务。例如，用户可以根据数据文本传递的不同要求，选择邮政、电子邮件或移动通信短信等多种服务产品。二是更多的用户在完成特定任务时，将不同产品视为可替代。例如，用户可以选择数字付费电视、影碟（DVD、VCD）、在线影视等多种数字影视产品观赏电影。

所谓互补型融合，是指在共同的标准元件束或集合下，通过对互补型产品的兼容性整合，把原先的独立产品集合到一个共同的标准元件束内，实现有机的联合使用。根据元件束或集合的标准程度不同，互补型融合可分为两种主要类型：一是强式融合，即在完全相同的标准元件束或集合下，不同产品间的兼容性融合，如数字电视机与数字电视信号、计算机技术与网络技术等双方都处于高度一致的标准元件束内。二是弱式融合，即在基本相同的标准元件束或集合下，不同产品之间的兼容性融合，如数字电视机与模拟电视信号兼容、数据网与电信网兼容等，两者分别处于数字技术和模拟技术的不同标准元件束，但大致相同。弱式融合往往具有方向性，即高级标准元件束兼容低级标准元件束，但在范围、程度和效果上会受到一定影响。

所谓结合型融合,是指原本独立的产品在共同的标准元件束或集合下,通过功能添加和集成,发展出具有新的组合功能的产品。组合型融合往往形成不同于原有产品的新型产品。根据产品形式的不同,可分为三种主要类型:一是实物产品间的融合。实物产品融合将不同产品的功能集中到同一产品中,如将移动电话、卫星定位及上网等功能集成到手持或车载装置,为用户提供语言、电子邮件、天气预报、新闻和实时交通信息等服务。由于高技术产品具有较强的渗透力,实物产品间的融合大都发生在高技术产品间或高技术产品与传统产品间。二是服务产品与实物产品间的融合。随着经济服务化的发展,产品被更多地赋予了特定的服务内容。产品价值主要不是来自于生产过程,而是来自于相关服务;服务创造的价值在整个产品价值中的比重不断上升。产品的流通和使用也越来越依赖于服务,甚至离开了服务,许多产品无法正常发挥功能和体现价值。因此,服务产品与实物产品间的界限变得越来越模糊,如药品疗效不仅仅取决于药品的功能和质量,而在很多程度上取决于医疗服务的质量。三是服务产品间的融合。在产业融合中,不同的服务产品间产生大量的融合现象,形成各种融合服务产品,如住房、汽车销售过程中的消费贷款、保险等服务。

所谓创新型融合,是指在共同的标准元件束或集合下,开发出完全不同于原有技术和产品的新产品。例如,网络技术就是融合计算机技术和通信技术发展起来的一种全新技术,并衍生出一批网络影视、网络出版物、网络游戏、IP电话、电子邮件、网上银行和网上商店等全新的虚拟产品。

在这四种类型融合中,替代型融合和互补型融合只是让各自的独立产品进入了同一标准元件束或集合而形成某种替代或互补,但并没有消除各自产品的独立性。结合型融合和创新型融合则是在同一标准元件束或集合条件下,完全消除了原本各自产品的独立性而融为一体。因此,从某种意义上讲,这样的融合才是完全意义上的融合。

第四,如果根据现有技术新奇性程度划分,可以分为应用融合、横向融合和潜在融合三种不同类型(图2-14)。

	已知技术	新技术
已知技术	应用融合	横向融合
新技术		潜在融合

图2-14 基于现有技术新奇性划分的融合创新类型

所谓应用融合,是指两种以上已知技术融合,产生的突破可被视为是基于创新者将已有解决方案整合成新附加值的创造力。这种基于几种累积性技术应用的突破性创新在无线鼠标设备或手机拨号上网的例子中有所体现。

所谓横向融合，是指一种以上已知技术和一种以上新技术合并，产生的新技术可以横向加强已知技术，引起已有解决方案的突破，极大地增加了对于消费者的吸引力。这种横向模式的例子有：手机通过与数字摄影整合进入一个新时代；汽车导航系统通过引入 DVD 作为存储媒介其功能得到加强。

所谓潜在融合，是指假设有两种或两种以上的新技术，其本身并没有任何突破性特征，而它们的结合产生了新的技术概念，带来突破性解决方案和这些技术的累积性发展。这种潜在融合体现在数据包转换智能手机上，将电话和终端多媒体应用结合起来，带来通信的革命。

2.4 产业融合度的测算

产业融合度是指产业融合发展的程度。产业融合过程的阶段性和产业融合发展引起的产业界限模糊性，决定了产业融合度测算必须考虑分阶段测算。技术融合是产业融合实现的前提和基础，产品与业务融合是重要内容，市场融合是最终结果，标志着新型产业业态的出现。由于产业融合是一个动态的产业创新过程，存在着产业之间界限模糊不清，难以准确界定的问题，很难找到一种统一的测算产业融合程度的方法。但产业融合过程中的技术融合、产品与业务融合、市场融合具有相对明确的内涵，因此，可分别对产业融合的三个阶段的融合程度进行衡量，然后对各个阶段的融合程度进行综合，进而判断产业间的整体性融合程度。

通过对国内外文献的检索发现，技术融合度的测算是产业融合度衡量的重点研究领域，目前已有学者提出相关的测算方法。不同产业或行业之间技术融合的趋势称为"技术融合化"，而衡量两个不同产业在技术上的融合程度的指标称为"融合系数"，它表明产业间在技术上相互重复使用的范围的大小。衡量产业技术融合的典型方法主要有专利系数法和赫芬达尔指数法。

2.4.1 专利系数法

Fai 和 von Tunzelmann（2001）利用专利数据来测算产业间的技术融合程度。他们调查了美国专利局追踪记载的 867 家公司和分支机构，并选择这些公司和分支机构在 1930~1990 年有专利活动记录的 32 户公司进行全程追踪，不论这些公司是否发生了收购兼并或是改变了名称。

这32家公司被分成四个产业部门，分别是化学（C）6个，电子（E）9个、机械（M）11个、交通运输（T）6个，分别计算各个行业所占的专利份额，然后运用计量经济学分析方法分别检验两两产业之间的专利份额的相关系数，建立了产业间技术融合程度的相关系数矩阵。以相关系数代表融合系数，从相关系数的变化趋势去判断两两产业间的产业融合程度，具体如表2-4所示。

由表2-4可见，20世纪30年代仅有机械与交通运输产业显著相关。1945年电子与交通运输产业部门出现了显著但较低的相关性，1960年技术融合发生于化学与机械产业部门之间并得到了发展，到1975年电子与机械产业也呈现出显著的统计相关性，直到1990年之前，产业之间便再没有新的显著相关性。纵观这60年中，每当一对产业出现显著的相关性时，那么在随后的时期中其相关性就变得越强，唯一例外的是化学与机械产业部门在1975～1990年的变化。学者们关于产业间技术融合程度的实证研究不仅支持了技术变化周期的长波理论，而且为我们提供了产业之间相互融合及其变化的历史证据。

表2-4 产业间技术融合程度的相关矩阵

年份	产业	C	E	M
1930	E	-0.039		
	M	-0.010	0.205	
	T	0.033	0.213	0.539
1945	E	-0.081		
	M	0.141	0.143	
	T	0.032	0.330	0.646
1960	E	-0.059		
	M	0.373	0.239	
	T	0.087	0.414	0.656
1975	E	-0.025		
	M	0.399	0.305	
	T	0.133	0.471	0.693
1990	E	0.007		
	M	0.353	0.367	
	T	0.131	0.498	0.717

资料来源：Fai and Tunzelmann, 2001

Curran等（2010）试图测度所有三种融合阶段科学领域或产业间的距离。在融合过程中，距离会越来越小，直到替代性或额外的融合领域形成（图2-15）。在图2-14中，A和B正在融合，A和C以及B和C还是互相分离的。

A、B和C代表着各自领域的出版物（专利或科学论文，产业部门或科学领域）。距离由长期以来在R&D评价和管理中应用的各种不同因素结合起来计算得出，如共引（co-citation）、共著（co-authorship）、共用（co-applicant）和共同词

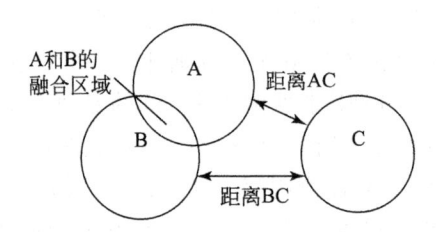

图 2-15 通过科学领域或产业部门 A、B 和 C 之间的距离测度融合

汇分析（co-word analyses）等，还有其他一些关于关键词、主题、期刊和 IPCs 或 SIC 代码的分类。Curran 等不仅考虑传统的像药品或化学工业这样的高技术产业，还考虑那些快速发展的消费品部门以及农业部门的公司企业，试图看出不受产业融合影响的专利和出版行为之间的不同，不仅评估现状而且能够反映时间变化，从而达到监控融合过程的目的。

测度融合中的科学学科间的距离基于两方面：如果两个学科开始融合或形成一个共同的分部，那么可以预测合作开始密集，每个领域会越来越多地使用其他领域的成果。评估合作可以基于论文的共同署名或合作项目的精确信息、改变的研究者单位以及更拓宽的研究工作。当研究工作开始有共同兴趣，作者们会开始引用其他领域里的期刊和学者的成果。市场融合看来是最难进行评估的，可以通过真实产品或服务或是顾客需求趋势来识别，单独收集公司的产品组合数据（尤其是可能融合区域的新产品引入）以及通过专家访谈，但从管理实践上来看，这是一个弱项，一旦市场开始融合，公司的战略行动就已经太迟了。关于战略联盟、产品组合的变换以及并购的数据可以用来判断完全产业融合的程度。

Curran 等以植物固醇在营养功能食品和药物化妆品领域的使用作为产业融合的案例进行实证分析，建立了产业融合的分析测度指标，利用 SciFinder Scholar^{TM} 对从 1 万家期刊和 57 个专利授权机构处获得的 2900 万个专利和论文进行分析。经过数据处理后，得到 28 家企业的 451 个专利。将这些企业分为四大类：个人护理 9 家企业、食品和农业 9 家企业、药品 4 家企业、化学品 6 家企业。根据四大类产业来组织这 451 个专利，根据主题区域进行分析，同时也分析了主题区域的科学出版物，接着还分析了主题区域过去十年里科学出版物和专利的增长。为了减少复杂性，他们计算了每一个产业部门和主题区域的科学出版物和专利权重平均年（the weighted average year，WAY），利用 WAY 来评价融合过程的某一个部分，并根据结果讨论了融合评价指标的意义。他们指出，虽然结果令人鼓舞，但是解释起来要特别注意。在对两个产业部门进行彻底的融合程度分析时需要检测更多的指标，以涵盖融合的三个阶段。未来的研究不仅要专注于哪些指标应该使用，而且还要专注于这些结果是否可以应用于其他融合现象，是否具有普遍意义。

2.4.2 赫芬达尔指数

Gambardella 和 Torrisi（1998）在探讨计算机、电信设备、电子元件、其他电子产品和非电子技术等五大产业技术融合状况时，也是通过搜集产业内各行业的专利资料来计算产业内企业的专利技术融合程度，但是采用了不同的计算方法，最主要的是将赫芬达尔指数引入产业融合的度量中。假设某企业在某一产业领域被授权的技术专利个数为 X_i，不同技术的行业数为 i，X 表示某企业在所有产业（m 个）的专利授予总量，以 HI 表示技术融合系数，那么有

$$\mathrm{HI} = \sum_{i=1}^{m} (X_i/X)^2$$

HI 越小，表明技术融合程度越高；反之，HI 越大，表明技术融合程度越低。同时，他们也采用赫芬达尔指数来衡量企业的不同业务的融合程度。在上述公式中，以 X_i 表示某个企业在某一领域的业务收入额，X 代表其在所有产业领域的业务收入额，则 HI 代表业务融合程度；以 X_i 表示某个企业在某一产业领域的市场需求量，X 代表其在所有产业领域的市场需求总量，则 HI 代表市场融合程度。

第 3 章
高技术产业融合机制与融合成长路径分析

产业融合的出现打破了产业间的边界，促进了高技术应用的拓展和升级，创造了很多新的产业发展机会，推动了产业创新，形成了复合经济效应，加快了高技术产业的融合成长。本章首先分析了高技术产业融合的激励机制、动力机制和过程机制；其次，揭示了融合产生的复合经济效应是高技术产业融合成长的原因；再次，实证分析了技术融合的产业结构优化升级效应；最后，指出了高技术产业融合成长的路径。

3.1 高技术产业融合机制

高技术产业融合机制由激励机制、动力机制和过程机制构成。

3.1.1 激励机制

从产业融合产生的整个过程可以看出，企业的行为对于产业融合的产生将起到关键性的作用，如整合不同的产业属性来进行融合型产品创新的行为、跨产业的并购、知识联盟、战略联盟等。但是企业为什么要进行融合型产品的创新、跨产业的联盟与并购等行为？产业融合产生的一个关键性的因素就是促使产业融合产生的激励机制。

1. 信息技术变革

在传统的工业经济时代向新经济时代演进的过程中，一个显著的特征与动力就是技术经济范式的变革（change of tech-economic paradigm），而所谓技术经济范式变革是指那些技术与经济领域的观念、技术原理、规则和习惯等的改变，如蒸汽机、计算机等。

在20世纪50年代，电子技术和计算机技术的产生与发展，导致了以计算机为基础的技术经济范式变革，即促进了信息技术的变革，而20世纪70年代出现的信息处理技术、通信技术等高新技术的产生与扩散进一步促进了信息技术的发展与扩散。

20世纪90年代以来，信息技术、生物技术和互联网技术对于传统产业的渗透融合产生了诸如机械电子、汽车电子、航空电子、生物电子、电子商务、电子图书、网络教育等一大批融合型的新产业（图3-1）。尤其是作为新兴主导产业的信息产业，近几年来以每年30%的速度飞速发展，信息技术革命引发的技术融合已经渗透到各产业，促进了产业的大融合。例如，海尔自21世纪初便与德国SAP公司合作，正式建成了国内首家达到世界领先水平的国际物流中心，物流中心的BBP电子商务平台已经成为全球用户资源网，每月可以收到600多份销售订单，15万物料品种的采购订单100%可由网上下达，采购期仅为3天，其中电子商务发挥了重要的作用。目前，新物流体系降低了呆滞物资的73.8%，库存占压资金减少了67%，提升了物流过程的精细化水平，产品质量达到了零缺陷，而海尔的成功正是信息产业及现代通信技术扩散、渗透于传统的运输仓储等行业的结果。

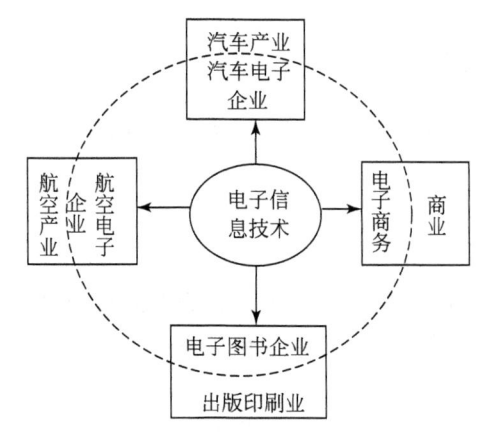

图 3-1 电子信息技术向传统产业渗透

互联网技术、光传输技术的出现与扩散，进一步扩大了信息技术对于整个社会经济的影响。信息技术的变革与扩散影响到了不同社会主体的行为。例如，企业越来越会通过信息技术、互联网技术来进行知识的收集与积累、产品的研发与设计、生产与营销、分销与售后服务等；消费者逐渐开始利用网上拍卖平台等来进行消费；政府也通过互联网电子政务来办公，等等。这些都表明，以计算机为主的信息技术变革是一场新的技术经济范式的创新，正日益影响着产业经济系统各个方面的发展与变革。

信息技术是指用来采集、传递、存储、处理、显示那些包括图像、声音、文字和数据在内的各种信息的一系列的现代化技术（于刃刚等，2006）。信息技术的变革与扩散对于产业及企业的发展产生了深远的影响，具体表现在以下几个方面。

1) 促进了信息技术的融合。数学技术的变革使得邮政、电话、传真、文字、视频等信息都可以通过0/1二进制式进行编码，从而消除不同信息在形式上的区别，促进数字技术在传统的邮政产业、多媒体产业、通信产业、广播电视产业中的扩散，促进了技术的融合。使不同产业具有共同的技术知识基础，从而为不同产业企业的互动提供了技术支持。

2) 扩大了企业的市场规模。信息技术、传输技术与通信技术等技术的变革与扩散，促进全球市场通过网络而形成一个统一的大市场，从而大大地拓展了企业的经营活动范围，而市场规模的扩大又促进了分工的演进、企业组织结构的变革，并进而影响到企业的发展战略选择。

3）加快了信息化进程。信息技术在获取、分析与整合信息方面的高效性使得信息技术越来越成为经济发展的主要驱动力,导致了越来越多的不同产业的企业主体的模仿行为。例如,各行各业都纷纷成立信息部门,并掀起引进 ERP 信息管理系统的浪潮。企业有意识的信息化投入也加快了信息化的进程,而信息化进程的加快,正在改变着产业关联的基础,向着以信息流为主导的产业关联基础转变(周振华,2004),从而对企业的发展战略、企业的核心能力等方面产生了变革的要求。

4）信息技术促进全球市场相互联系起来,在扩大了市场规模的同时,也加剧了企业经营环境的复杂性与动荡性。越来越多的企业都开始通过互联网来开拓全球市场,打破了地区间的垄断因素,加剧了市场中的竞争程度。另一方面,互联网技术促进了信息与知识的传播,加速了创新的速度,提高了企业的研发成本与竞争压力,也促进了企业经营观念的变革,即促进企业由原来的追求企业内部协同转向外部的协同发展,协同与共生等越来越影响到企业行为的变革。

5）促进了信息产业的产生与不断发展。信息产业的内涵伴随着信息技术向其他产业的扩散而处于融合过程中。

2. 模块化分工

20 世纪 60 年代,IBM 公司采用模块化原则推出了 360 计算机系统,导致了计算机产业结构的飞速升级和持续的创新,从而促进了模块化原则向其他产业的扩散。现代模块化技术的发展,弱化了资产专用性,改变了很多企业的边界,催生了新的经济运行模式和产业组织形式,为产业融合的拓展提供了重要的方法论基础、技术结构基础和通用资产基础。目前,在产业层次上,除了计算机产业外,模块化思想在汽车制造业等生产行业以及金融服务业等服务行业的产业里都得到了广泛的运用。在企业层次上,模块化研发、模块化生产、模块化组织等在重新塑造企业的边界及企业行为,这些都意味着模块时代的来临与发展。

(1) 模块与模块化

模块是指半自律性的子系统,可以通过和其他同样的子系统按照一定的规则相互联系而构成更加复杂的系统或者过程(青木昌彦和安藤晴彦,2003)。换句话说,所谓模块,是指一个系统中具有相对独立性的部分,模块本身也是一个子系统,一些模块在其内部还包含着更小的模块单元。模块与系统和其他模块之间,通过某种技术标准、标准界面相互连接、相互作用。模块的特性、功能与其设计、开发、制造过程,都独立于系统中的其他模块,也就是说,模块与模块之间虽然有内在的联系,但并不是相互依赖的关系,一个模块坏了,更换该模块,并不影响其他模块的使用和整个系统的功能。模块化是一种在进化的环境中促使复杂系统均衡动态演进的特别结构（Simon，1962），由每个都可以独立设计，并且能够发挥整体作用的更小的子系统来构筑出复杂产品或业务的过程。日本学者青木昌彦等认为，模块化是一个将系统进行分解和整合的过程，体现了新产业结构的本质。

（2）模块化包含着模块分解化与模块集中化两个过程

模块的分解化是指将一个复杂的系统或过程按照一定的联系规则分解成为可以进行独立设计的半自律性的子系统的行为，而模块的集中化是指按照某种联系规则将可以进行独立设计的子系统都统一起来，以构成更加复杂的系统或过程（青木昌彦和安藤晴彦，2003）。具体而言，模块化是通过分割、替代、扩展、排除、归纳、移植等六种模块操作方式来促进系统的自我发展。其中，分割可以进一步细分模块，替代可以促进模块的改进，扩展可以创造新的模块，排除可以试验新的系统，归纳可以合并多余的活动为单一模块，移植可以促进系统整体功能的发挥（鲍德温和克拉克，2006）。模块操作的方式对于企业间的竞争与协作行为产生了深远的影响。

（3）模块的演进规则

模块与传统的生物或者产业演进的重要区别在于其演进规则的差异。生物进化主要是通过复制来遗传到下一代的，而模块则不同。模块是通过与环境的不断互动，解决先前设计中出现的问题即通过功能升级的方式来促进模块的发展的。例如，微软公司生产的 Windows 操作系统就通过定期为客户提供补丁的方式来不断增强操作软件的功能以及应对病毒对系统可能造成的破坏，从而确保其在操作软件市场中的竞争地位。

（4）模块化对产业及企业的影响

1）促进了分工的演进。市场规模的扩大促进了由传统的劳动分工转向模块化分工的演进。而模块化向其他产业的扩散，降低了市场的不确定性，从而降低了由于不确定性等带来的资产专用性所引起的交易费用问题，而交易成本的降低又会进一步促进分工的演进，形成一个新的从"分工到分工"的演进方式。正是这种演进方式促进了企业组织结构的变革，并进一步推动着产业的变革与创新。

2）促进了产业结构的模块化。模块设计者通过"看得见"的设计规则和"隐性设计规则"把整个系统分成了几个独立的模块，降低了系统的复杂性，促进了原有产业结构的解体。其中，"看得见"的规则事先明确规定系统与模块之间以及各个模块之间的关系，主要包括结构、界面、标准三个方面。当然，从某种意义上说，结构、界面也都属于标准。系统中的各个模块，都要遵循这个明确规则，而"隐形设计规则"是单个模块内部的规则，对其他模块的设计没有影响，模块主体可以自由决策并且进行修改。也就是说，在确立了总的联系规则或者是共同界面标准的前提下，系统中各模块的结构设计是相互分离的。在静态意义上，每一个模块本身是封闭的，它并不依赖于与其他模块的交流与互动，可以同时分别设计或分别制作，便利了生产的分与合；而且无论是分还是合，都能比模块化前节省时间成本和交易成本。"隐性设计规则"类似于一个"黑箱"，它能够确保企业获得更多的竞争优势与市场价值，促进了模块化企业组织的兴起。同时，"看得见"设计规则充当着"协调者"的角色，不同的模块在共同的设计规则协调下，相互依存，共同发展。随着产业间互动的增强，推动了不同的模块向其他产业的扩散，从而使各种模块一方面发挥着"联合剂"的作用，促进了不同产业间的互动与联系，另一方面也促进了新兴产业的产生，形成一个个产业簇群，导致模块化产业结构的产生与发展。产业结构的模块化使得原来属于不同产业的企业经营环境发生根本性的变革，对企业的发展战略、组织结构以及行为等产生变革的要求，而企业战略行为的变革又进一步地模糊了不同产业的属性，促进了产业发展方式的变革。

3）缩短了产品创新的时间，促进了融合型产品的创新。一方面，模块化的竞争规则是在遵守总的联系规则的前提下，各个模块的设计和开发主体之间展开了所谓的"背对背"的竞争，这是一种近乎残酷的"淘汰赛"，被选中的模块将被留下来，而其余的被淘汰，这就提高了竞争的强度，促进了技术和产品的不断创新。模块化分工是一种"并联"的分工方式，它把整个产品系统分成了多个独立的模块，不同的模块在共同的设计规则协同下自我演进，从而大大缩短了产品创新的时间。例如，日本丰田公司在确定了一般的共识和界面以后，交由供应商独立设计图纸，从而使得生产系统里各个模块的设计能够同时进行，大幅度地缩短了改换车型（系统改良）的周期（青木昌彦和安藤晴彦，2003）。而另一方面，在开放的系统中，不同产业企业间的互动促进了企业对不同产业模块的整合，从而促进了融合型产品的出现。比如掌上电脑（PDA）产品的创新就是企业整合了计算机硬件、软件、消费电子与通信产业中的不同模块而产生的。由于融合型产品的产生是产业融合产生的标志，其对产业的发展产生了深远的影响。

4）促进了模块化组织的出现。模块化越来越成为应对急剧变化的外部环境的重要手段，成为大幅提高生产速度和效率的生产组织形式。随着模块化分工在不同产业中的不断扩散，越来越多的企业在明确的设计规则指导下，从事模块化研发、模块化生产以及模块化销售或者服务等专业模块的经营以便获取规模经济，这些都促进了模块化组织的产生。例如，过去计算机产业是高度的一体化企业组织，各公司都有涉足计算机的全部生产过程，几家主要公司几乎垄断了全部市场份额。但是在IBM360系统出现以后，许多新兴企业专注于研发、制造与

IBM 机器兼容的独立模块，从打印机、存储器一直到系统软件，甚至中央处理器。这些新兴企业遵守 IBM 的设计规则，但同时又擅长特定的专业领域，所以其能制造出比 IBM 更好的产品。围绕着独立模块的设计开发，计算机产业企业出现了诸如微软等专业的软件生产企业、Intel 等专业的芯片生产企业等。模块化组织的出现突出了共生、协同等经营理念的发展，从而对产业的发展方式产生了显著的影响。

5）增强了企业的协作能力，从而降低了产业环境的不确定性。一方面，模块化是通过"看得见"的设计规则与"隐形的设计规则"来实现的。其中，作为一种共享的知识与标准，"看得见"的设计规则对从事不同模块的企业进行自主的协调，降低了企业之间协调的成本，促进了企业之间的合作与创新；而另一方面，把系统分解为关联最少的组件或者模块又可以有效地降低系统的复杂程度，而且通过"隐形的设计规则"把系统中不确定性的因素置于某一模块内部，从而降低了环境的不确定性所引起的复杂性，增强了模块化系统的环境适应能力。

6）模块化促进了产业结构的分解与重组。由于产品系统的模块分解化促进了模块的产生与发展，而模块化经营又促进了模块的创新，结果导致了产业结构中纵向和横向的分解（Langlois and Robertson, 1992）。通过模块集中化，企业可以把不同模块进行重新整合，可以促进融合型产品的创新，从而促进产业结构的重组，导致新兴产业的产生。

总之，一些通用性很强的模块可以应用于多种产品甚至多个产业，从而减弱甚至消除产业或企业的资产专用性，成为产业融合的重要载体和中介；模块与模块间的集成和整合，可以产生更加复杂的系统和模块产品，从而促进产品和产业创新；从产业组织上来说，模块化扩展了企业边界，使企业可以充分利用各个方面的资源，如借助长期外包、战略联盟和网络式合作，以介入新业务和新产业。由于产业融合是产业间分工的内部化，模块化中各个模块专业化程度的提高和模块之间的分工加深，恰恰是为产业融合提供了重要的基础。模块化深化了产业内分工，扩大了产业内外的交流与合作，使跨产业经营和技术、业务协同能够更顺畅地展开。

产业融合的激励机制可以用图 3-2 表示。

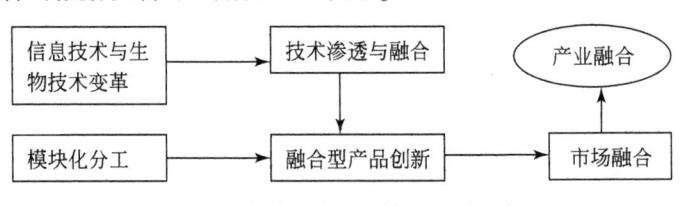

图 3-2　高技术产业融合的激励机制

3.1.2 动力机制

产业融合是由于产业规制放松的支撑、市场需求的拉动以及不同产业企业主体之间的竞争压力与协同推动而产生的。规制放松、需求拉动、企业竞争与协同是产业融合产生的动力机制。

1. 产业规制的放松

规制（regulation）不是一个日常使用的中文词汇，其字面含义包含"控制、规章、规则"的意思。作为一个外来词，规制反映的是一种政府与企业的关系。经济学和法学关于规制的定义有很多。日本学者植草益认为，经济性规制是指在自然垄断产业和存在信息不对称的产业，为了防止资源配置低效率和保证消费者的公平利用，政府部门利用法律权限对企业的进入和退出、价格、服务的数量及质量等加以规制；政府规制是指依据一定的规则对构成特定社会的个人和构成特定经济的经济主体的活动进行限制的行为。美国学者斯蒂格勒认为："作为一种法规，规制是产业所需并主要为其利益所设计和操作的。"一些产业具有自然垄断性质，如电信业、电力产业，各国政府根据自然垄断理论对这些产业进行经济性规制，这种产业规制形成了政策性进入壁垒。

不同的产业之间存在着进入壁垒与退出壁垒的问题，这使得不同产业之间存在着各自的边界，不同产业的生产技术及工艺流程不同，形成产业间的技术性进入壁垒，使不同产业拥有各自的技术边界。长期以来，全球自然垄断产业（如通信业、航空业）和农业、金融业等特殊产业一直受到各国政府的经济性规制，各国政府纷纷制定相应的法律、法规，这种经济性规制和法律制度形成了各产业的政策性进入壁垒，这些产业规制是形成不同产业进入壁垒的主要原因，而进入壁垒的存在使产业间的传统边界比较清晰。

进入 20 世纪 80 年代，因为技术经济条件的变化，技术创新在不同产业之间的扩散导致了技术融合，技术融合改变了不同产业的生产技术和工艺流程，逐渐消除了不同产业之间的技术性进入壁垒，使不同产业形成了共同的技术基础，并使不同产业间的技术边界趋于模糊；技术融合改变了自然垄断产业的成本函数，扩大市场规模，在一定程度上改变了一些产业的自然垄断性质，如美国的民用航空局（Civil Aeronautics Board，CAB）在 1938～1977 年，就不允许新的公司进入民用航空产业。但是，由于航空技术创新导致飞行的实际成本和价格出现长期下降，原有垄断的自然特征不再具备，技术创新使得多家企业进入航空业也不一定出现所谓的恶性竞争情况，而来自其他替代性运输方式的竞争，如高速公路和铁路等产业的技术进步也对传统航空产业的垄断性质提出了现实质疑。过去整个电力产业被当做自然垄断产业，而混合循环燃气轮机技术改变了电力生产的规模经济优势，大大降低了电力生产成本，而且能够超越电力分销网络直接向较大规模的用户提供电力。实际上，在电力产业中，只有输电和配电有很强的自然垄断特征，而发电和售电就存在竞争，其自然垄断特征主要表现在电网等基础设施环节，运营方面则完全可以竞争。

由于自然垄断产业和金融业的发展受到限制，政府经济性规制引起的负效应日益明显，政府经济性规制不再被认为是提高经济效益的唯一手段，政府经济性产业规制的理论依据逐渐消失；由于不同产业间的技术性进入壁垒逐渐消失，各国政府纷纷放松了经济性规制，受规制的产业的政策性进入壁垒降低了，促使其他产业的企业纷纷进入，不同产业的企业之间替代竞争加剧，从而导致了各产业之间的传统边界模糊，最终使产业之间出现融合趋势。而且全球经济一体化、国际经济交往的迅猛发展也迫切要求政府放松经济性管制。世界贸易组织的宗旨是促进世界各国的自由贸易，取消各种壁垒，并致力于形成全球统一的市场。在它的倡导和努力下，世界各国签署了一系列协议，共同放松了对电信、航空、交通等产业的经济性规制。自20世纪90年代以来，为了让企业在国内和国际市场中更具有竞争力，一些发达国家放松规制和改革规制，取消或者部分取消了对被规制产业的各种价格、进入、投资、服务等方面的限制，为产业融合创造了比较宽松的政策和制度环境。尤其是各个发达国家对垄断性行业采取了放松管制政策，降低了产业间的进入壁垒，导致了合作、合并活动频繁发生，并形成了促进产业融合的局面。

产业规制的放松一方面表现为管制政策的变革。例如，为了推进电信、电视广播业从垄断到竞争的发展，西方发达国家对其管制政策进行了一系列重大调整。欧洲委员会在1997年"绿皮书"中提出一个关于现存的和未来可能的电信业管制框架，主要涉及八个方面的问题：定义、市场进入与特许、进入网络和进入系统及其内容的使用权限、频率频谱的使用权限、标准、定价和单个消费者利益，从而有力地推动了电信、广播电视和出版业融合的发展。另一方面表现为管制方式的转变。在一些网络效应强、集中度高的市场，即使在解除管制的情况下，由于在位企业的阻击，新进入的企业也难以获得良好的成长机会。例如，为了打破美国电话电报公司（TA&T）对长途电话业务的垄断，美国联邦最高法院在1984年宣布将TA&T分解为8个公司。但这一判决并没有像人们预期的那样形成一个富有竞争的市场，其他企业仍无法顺利开展长途电话业务。直到20世纪90年代，卫星通信网、无线移动通信网和计算机数据网等新的网络兴起才打破这一垄断格局。因此，为了扶植新进入企业尽快达到临界市场容量，一些发达国家把管制重点从对垂直关系的控制转变为对横向关系的管理。

2. 市场需求的拉动

在市场经济中，企业面临的市场需求决定了企业生产什么产品、提供何种范围的服务、生产产品的数量及其价格水平。当市场需求出现趋同化时，企业依靠大批量生产带来的规模经济获得了经济效益；而当市场需求呈现多样化、个性化趋势时，小批量、多品种生产逐渐成为企业生产的重要形式，企业一般通过追求范围经济来获得竞争优势、提高经济效益。

需求增长是产业融合的原动力。一方面，融合产品的需求增长为企业带来了新的市场空间，实现产业融合的企业因此获得了更快的增长速度，并在产业融合中通过价值形成环节的改造提高了效率；另一方面，新的行业形成后，在利益动机的驱使下，该行业的企业普遍获得了成长速度和生产与服务效率的提高，使得该行业从低成长性、低附加值状态过渡到高成长性、高附加值状态，从而该产业实现了结构的调整与升级，进而推动一国的经济增长。

在工业社会，由于技术、经济和制度等方面的原因，需求实际上处于一种被分割状态。企业只是提供满足某些方面需求的产品组件，而将满足多样化需求的组合过程留给了消费者。信息化社会是一个服务经济和体验经济的时代，人们从对物质产品的消费发展到对精神和文化产品的消费，更加注重消费过程中感官、清洁和价值上的感受。这种消费层次的提升是需求融合发展的基础。

需求融合是指需求及其实现方式的趋同，主要表现为：一是消费者偏好趋同。随着经济社会的发展，消费者偏好呈现出趋于一致的倾向。相应的，产品发展也出现同质化的现象，像软饮料、家用电器、音响设备和个人电脑等产品的需求差异性越来越不明显。二是综合性消费。综合性消费是以单一的交易活动来满足多样化的需求，主要以组合产品销售或"一站式"购买等方式来实现。三是市场时空界限消除。互联网的发展把不同国家和地区的需求联结起来，形成统一的全球性市场，发展出远程医疗、远程教育和电子商务等新市场。例如，在信息化条件下，世界金融市场的联动性大大增加，市场利率趋向于一致。

技术创新改变了市场的需求特征，给已有产业的产品带来了新的市场需求，从而为产业融合提供了市场的空间。产业融合过程中形成了新的融合产品，而这些融合型产品可能会与原有产业产品的功能和特征相异。由于产业融合形成的创新性产品也会面临着初生的市场需求，因而也遵循着新产品扩散的一般规律（马健，2005）。创新的扩散取决于创新的特性、潜在用户的性质以及沟通的过程。随着人们生活水平的提高和生活质量的提升，人们对产品的需求已不再仅仅满足于产品的基本功能，而是个性化需求越来越明显；不仅仅满足于单一的业务，对业务的需求结构也发生了重大的变化,越来越多的用户提出了业务综合化的要求,要求企业提供跨产业整体方案的系统化解决或者跨行业的"一站式"服务。人们对创新产品的需求随着创新的扩散而在不断变化,这也要求一些产业不断地进行调整。在这一需求的拉动下,产业融合渐渐出现了。

3. 企业间竞争的压力

产品过剩时代的到来,使得市场竞争更趋激烈,只有那些能够提供异质化产品来满足消费者的个性化需求和"整体解决方案"的企业才能够在竞争中立于不败之地。企业竞争的压力促进了产业融合,产业融合又加剧了企业竞争。

20世纪后期以来,由于技术创新在不同产业间的扩散和应用引发了溢出效应,促使技术融合现象产生,而技术融合改变自然垄断产业的技术基础,促使各国政府放松对自然垄断产业的经济性规制,这就给企业跨产业并购创造了有力的外部环境。企业进行跨产业并购追求范围经济,降低交易费用,获得学习效应,在技术融合的基础上进行多元化经营、多产品经营,促使不同产业出现业务融合现象,降低各产业之间的进入壁垒,导致不同产业之间的传统边界模糊,进而促进了产业融合的产生。

一方面,在产业融合的过程中,原先有着固定化业务边界与市场边界的产业部门相互交叉与渗透,从而使得部门之间原先的非竞争关系转变为了竞争关系。而且,在此过程中还会有大量来自于其他产业的新参与者进入,使得竞争程度进一步加剧。另一方面,跨国公司根据经济整体利益最大化的原则参与国际市场竞争,在国际经济一体化进程中不断出现跨行业的企业兼并与重组,正在将传统认为的"国家生产"产品变为"公司生产"产品,这种举动又加速了产业融合。

当不同产业出现技术融合后,不同产业拥有了相同或相似的技术基础,企业为了追求范围经济在技术融合的基础上进行跨产业并购,进行多元化经营,可以导致业务融合,进而促进产业融合的产生和发展。业务融合是指当不同产业拥有相同或相似的技术基础后,不同产业的企业在原有传统业务的基础上开发新业务,扩展和延伸产业链,提供一揽子相同或相似业务来满足消费者需求,这些业务的扩展使原来独立的业务出现交叉。在政策所规定的竞争环境下,业务融合主要是企业出于追求范围经济、降低交易成本及获得学习效应的动机进行跨产业的企业并购来实现的。例如,数字融合发生后,电信业、计算机业、有线电视业纷纷在原有传统业务的基础上开发新业务,扩展和延伸产业链;电信业扩展其传统的低速数据和语音传输的优势,逐渐向视频通信等宽带业务发展;有线电视业在扩大有线电视业务的同时,也把数字电视、高清晰度电视、数据传输以及视频电话作为自己扩展的领域。业务融合使企业可以提供一揽子产品或服务,满足消费者的不同需求，获得更大的消费者忠诚，获得更高收入；同时，业务融合也使不同产业的产品或服务具有替代性。目前主要从事网络业务、提供集成的点到点的声音和数据网络解决方案的法国阿尔卡特公司，1991～1999年收购了大量美国和德国公司，获得的发射系统、电缆、接口、光缆等上游技术为其从事网络业务奠定了基础；阿尔卡特开始了专做互联网络和解决方案的业务，由最初的以电子为主要业务的公司转化为专做网络业务的公司。总之，业务融合使不同产业的产品或服务具有替代性，间接推动了产业融合的发展。

另外，不同产业企业间的技术竞争、标准竞争以及模块竞争都对产业结构产生了深远的影响，并促进了产业结构的纵向分解，同时，竞争又促进了技术、标准与模块向其他产业的扩散，使得不同的产业拥有技术、标准以及模块知识基础，为不同产业进一步的互动以及产业发展方式的变革创造了条件。特别是模块竞争，通过模块的分解化与模块的集中化促进了新兴产业的产生。

4. 企业协同效应的推动

协同主要是指不同的企业主体之间共享有形或者无形的独特资源来进行联合行动或者操作以创造出更大价值的一种行为与效应。例如，企业间建立战略联盟，可以实现技术资源互补，缩短技术开发时间，降低研究与开发成本，分散研究与开发风险，提高研究与开发效率，使技术融合的溢出效应内部化。战略联盟的发展，会增强企业的技术创新能力，推动技术融合的产生，从而有利于企业打破产业间的技术性进入壁垒，以较低成本进入新产业，使不同产业之间的边界变得模糊，促进产业融合的发展。

激烈竞争的压力迫使企业进行组织形式的变革，以提高创新能力和适应环境的能力。20世纪80年代以来，战略联盟集中在技术创新快、竞争激烈的信息产业、汽车产业、金融业、物流产业等产业。有关资料显示，1980～1994年，美国、欧洲、日本在信息技术产业的联盟高达2800多家，生物工程领域的技术联盟近1300家，新材料领域的技术联盟占560多家。在这些产业里，技术变革速度日益加快，技术和产品的生命周期迅速缩短，使销售这类产品及收回开发费用变得更加困难。在这样的外部环境下，一个企业所具备的资源、能力和知识体系极其有限，仅仅依靠自己内部的研发是不可能获得竞争优势的。单个企业难以支撑如此巨大的研发费用，需要企业联合起来利用共同资源进行技术创新，分散风险，减少研发费用。企业获得一项技术成果的全部费用，包括直接研发费用和各种交易费用。在企业独自开发的情况下，交易费用很低，甚至为零，但直接投入研发过程的费用很高；在企业通过市场购买获得该项技术成果的情况下，直接研发费用低，但交易费用高。建立战略联盟时，研发费用包括交易费用和直接研发费用，但有可能使研发总费用降低。战略联盟有利于企业通过各种形式进行互补性的技术共享和专利交换，并在联合各种技术优势的基础上开发更高层次的新一代产品。技术创新具有路径依赖性，不同的技术系统之间相互依赖、相互制约。与拥有互补技术的企业合作，有利于加强主导企业的技术实力和新产品的成功开发；与拥有互补资产的企业合作，及时获得诸如营销、商誉以及售后服务等互补资产，有利于确保新产品的成功商业化。与拥有互补资产和互补技术的竞争对手合作，不仅可以提高技术创新成功的可能性，还有助于避免重复性竞争、分担技术创新的高昂成本。由于企业结成联盟使公司原有的技术、人才等资源能得到充分利用，不仅加快研制费用的回收，而且能通过合作研制在新技术、新工艺基础上的新产品去开拓新领域，加大其他企业的技术模仿成本和难度，延长创新产品的生命周期，获得高额、稳定的投资回报率。可以说，战略联盟已成为技术创新的来源地之一，它的出现与发展缩短了研究与开发时间，降低了研究与开发成本，分散了研究与开发风险。

  为了实现范围经济，企业在进入其他产业时经常遇到种种进入壁垒，如不可转移的专利技术、关键生产要素的控制、独特的学习曲线和政府的规制政策等，而通过和相关企业建立战略联盟关系，可绕过上述的进入壁垒，降低进入新产业的风险。企业在开辟新领域和新产品时，往往都要与其他企业协作，借助于外部力量进行攻关。美国的通用汽车公司和福特公司进入电子商务领域以及 IBM 和 OEACLE 计算机公司的战略联盟就是典型的例子。企业在跨产业并购、实行多元化经营过程中有时会受到自身资源和核心能力的限制，不能有效地实现范围经济。战略联盟使联盟企业得以借助相互的资源和核心能力，弥补自身在跨产业经营中战略资产的不足而获取范围经济效应。美国 IBM 公司在日本为进入更多的经营领域，分别和不同的企业联盟，以获取其所缺乏的资源和核心能力。例如，在系统集成方面，它与新日铁联盟；在财务系统营销方面，它与富士银行联盟；在增值网络方面，与日本电话电报公司联盟。通过这样的联盟方式，IBM 公司在竞争激烈的日本获得了重要的"局内人"地位，从而迅速地拓展了经营范围，获得了范围经济效应。战略联盟可以使企业扩张经营规模而获得规模经济。拥有某种互补资源和技术的企业通过组建战略联盟的方式进入新领域，可产生"协同作用"（synergy effect）。这种协同效应在研发、生产、销售过程中都可能产生，同时又不会发生企业兼并所带来的整合成本和管理成本。

  随着以高技术为主导的知识经济时代的来临，人类科学实践的规模、范围空前扩大，技术的复杂性、集成性也日益增强，这不仅表现于众多大工业、大工程的出现，同时也反映在研发项目的日益大型化。技术创新具有路径依赖性，不同的技术系统之间相互依赖、相互制约，使得企业研究与开发的难度越来越大，产品研究与开发要求大量资源的投入，而且风险相当大。不同产业的企业，即潜在的技术融合收益企业，组建战略联盟，共同进行技术融合的研究与开发投资，合作创新，可以共同分享技术融合的市场受益，实现技术资源互补、缩短收集资料、信息的时间，进而缩短技术开发时间，降低研究与开发成本，分散研究与开发风险，使技术创新的溢出效应内部化，激励企业增加更多的研发投入，增强其技术创新能力与企业竞争力，同时也有利于促进技术融合。组建战略联盟进行合作创新，有利于企业打破产业间的技术性进入壁垒，以较低成本进入新产业，使不同产业之间的边界变得模糊，这进一步促进了产业融合的产生和发展。汽车通信服务技术（telematics）是由信息技术与汽车生产技术相互融合形成的，代表了未来汽车的技术发展方向，汽车企业与信息企业的战略联盟促进了汽车通信服务技术的发展。1999年仅美国通用和福特两家公司委托8家信息企业开发有关自动化操作系统的支出就达3.85亿美元；1999年8月，通用汽车与太阳公司（Sun）建立企业联盟，发布了联合生产"网络汽车"的信息；美国微软公司和博世汽车公司建立企业联盟，合作设计了一个汽车操作系统的软件平台，用于车辆导航、电视、Internet和电话系统等应用领域；法国雪铁龙公司与美国微软公司建立企业联盟，共同开发了一种汽车用电脑网络系统；法国标致公司与德国西门子公司建立企业联盟，联合开发出的新型导航系统装备，指令仪表盘荧光屏显示图像，给司机指引行车方向；自2001年以来，摩托罗拉公司已分别与宝马和大众签订了上亿美元的合同，建立企业联盟共同开发汽车通信服务技术系统。

如果从模块化的视角看，在一个开放的产业系统中，协同可以分为制度协同、产业集群协同与产业生态系统协同三类。这三种方式是相辅相成的，共同促进了企业更好地适应复杂动荡的环境（胡金星，2007）。

在开放的产业系统中，制度是指微观层次上的标准或者设计规则。因此，制度协同主要是指标准协同或者设计规则协同等。制度协同创造出了一种新的竞争环境。制度协同，尤其是设计规则协同把整个产业或者产品系统分成了多个独立的模块，不同的主体分别独立地进行模块的研发与生产，而不需要考虑各个模块之间的相互影响，从而创造出一种新的竞争环境，共同促进整个复杂系统的演进。

建立在模块化基础上的产业集群，其实质上是不同主体共同演进的，不同的主体既独立发展，又通过明确的设计规则来与其他的模块进行协同，这种方式有助于促进不同模块的再分解，从而产生出新的模块或者提高模块的功能。前者促进了新企业、新产业的发展，后者则提高了模块的适应能力，促进了不同产业之间的互动。同时，由于模块是一个开放的子系统，又可以与其他的模块互补形成一个新的模块，这就促进了不同模块之间的互动，加快了创新的速度，从而成为了集群发展的内在动力。

产业集群是一种空间的协同方式，尽管这种方式是一种非线性的协同方式，但是外部环境的变化，尤其是竞争重点的变化，即向着基于功能的竞争方式的转变，从而又促进了以功能为导向的基于模块基础上的产业生态系统协同方式的产生与发展。

产业生态系统是一种开放的系统，同时也是一个动态的系统。由于模块是一个开放的结构，产业生态系统内部的专业化企业在遵守共同的设计规则下不断地进行模块的分解与重组等操作，通过产生新的模块又促进新的企业和子产业的产生，从而不断地与外界进行着能量开放，以确保系统处于有序状态，促进产业融合现象不断产生。

在封闭的产业系统中，不同企业之间的协同最初主要是通过市场竞争来进行的。随着竞争越来越激烈，企业所面临的外部环境变化也变得相对复杂与动荡，单靠企业自身的话难以对市场作出快速的反应，从而促进了协同方式的变革，也就是由市场协同向着价值链或者供应链的协同发展。处于产业链不同环节的企业通过价值链或者供应链而建立起密切的联系。但在封闭的系统中，这些协同方式都是线性的，难以对复杂动荡的环境进行有效的协同。

随着外部环境越来越复杂，企业所拥有资源的异质性也越来越大，协同对于企业及产业发展也越来越重要。特别是基于模块化分工基础上的制度协同、产业集群协同与产业生态系统协同等促进了不同主体间的融合关系的产生与发展，促进了产业融合现象的发展。

综合以上观点，可以将推动产业融合的动力机制归纳为图 3-3 所示。

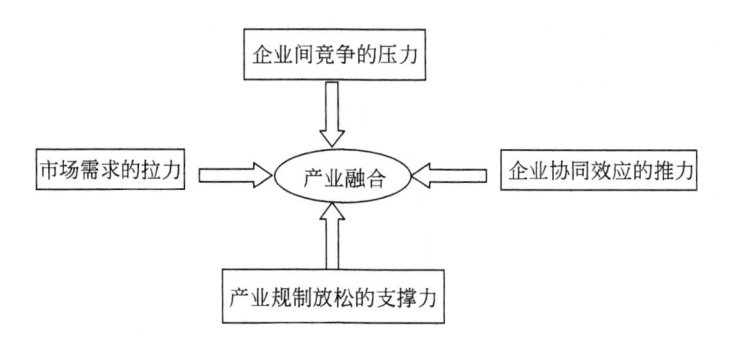

图 3-3 高技术产业融合的动力机制

3.1.3 过程机制：产业价值链的解构与重构

价值链（value chain）的概念最早由美国学者迈克尔·波特于 1985 年在其所

著的《竞争优势》一书中提出。波特认为:"每一个企业都是设计、生产、营销、交货以及对产品起着辅助作用的各种活动的集合。所有的这些活动可以用一个价值链表示出来。"按照波特的定义,价值是用户对企业提供的产品所支付的价格。价值用总收入来衡量,总收入则是企业产品得到的价格与所销售的数量的反映。如果用户愿意支付的价值超过企业提供产品或服务所需的成本,那么企业就会盈利,反之,则亏损。企业的价值创造是通过一系列活动构成的,这些活动可分为基本活动和辅助活动两类,基本活动是涉及产品的物质创造及其销售、转移给买方和售后服务的各种活动,包括内部后勤、生产活动、外部后勤、市场和销售、服务等;而辅助活动则是辅助基本活动并通过提供外购投入、技术、人力资源及各种公司范围的职能以互相支持。这些互不相同但是又相互关联的生产经营活动,构成了一个创造价值的动态过程,即价值链。不仅企业内部存在价值链,一个企业的价值链与其他经济单位的价值链也是相连的,任何企业的价值链都存在于一个由许多价值链组成的价值体系(value system)中。波特提出的价值链理论明确了对企业竞争优势极为重要的各种价值活动之间的联系,并确定了影响企业价值活动的竞争范围。目前,价值链分析作为研究企业竞争优势的一种有力工具,受到了各国企业界和管理资讯界的广泛应用。大量的学者从各个角度来拓展和丰富价值链理论,使之能更好地运用于新形势下的企业竞争优势方面的分析,使得价值链的理论和实践得到了很多新的发展。

产业链是与价值链密切相关的一个概念,也有学者将两者视为等同。关于产业链的定义,不同的学者都从各自研究的视角进行了定义。产业链的形成实质上是产业分工、分化发展的结果,是与工业经济时代的迂回化的间接经济方式相联系的。一般而言,迂回化程度越高,产业链的链条越长,意味着产业分化越深,专业化程度越高,单位产品的生产成本就越低,从而产生出迂回经济效益,使整条产业链上的厂商均能分享到这种权益;但当这一链条被切割得很细碎,在每个环节上的厂商通过市场联系起来时,生产者与消费者的距离越来越远,交易成本越来越高,供需脱节更加明显,影响到整条产业链的效率,这可以称之为迂回化的成本。在厂商追求迂回经济效益、减少迂回化成本的过程中,推动了产业链的发展与演化,从而推动了整个产业系统的结构演进。

当价值链理论的分析对象由企业层次转向产业层次,对产业链上的价值组织形式进行研究时,就形成了产业价值链。可见,产业价值链是产业链价值创造属性的反映。所谓产业价值链,指的是以某项核心价值或技术为基础,以提供能满足消费者某种需要的效用系统为目的,具有相互衔接关系的资源的优化配置与组合。它以价值链为基础,从整体的角度来分析产业链中各个环节的价值创造活动及其影响价值创造的核心因素。利用产业价值链便于发现产业链背后所蕴藏的价值组织及创造的结构形式。因此,产业价值链可以用来分析产业链的经营战略和竞争优势,也是企业识别外部的竞争环境,发现价值并且创造价值增值点,以制定竞争战略的有效分析工具。

从产业链的形成来看,产业链是由产业不断分化发展形成的彼此具有上下游关系或者横向关联的产业网络。产业价值链便是产业链内各个企业的价值活动通过一定的价值通道衔接而成的价值活动链,通过这一有序的价值活动链,产业链所创造出的价值超过了各单独企业所创造的价值之和。因此,每个企业的内部价值链都是其特定模式中产业价值链的组成部分,而具有相对完整的企业价值链的环节越多,产业价值链就会越长;形成产业价值链上的纵向企业之间具有互补性,而形成产业价值链上的横向企业之间具有一定的替代性。至于在产业链上的分工,很少会有企业将整个产业价值链作为自己的活动领域,除非是那些资金实力非常强大的跨国巨头。大多数的企业都是从事着产业中的一项或者几项价值活动,并且与产业价值链上的其他企业构建协作体系。企业往往根据协作体系以及自己的核心能力,来调整其在产业价值链中的活动范围或者活动类型,以便获取竞争优势。因而,产业价值链是一个动态的系统,而组成产业价值链的企业集合总是不断变化的。

一个完整的产业价值链大体上可以划分为原材料生产与供应—中间件的制作—最终品的制作三大环节,而这些环节基本上又可以分为研发、采购、运营、销售、服务五个价值创造活动,不同的环节上有着不同的参与角色,发挥着不同的作用,并且获得相应的利益。产业价值链通过打通产业链上各个企业的价值链,破除了企业之间的价值壁垒,并且由一个一个的联结点把各个价值链衔接起来,形成了一个畅通的、统一协调的价值链系统。在这个过程中,通过价值链的重构,构建了产业价值链新的价值通道(图3-4)。在这一价值链解构和重构的过程中,通过价值活动的重新归类和整合,就可以大大地增加各个价值活动的价值创造能力,并且通过统一的布置和规划,理顺各个价值链之间的关系,协调一致各个企业的价值活动,使得产业链的整体创造价值远远地超过各单独企业所创造价值的总和,使得传递通道更加畅通,更加便利产业链价值的实现。作为一个由各个组成部分相互联动、相互制约、相互依存构成的有机活动系统,产业价值链可以通过影响各企业间的价值联结点,来实现产业价值链整合的最大化。当执行某个企业价值链的效益影响到其他企业价值链的效益的时候,企业间的价值联结点就会变成价值决策点,并造成原本应该最大化效果的个别价值链为了整体产业价值链的效果最大化,出现取舍效应,从而达到整合整条产业链的效应。产业价值链上的各企业价值链之间具有协同效应。产业链战略整合各企业的价值链,衔接各企业的价值链,创造价值和竞争优势。

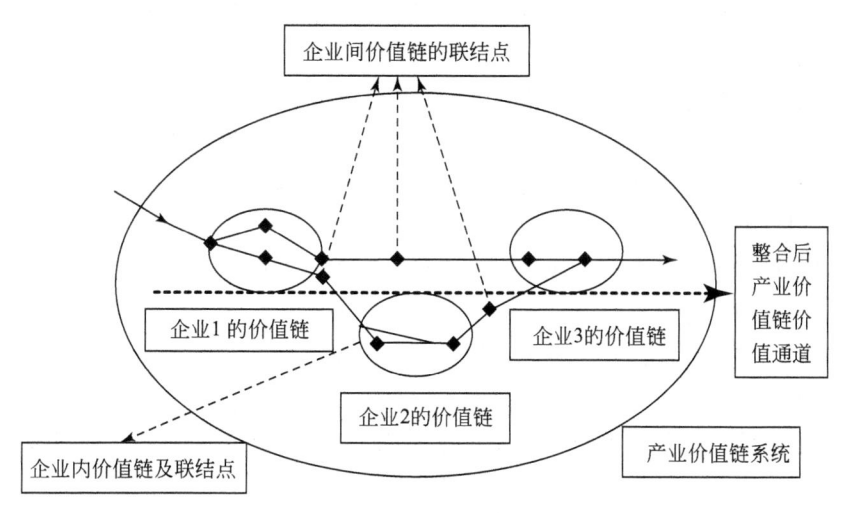

图 3-4　产业价值链系统

资料来源：李美云，2007

在一个产业链中，每个企业的价值链包含在更大的价值活动群中，产业链按照产业价值链来组织各企业的价值活动，从而实现整个产业链的价值创造和实现。产业价值链的形成就是在产业链的结构下遵循价值的发现和再创造的过程，充分地整合产业链中各个企业的价值链，持续地对产业链价值系统进行设计和再设计，而产业融合的过程实质上也就是这种产业链价值系统的设计与再设计的过程。

例如，大传媒（mega-media）不是简单的跨传媒，而是融平面传媒、电子传媒、立体传媒和 IT、通信传媒等在内的相互整合。"大传媒"一词来自美国人 Kevin Maney 的著作《大传媒》，是作者自创的一个新词，描述传媒业不分领域全面竞争的现象，且传统大众传媒业、电信业、信息（网络）业都将统和到一种新产业之下，这个新产业就叫做"大传媒业"。大传媒产业价值链，即指以电视、计算机、电话等为基础平台，以新闻、娱乐、运动、明星、音乐、游戏、文字、程序等为内容，以报刊、图书、广播、电视、网络、光盘、唱片、人体等为传媒，以调研、策划、制作、包装、发行、广告、相关商品开发为工业流水线的商业价值链条运作体系（喻国明和张小争，2005）。媒介集团价值链的最基本的意义就在于它可以把媒介集团内部以及不同的媒介产品之间横向一体化、纵向一体化、集团化和全球化的结果交织在一起，摆脱单纯的规模经济，建立有机的结构经济，这时一种潜在的收益感就会出现。通过价值链内部处于不同结构层面的各个价值活动之间的整合，媒介集团可以带来比竞争对手更具特色的产品以及服务，但对竞争对手来说，由于这种特色建立在媒介特有的"结构"之内，所以复制的成功性很低，甚至具有不可复制性，这就是媒介集团价值链建构结构竞争的最主要的作用。

好莱坞著名导演卡梅隆指出："电影、视频、音乐、游戏、玩具、互动软件，这是一个完整的生态系统，一个渗透了许多传媒和市场的食物链。今后谁能在许多不同市场的同一主题上顺利投资，谁将会成为赢家。"随着网络信息技术的发展，特别是电话网、有线电视网、互联网"三网合一"技术的发展，各类相互独立的传媒将走向融合，形成一个全方位的、以宽带网络服务为核心的、整合各种传播传媒的大传媒平台。其实质就是统一所有的信息源与传播传媒，将全面的信息与内容通过各种传媒，及时、快速、低成本地传递给最大范围的受众，以发挥不同传媒之间的协同效应。在传媒走向融合的过程中，一个"上游开发、中游拓展、下游延伸"的产业价值链条逐渐形成，对相关各种企业和产业形成带动效应。传媒、电信、信息业的融合不但产生了一个空前巨大的新兴产业部门，还在这个产业领域里诞生了一批空前绝后的"巨无霸"式的企业。

产业融合是在不断"磨合"中的逐渐融合。总体来看，融合的演变过程可以分成两个阶段（肖弦弈和杨成，2008）。融合的第一个阶段，出现了通信和IT领域之间的价值链活动。在融合的第二个阶段，传媒、通信和IT领域的价值链日益融合。这一过程的影响表现为两个趋势。第一，媒体内容的传输不再是广播网络（电缆、卫星和地面网络）的专营领域，传统的通信网络（电话和计算机网络）在传播内容方面越来越重要。同样，广播网络也在提供通信服务。第二，网络经营者以前是在不同的市场工作，现在发现他们在互相竞争。接收装置领域内的竞争也发生了新的情况，所有三个领域的装置（电视、电话、计算机）可用来接收或操作不同的信息、娱乐和通信服务。这两个阶段融合的结果使重叠领域越来越重要，最后使传媒和通信领域之间现有的边界消失。

3.2 高技术产业融合的复合经济效应

高技术产业融合是全面的创新，它意味着建立新的生产函数，意味着更先进的技术、更大的生产率、更显著的资源节约和成本节约。由于高技术产业融合涉及的产业部门十分广泛，且很多产业部门之间有紧密的关联关系，因此，各企业在产业融合中所产生的创新收益就不仅体现为加总效应，而更多地体现为乘数效应，其结果就是产业结构的升级和经济的持续增长。美国经济学家 Takashi Kubota 依照爱因斯坦的能量公式提出：信息产业经济增长等于消费电子产品、计算机和通信三者的融合,并总结出下列公式:$E = MC^3$,即 economic growth = merger of C^3 (consumer electronics, computer, communications),生动地表示了产业融合带来的经济能量倍增效应。

高技术产业融合的迅速发展对产业组织、产业结构、产业技术、产业管理以及资源配置都产生了较大的影响,从而成为决定产业竞争力的一个重要因素。产业融合促进了有效竞争、重塑了市场结构和产业组织,而且还催生了大量的新产品和新服务,导致许多新产业的出现和成长,拓宽了产业发展的空间。由于产业融合涉及跨产业之间的行为与关系,因而不仅是从微观上改变了产业的市场结构和产业绩效,而且还从宏观上改变了一个国家的产业结构和经济增长方式。由于产业融合对新产业的培育和对传统产业素质的提升,促进了产业结构的转换和升级,更有助于经济的持续高效增长。产业融合能够改变传统的增长机制与方式,实现产业的跳跃式发展和创新。在技术创新和技术融合的基础上产生的产业融合是对传统产业体系的根本改变,是新产业革命的历史性标志。随着信息化进程的不断推进和经济的"服务化"趋势不断加深,产业融合将给产业成长和经济增长带来新的动力,日益成为提升产业竞争力乃至一国竞争优势的重要因素。

3.2.1 产业结构升级,提高产业竞争力

产业融合是社会生产力进步和产业结构高度化的必然趋势,而技术创新和技术融合则是当今产业融合发展的催化剂。在世界各国经济发展历程中,一国产业结构与经济增长有着密切的关系,产业结构的优化能促进该国的经济增长,这已被许多国家经济发展的实践所证实。根据产业结构理论,在工业化后期,产业结构存在软化趋势,这种软化趋势实际上就是产业融合的发展趋势。最初产业融合是发生在跨小类产业之间,如照相机制造业与复印机制造业之间的产业融合,石油加工业与化纤业之间的产业融合等。在此基础之上,产业融合进一步发生在跨中类产业之间,如家用电器产业与通信设备业之间的产业融合,机床制造业与医疗仪器产业的产业融合;接着,出现了跨大类产业之间的融合现象,如计算机制造业和软件业之间的融合现象,电信业与媒体业之间的融合现象,等等。最后,服务业与制造业之间相互渗透,在达到一定程度之后,产业间的边界开始模糊,甚至消失,出现产业融合。服务业与制造业的相互融合,使得服务业在国内生产总值中所占的比例越来越大,加快了产业结构的软化趋势。因此,在经济全球化、高新技术迅速发展的背景下,产业融合是产业发展内在规律的具体表现,并推动了产业结构优化。在经济发展过程中,不仅主导产业群不断更替、转换的演进会促进产业结构优化,产业融合趋势也对一国产业结构升级起推动作用。产业

融合是一种"创造性的破坏"的过程，其本质是一种产业创新。产业融合作为传统产业创新的重要方式和手段，不仅使得产业的边界日趋模糊，甚至消失，产业生命周期缩短，还使得产业结构呈现技术集约化，这样产业结构就会由低级向高级转换。产业融合突破产业间的条块分割，加强产业间的竞争合作关系，降低产业间的进入壁垒，减少交易成本，最终形成持续的竞争优势，促进了一国产业结构的高度化和合理化，也推进了产业结构的优化，有利于产业结构的拓展与升级，塑造有竞争力的产业结构，从而会提高一国的产业竞争力。

1. 促进传统产业创新，推进产业结构优化升级

推动产业融合的内在动力是技术创新所导致的生产率的提高与创制体的根本性改变，而不仅仅是规模经济所带来的物质资源的节约。在产业融合过程中产生的新技术、新产品和新服务在客观上提高了消费者的需求层次，取代了某些传统的技术、产品或者服务，造成了这些产业市场需求的逐渐萎缩以及在整个产业结构中的地位和作用的不断下降。

在产业融合成为历史潮流之际，传统产业迈向信息时代的有效途径就是信息产业与传统产业的相互融合。信息技术通过产品与服务广泛渗透到其他产业的产品与服务中。例如，信息技术在工业设计、生产、控制等领域内被充分运用。计算机控制技术、计算机辅助设计、计算机辅助分析、计算机集成系统等已经被广泛应用于机械、电子、航空、航天、造船、建筑、轻工、纺织等产业领域，或提高了这些产业和部门的劳动效率，或提高了相关产品的质量，实现了产品创新，亦即其他产业所生产的产品和提供的服务中包含着电子信息产业所创造的价值。计算机和通信技术在传统产业中的运用，使传统产业的自动化程度越来越高，机器设备对人的依赖程度相应降低。电子信息技术与机械、汽车、能源、交通、轻纺、建筑、冶金等技术相互融合，形成了新的技术领域和更广阔的产品门类。信息技术在传统产业扩散，将贯穿于企业价值链的每一个环节，改变其价值活动的行为方式及其联系的基础。这种改变主要包括：改善企业库存和物流管理，改变市场营销和销售管理活动，影响售后服务、采购管理等。信息技术在传统产业的扩散、运用，也改变了获得信息的时间和空间以及成本，不仅使原本各自独立的产品发生整合，而且侵蚀了曾经分隔不同产业的边界，促进了产业融合。

产业融合催生出的新技术融入更多的传统产业部门，改变着传统产业的生产与服务方式，促进了其产品与服务结构的升级。产品与服务的不断更新换代转而又带动了需求结构的升级，从而拉动了产业结构升级。由于电子信息、生物工程、新材料以及新能源等高技术产业与其他产业之间具有广泛的关联性，而且这些产业具有较高的产业成长性，与传统产业之间的产业融合趋势，有利于高新技

术扩散到传统产业，影响和改变传统产业的生命周期、市场竞争状况及价值创造过程，从而改变传统产业的市场需求和核心竞争力，提高其技术水平，促进其产品的更新换代，实现产业创新。产业融合所造成的产业边界的模糊和消失，形成共同的技术基础，可以使得其他的产业转换到高技术产业中，促使传统产业迅速过渡为高技术产业，并且通过产业融合和产业创新的连锁反应，使得一国的产业结构得到转换和升级，从而提高产业的国际竞争力。以农业为例，生物遗传工程应用于传统农业，通过切割和重组植物遗传密码，可以创造出自然界原本不存在的植物品种，提高作物固氮能力和光合效率。生物工程与传统农业的产业融合，降低了农业成本，缩短了农作物生产周期，并使传统农业转化为高科技的生物农业，而农业的现代化使一国产业结构发生了根本性变化。

2. 催生新兴产业涌现，促进产业结构转换和优化升级

产业融合所引发的一系列产业创新正是在工业高度发达的基础上，信息技术广泛地作用于产业结构的结果。信息技术革命进入产业化阶段的最大标志是，信息产业及其与传统产业间的融合成为国民经济中的主导产业群。信息技术革命成果的产业化是信息技术转化为社会生产力的结果，是产业融合的基础条件，也是产业结构升级的主要动力之一，而生物工程也正在成为制造技术的重要组成部分。生物加工和为生物技术提供仪器设备成为制造业的重要组成部分，对生物体、柔性体的处置加工成为与加工金属体和刚性体同样普遍的制造方式。而生物领域的巨大发现和生物工程的应用大大加快了制造产品领域仿生技术、拟人化技术的开发应用。由于信息通信、电子工程、生物工程、新材料与新能源、软件开发以及金融等高科技和高知识含量的产业之间以及与其他的传统产业之间关联性比较强，技术创新很容易发生在产业的边界处，造成了不同产业技术之间的融合，使得各产业之间的边界模糊或者消失。信息技术等高技术与其他产业技术间的广泛融合又催生出了许多具有较高成长性的创新产业（新的融合型产业就是兼具几种产业属性的新的产业形态），大大地拓展了原有的产业结构，并推动着整个产业结构向高科技含量的方向转换。例如，计算机、电信业和广播电视三大信息产业融合，催生了交互式网络电视业务，形成互联网产业；电子网络技术产业和一般的商务活动相融合，形成新的电子商务产业等。此外，银行业、证券业、保险业三大金融产业的融合，催生了网络银行、网络证券、网络保险、保险银行、家庭银行等新产业；运输业、仓储业、邮政业三大物流产业的融合，催生了现代物流业的产生和发展。

这些新兴产业的涌现，在国民经济中所占的比重不断加大，他们对传统产业活动的渗透和改造，促使各种高新技术应用到传统产业，使新兴产业与传统产业

之间相互融合，产业边界发生交叉，甚至消失，并引发传统产业的分化、解体和重组。其导致的结果是，传统产业活动的深度和广度以及经济活动中的分工、协作和专业化水平也因此不断提高、形式也日趋多样，新兴产业所涵盖的产业活动成为原有三次传统产业活动的一部分。因而，新兴产业的大量涌现大大地拓展了原有的产业结构，同时，高新技术与其他产业技术催生的新兴产业推动着整个产业结构向着高科技含量的方向转换，进一步推动着产业结构的优化升级。

3. 形成新型产业体系，促使产业结构柔性化

共用技术的突破性发展，使产业融合的范围越来越广，影响力越来越大。产业融合一方面促进传统产业的创新、催生新的产业形态的不断出现，另一方面也让传统的三次产业划分方法及其分析框架越来越不适于用来揭示新型产业形态的变化特征。在产业融合背景下，三次产业的划分已趋于模糊，有必要根据产业发展的新特征对产业结构体系进行相应的调整。

传统的三次产业纵向结构由于现代信息技术、生物技术及新材料技术发明和应用的横向相互交融变得更加复杂，专注于这些现代技术研究与开发的企业及新的产业形态的出现，有时很难确定其在传统的三次产业纵向结构的具体位置，这直接导致了对区域经济和产业发展方向的模糊判断。因而，国内的许多学者在横向产业研究基础上提出了新型产业体系。周振华（2003a）针对信息化进程中产业融合的发展趋势，根据生产对象、内容的形态来进行产业分类，提出了内容产业、位置产业和物质产业三种类别的新型产业体系。林民盾和杜曙光（2006）把商品生产中的三个核心元素（产品的创新设计、生产制造、营销管理）及企业对应的三种组织形式（研发型企业、制造型企业、营销专业服务企业）推广到产业的组合中，将传统产业组合的纵向结构合并糅合后，从横向切断，分成研发产业、制造产业和营销产业三个层次。韩顺法和李向民（2009）在前两位学者的研究基础上，按照产业内部存在的精神、物质、服务和生态生产四种价值生产关系，演化为由创意产业、服务产业、物质产业以及生态产业四种现代产业组成的新型产业体系。这些新型产业体系的提出有一个共同特征：它们都打破各产业部门彼此分工的界限，相互介入，企业之间不再讲究垂直整合，而讲究不同功能企业之间的水平整合。因此，产业融合将在新型竞争协同关系的基础上出现产业结构柔性化的趋势。

在我国，高技术产业与传统产业的融合也有力地推动着我国传统产业的技术升级，提升了传统产业的竞争力。目前，我国尚处于工业化的中期阶段，经济发展的水平还比较落后，传统产业特别是劳动密集型产业仍占有很大的比重，而高技术产业的比重比较低。产业融合比较容易发生在高技术产业和传统产业之间，

这种融合过程所产生的新技术、新产品、新服务会取代某些传统技术、产品或者服务，从而造成传统产业市场的减少以及在整个产业结构中的地位和作用的下降（陈川，2000）。同时，融合所产生的新技术又融入传统产业，改变了传统产业的生产特点、技术工艺以及市场需求状况，促进其产品与服务结构的升级。结果是带动了需求结构升级并最终拉动了产业结构的升级。在这个问题上，即使是经济非常发达的美国也给予了充分的重视。美国充分地利用信息化的机遇，大力地发展融合了传统产业的信息产业，有效地提高了劳动生产率，提高了产业的国际竞争力，造就了20世纪90年代美国经济的持续繁荣。

3.2.2 产业组织变化，形成新型竞争关系

产业融合本身包含着产业组织的重大变动，包括市场结构、企业的市场行为、市场绩效以及与此相适应的企业组织结构等方面的变动。不同形式的产业融合对于产业组织变化的作用方式不同，对产业竞争格局所产生的影响也不同（余东华，2005）。传统产业存在着层级分明、制度严格的组织体系，这种组织结构虽然有助于在现有的产业和技术环境下，提高企业的运转效率，但是却不适用于探索新产品，开拓新市场和新的商业模式。高技术产业与传统产业的融合改变了不同产业内企业工作的组织方式以及信息传递方式，产生出了知识扩散以及人们在工作场所中互相合作的新渠道，由于工作中也需要更强的灵活性和适应性，从而就要求对企业的生产、服务管理流程进行再造，由阶层型转变为水平型的开放式结构，迅速地建立变革的管理程序和适应电子商务所需要的内部管理机制。随着竞争的不断加剧，企业也越来越需要利用IT技术手段来满足自己的信息化需求，改造传统的管理模式。企业开始普遍把管理和IT有效地结合起来，大量地使用供应链管理、客户资源管理、企业资源管理等先进的管理模式，因此极大地提高了企业的生产效率和竞争力（岭言，2001）。

1. **高技术产业融合优化市场结构**

传统的市场结构理论认为，如果有限的市场容量和各个企业追求规模经济的动向结合在一起，就会造成生产的集中和企业数目的减少，而在产业融合之后，市场结构会发生更深刻的变化。各个产业间市场边界的消失以及政府管制的放松将会导致市场结构产生变化。一般认为，产业融合导致的市场结构的变化有以下三个方面。

（1）产业融合与市场集中度的变化

Thielmann 与 Dowling 曾指出，根据竞争性和互补性的强度不同，产业融合将

会分别导致一个融合市场和一个新市场的出现,即产业融合的 1 + 1 = 1 和 1 + 1 = 3 现象。所谓产业融合的 1 + 1 = 1 现象,是指某些产业被淘汰、被整合的过程,这是一个优胜劣汰的竞争过程,表现为一些产业中的企业会逐渐被其他产业中的企业所替代,从而导致被替代的企业所在的行业逐渐地萎缩。而产业融合的 1 + 1 = 3 现象,是指不同产业中的企业互相进行优势互补,开展战略性合作的过程。在合作过程中,企业能够达到双赢,并且创造出新的产品、业务或者产业。可以理解为,一方面,某一产业与其他产业的融合使得该产业内的企业数量迅速增加,并且不断有新进入者参与到竞争中来,从而促进了更大范围的竞争,大大降低了融合产业的市场集中度,产业融合使得市场边界发生了变化,行业界限在不断淡化。由于产业融合,原先具有替代性的产品的替代性增强,原先不具有替代性的产品有可能转变为具有替代性的产品,或者原先具有潜在替代性的产品转变为了具有现实替代性的产品。传统的产业组织理论是用产品的替代性或者互补性来定义和界定市场的,产品替代性的变化就意味着市场的变化和市场边界的游移,使得市场界限出现了相互交叉或模糊化。市场边界的移动就会直接导致市场结构的变化。产业融合逐渐地突破行业的界限,表现为跨行业的发展与竞争,导致了市场结构的变化,原本属于不同行业、不同市场的企业因为产业融合而成为了竞争对手,而一个因为产业融合而诞生的"融合型企业"可能会涉及众多行业。另一方面,消费者需求的个性化与综合化的趋势会促使企业生产由大规模、标准化逐步地向小批量、多品种过渡,规模经济在企业战略中的地位将被范围经济所取代,在技术融合与业务融合的基础上,推动企业间的横向购并或者混合购并,会导致竞争性企业数量的减少,从而提高产业的市场集中度。虽然产业融合的市场结构产生的表象不同,但是其实质却是相同的,即形成了有效竞争的市场结构,使竞争活力和规模收益递增实现最佳的协调和平衡,发挥综合作用使社会经济效率最大化。当然,更严格地说,在产业融合中,市场和产业的范围发生变化,需要重新界定,而界定过宽,就会导致集中度变小,企业市场份额变小,反之亦然。产业融合所带来的市场与产业边界的游移和模糊,使得静态市场结构中的集中度衡量工具在一定程度上已经失效。引入产业生命周期、技术创新频率和强度等时间因素,与其他传统因素一起来界定融合产业的市场边界和融合企业的市场势力,这对于全面认识市场结构变化,调整有关的管制政策特别是反垄断政策具有重要意义。

(2) 产业融合改变了产业竞争的格局

产业融合通过突破产业之间的边界,实现了产业、企业之间新的联系,从而促进了更大范围的竞争,同时,也改变了原有产业的垄断与竞争的关系,使得产业竞争格局发生重大变化。一般而言,在产业融合以前只有属于同一产业内部的企业之间才会存在相互竞争的关系，而与产业外的企业之间则不存在竞争关系。一旦由于技术创新而发生了产业融合，就会导致本产业与其他产业相互介入，本产业与其他产业的企业之间就会处于相互竞争的状态之中。在产业融合的过程中，在产品替代性和融合程度增强的同时，产品的差异化程度也会随着消费者的认定和偏好不同而增大，产品融合与产品差异化就相伴而生，由此增强了产业的竞争效应。另外，企业间合作大量涌现，无论是原来处于同一个产业内的企业，还是发生融合的不同产业间的企业，都展开了广泛的合作。从某种角度上讲，合作本身就是另一种形式的竞争，但是与纯粹的竞争不同的是，合作能带来共赢，而传统的竞争往往是零和游戏。

（3）企业和产业边界的变化能够形成新的企业组织结构

在产业融合的过程中，伴随着产业融合和企业之间竞争的加剧，必然也会出现企业破产倒闭、企业合并和企业重组等现象加剧的局面。同时，产业融合也为企业提供了扩大规模、扩展事业范围、开发新产品和新服务的商机。通过这些过程，企业逐渐会演化出新的组织形式。一般认为，与产业融合相适应的企业组织形式需要具有开放性、自组织、自适应和网络性等特点，能够适应产业和企业边界的动态变化。

2. 高技术产业融合影响企业的市场行为

在产业融合的背景下，随着市场边界的变化和市场结构的调整，企业在市场上的战略和行为也会发生很多变化，以适应新的竞争规则，获取新的竞争优势。产业融合影响着企业的定价、并购、合作等市场行为。竞争对手间的合作早就成为一种时尚。"所谓的竞争性合作——合资企业、外购协议、生产许可、合作研发等——的扩展已经带来了一种长期性的结果。即使其中的一个合作者相对于另一个合作者来说受到了削弱，一个战略联盟可以增强双方公司抗御外部的力量。"（萨尔坦·科马里，2000）对融合的诱人前景和巨大市场，很多公司虽然跃跃欲试，但是却不具备单独冲刺的能力，此时，合作成为新竞争者获得技术和市场准入的一条低成本、低风险的途径。节约竞争成本或许也是合作的一个重要因素。产业融合中的竞争成本涉及多个方面，融合一出现，竞争就会出现，随着融合度提高，竞争成本也会增多。竞争或潜在竞争的激烈，迫使企业创新各种组织形式和经营模式，如企业之间的战略联盟与合作、合资、并购重组、虚拟企业、无边界企业等，这些新的组织形式和经营模式，一方面加深了企业之间的融合，另一方面也体现了对竞争成本的节约。因此，融合和竞争是相生相伴的关系，在这个意义上，产业融合表现为"竞争成本提高→企业组织方式创新→节约竞争成本→融合程度加深→竞争成本提高"这样一个循环往复而又不断深化的发展过程。产业融合带来了与传统竞争迥异的环境和规则，企业为保持竞争优势或获得新的竞争优势，必须进行战略调整，通过与相关各方的合作来提高适应能力和变革能力。

高技术产业与传统产业融合的结果，会改变原有产业的垄断与竞争关系。从总体上看，市场融合出现在高效的充分竞争性的经济中，其基础是许多角色参与的分散式的市场以及资源分配的高效性。新技术范式首先改变了工业经济的范围与动态，创造了全球经济。在既有的产业之间以及它们与大批的新加入者之间助长了新一轮的竞争态势。对传统的垄断性产业来说，若要与其他产业融合，首先就必须打破垄断，放松管制，允许其他产业的企业进入，而这必然会改变这些产业原有的垄断与竞争关系。对于其他的产业来说，也会涉及其市场关系的变化。因为在产业融合前，只有属于本产业内部的企业之间才会相互存在着竞争关系，而与产业外的企业之间则不存在任何竞争关系。但是，由于产业融合的需要，本产业与其他的产业积极地展开相互介入，那么，本产业的企业与其他产业的企业就会处于相互竞争的状态之中，从而导致竞争进一步地激化。最后，由于产业融合的主体是企业，伴随着产业融合和企业之间的竞争加剧，必然会出现企业破产倒闭、企业合并或者企业重组等现象，企业的组织形式和规模发生变化，其经营的业务和范围也会有很大的扩展。

从并购来看，西方世界总共经历了五次较大规模的企业并购浪潮。从并购特点上来看，前四次的企业并购发生于产业的内部，而第五次企业并购浪潮中的并购行为主要是发生在不同产业内的企业间，从而突破了传统产业分类中的企业竞争合作关系，其早期的纵向一体化结构让位于横向或者混合一体化结构。而技术、产业融合是导致这种简单的纵向并购向着复杂的混合一体化并购发展的重要因素。尽管产业间的纵向联系依然存在，但是市场竞争优势已经转变为由横向环节的竞争优势来决定。例如，韩国SK电信与美国互联网服务提供商Earthlink成立了合资企业，在美国市场上共同开展移动虚拟网络（MVNO）的运营来推动国际化的运营与跨产业融合（刘欣，2005）。SK电信与EarthLink合作的事件被媒体誉为"亚洲服务业的优秀企业在美国这个全球最大的消费市场上开展业务的里程碑"。一方是韩国最大的移动通信运营商，拥有丰富的移动运营经营和增值应用开发经验，另一方是美国排名前三位的ISP公司，在全美拥有ISP用户530万名、与知名的购物频道签订合同的店铺1.8万家，并且还通过10年来的优质服务，认可度高达97%，而顾客满意度在近三年内也是连续被评为最优。即便在美国这个全世界最为成熟的移动通信市场，这也是颇具竞争力的组合。这次合作更重要的意义还在于实现了亚洲运营商对美国市场基础业务的渗透。在2005年，国际化运营就已成为SK电信两大战略之一，与实力强大的欧美运营商相比，SK电信单纯地通过网络、资本市场或者业务等方式来进入都不是其最优的选择。在此之前,SK 电信与 Verizon 无线也有过长期的合作,主要是在彩铃等增值业务层面,而本次选择成为 MVNO 则为 SK 电信提供了更为广阔的发展空间,更能够充分地发挥韩国运营商在无线互联网方面的优势。在美国市场回暖之后,3G 业务已经遍地开花,SK 电信选择这个契机切入,也是因为看中了飞速增长的用户需求。

3. 高技术产业融合提升市场绩效

产业融合中的竞争与合作,必然催生更多种类的融合新产品,降低某些产品的价格,而且产品的差异化程度也会提高,消费者的选择将更为多样化。从供给方角度看,由于技术和市场的创新、成本的降低,企业的微观效率以及整个产业的绩效都会得到很大改善。例如,1998 年 IBM 公司以 50 亿美元将其"全球网络"出售给了 AT&T 公司,该网络是 IBM 公司在 20 世纪 80 年代投巨资建设的信息基础设施,随着光缆的发展、上网的简便和多样化,该网络出现了价值下降,其所带来的收益在公司总收益中的比例也趋于下降。更重要的是,建设和管理网络服务并不是 IBM 的核心能力,对于 IBM 来说,该网络日益成为一个负担。但与此同时,AT&T 试图重新进入传统市话领域,但缺乏信息基础设施。双方利用技术及市场的融合,成功整合了原来利用不充分的资源。AT&T 通过收购具有良好性能价格比的 IBM 数据网络,并获得 IBM 一份价值 50 亿的 5 年期合同,实现了其电信业务的低成本扩张;而 IBM 通过转让其信息基础设施,变现了资产,也摆脱了对于自身而言价值越来越低的物质资本负担,并通过交换承接了 AT&T 合同总额高达 40 亿美元的应用软件和数据处理的外包业务,充分地发挥了其数据业务技术和服务的核心能力。两大公司通过资源的优化整合,调整企业业务结构,产生了利益,实现了"双赢"。通过资源的重新组合和优化配置,以及通过业务和市场的交叉融合,不但给个别的企业带来了巨大收益,而且也提高了整个融合产业的绩效表现。

产业融合能够带来更好的产业绩效和巨大的增长效应,同时也为消费者带来了更加多样化的选择,从而增进社会的福利水平。在产业融合过程中,市场上的企业优胜劣汰的速度加快,市场机制的资源配置功能得到了强化,稀缺资源会更顺利地向优势企业及产业流动,从而提高了优势企业及其产业的生产能力和生产效率。而且,产业融合发展能够使不同产业的资源突破其产业边界,在更大的范围内自由流动、优化配置,形成了规模经济和范围经济效应,从而降低了企业成本以及交易成本。Banker 等(1998)通过对美国 1988~1992 年美国通信产业具有代表性的 40 家公司的平行数据分析,验证了技术融合因素与信息通信企业的绩效存在显著的相关关系,从而说明信息通信业日益融合的环境能够对通信企业的范围经济效应和公司绩效产生显著影响。Alfonso 和 Salvatore 在 1998 年对美国和欧洲位于全球 500 强的最大的 32 家电子信息企业的技术融合和产业融合的状况及其效应进行比较分析。他们对 20 世纪 80~90 年代电子行业的研究表明，计算机、通信、半导体以及其他的电子产品行业发生了比较明显的产业融合现象，并且与其他融合不明显的产业相比较，该产业的短期绩效得到了一定的提高，并且产业绩效与技术融合状况还存在着正相关的关系，产业融合对公司长期绩效的改善比短期绩效的改善更为明显。

3.2.3 形成新产业，成为经济增长点

当今世界，由产业融合所推动的产业创新持续发展。在传统的三大产业之间，在三大产业内部各行业之间，在高技术产业之间，在高技术产业与传统产业之间，都发生了大量的融合创新，催生了许多新兴产业。特别是电子信息技术等高技术与传统产业的融合，促使各种高新技术如生物工程、信息技术、超导技术扩散到传统产业，导致高技术产业与传统产业之间的边界模糊，甚至消失，引发传统产业的分化、解体和重组，形成一系列新兴产业，包括生物材料产业、生物能源产业、生物机械产业、生物食品产业、宇宙能源产业、海洋能源产业、信息生物产业、海洋生物产业、太空制药业、生物陶瓷产业、光学电子产业、航空电子产业等。宇航产业是由卫星制造业、火箭制造业、测绘技术产业、信息产业相互融合而形成的；化学建材产业是经济发展到一定阶段，在石油、化工、轻工、建材等产业相互融合的基础上形成的新兴产业。

产业发展是经济增长的基础与表现，从产业发展的角度看，经济增长就是新兴产业不断出现、成长和成熟的过程。产业融合使得原本分立的产业价值链部分或者全部实现融合，成为产业发展以及经济增长的新动力。新的价值链节点处融合了两个或者多个产业的价值，与原有产业相比，融合后的产业不仅具有更高的附加值与更大的利润空间，而且还为消费者创造出更多、更方便、价值更高的产品或服务，因而代表着需求发展的必然趋势，产业的竞争力自然就会随着需求趋势向消费主流的转变而逐渐提高。以美国信息产业的快速发展为例，由于信息产业内部的相互融合和信息产业对传统产业的渗透融合，其经济贡献率在 20 世纪的后五年平均达到了 33% 以上，给美国的"新经济"带来了巨大的增长效应，是美国"新经济"的活力之源。产业融合对经济增长所起的作用主要有以下几个方面的表现。

1. 促进资源优化配置

高技术产业与传统产业的融合将有利于整合资源，避免重复建设，实现资源

共享以提高产业的整体经济效益。产业融合的主要动因就在于可以相互利用对方的资源。当存在着产业分立时,传统产业与高技术产业之间由于缺乏关联性,使得资源被限制在各自的产业内流动,使用效率很低。而通过产业融合,传统产业能够融合高技术产业的技术,不断地创新业务模式,实现价值链上下游的垂直合作和行业间的横向整合。并且通过价值链的延伸,开发新的市场潜力,扩大市场业务,整合各自的优势资源,提供新产品和新服务来不断地满足人们对新产品和服务的需求。产业融合将会在企业经营成本方面发生融合经济效应,即企业的平均成本会随着产业及企业融合程度的增加而不断减少,如图 3-5 所示。

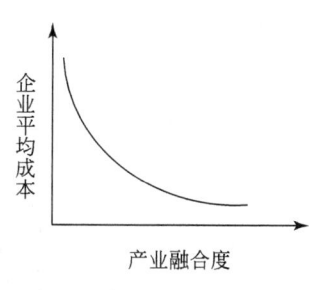

图 3-5 产业融合度与企业平均成本的关系

Banker 等(1998)通过对 1988～1992 年的信息通信产业的资料进行检验,得出了如下结论:由于拥有共同的基础设施资源,这些被检验企业的单位平均成本减少。这说明信息技术的融合对于减少企业成本是具有正相关影响的,从而支持了技术和产业融合改善信息产业绩效这一论点。

不同行业的企业在不同的经营领域里通过信息平台异手联合、合作开发新产品,以满足消费者多方面的需求,来增加客户的满意度。这种企业间 1+1>2 的复合效应不同于单个企业的规模经济效应和范围经济效应,企业内部以及不同企业之间的越来越多的业务交叉,尤其是在电子商务的平台上企业之间的交易活动将会趋于融合,这可以极大地降低企业原有的交易费用和搜寻成本,企业将会突破行业壁垒的限制,从外部来寻找企业的经营活动最优解,以提高不同产业间的资源配置效率和经济活动的运作效率,因此,企业获得了更强的市场竞争力。在网络经济中的产业融合所产生的融合经济效应也包含了学习效应,而学习效应所实现的收益递增主要来自于两个方面:一方面是来自于工作中经验的积累。工作的过程也可以被视为一种学习的过程。与这种经验直接相关的经济意义就在于它有利于改善组织管理,提高工作效率并且降低成本,从而使生产表现出收益的递增。另一方面则是来自于信息知识的累积增值和传递效应。片面、零散、无序的廉价信息,经过按使用者的要求进行的加工、处理、分析和综合,就可以形成有序的高质、高价的信息资源,能够为经济决策提供科学的依据。完整的应用性强的信息和知识具备很强的传递效应。随着信息和知识的投入在整个经济投入中所占比重的不断增大，上述累积增值和传递效应也必将导致整个经济的边际收益递增趋势的加强。

美国在线收购时代华纳就是一个典型的例子。2000年1月，世界最大的互联网服务公司美国在线收购了世界上最大的媒体公司时代华纳，造就了新的美国在线时代华纳。这代表着传统媒体产业和网络产业的融合，同时也成为国际产业融合化发展的标志性事件，至此国际产业融合化发展的趋势日渐明朗。1985年美国在线创立，现有的注册用户逾1700万人，是世界上最大的在线服务商。它在收购拥有200万用户的网景公司之后，成为网络产业为数不多的赢利公司之一。而时代华纳是世界上最大的媒体公司，拥有着众多的著名品牌，如CNN、两个电影制片公司、出版公司、唱片公司、《财富》杂志、《时代》杂志、《人物》杂志和《体育画报》等。多年来，时代华纳一直都在想方设法去发展自己的互联网业务，虽然投资巨大但是收效甚微，近年来在网络冲击波的影响下，其增长速度更是日益减缓。这两个行业面临的竞争情况是：互联网公司积极地设法丰富网上服务内容，尤其是信息服务，但是信息的权威来源目前仍然是传统媒体，而传统媒体公司则在谋划如何利用互联网技术来扩大自己的市场份额，以增强竞争力。

基于这种情况，2001年1月10日，美国在线宣布以换股的方式收购时代华纳。并购后的新公司成为世界第七大公司，业务从杂志、电视网、音乐公司、电影公司、卡通一直延伸到互联网，将重新规划人们获取信息和娱乐的方式。传统媒体业务和网络业务开始相互介入，1月14日公司宣布将互动电视确立为新公司的重要业务，互动电视是传统电视技术与互联网技术融合的产物。新公司所从事的所有媒体行业，包括报刊、卡通、电影以及最新出现的互动电视等，实际上都属于典型的"内容产业"范畴。通过合并，时代华纳可以借助美国在线的电脑多媒体平台和宽频带网络通信手段来提供交互式的信息娱乐内容，开展网络广告、营销和电子商务。而对美国在线来说，作为互联网的提供商，争取客户的重要手段是靠内容，通过与时代华纳公司合并，就可以共享时代华纳在新闻、娱乐、体育等领域里的丰富内容。因此，美国在线与时代华纳的合并强化了两者的优势地位，优化了资源配置。但这个合并于2009年12月宣告解散，最后以失败告终。究其原因，主要是因为这种合并是"合"但没有"融"，是一种"死尸的融合"，没有真正形成稳定的组织结构和实现业务整合。

2. 促进就业的增加

高技术产业与传统产业的融合将会给就业和人力资源的发展带来更多的机遇和更大的发展空间。就劳动就业而言，这是经济发展的过程中压力很大的一个问题。而产业融合在推动传统产业改造和发展的同时,也会给劳动者带来许多新的就业机会。

电子商务是高技术产业与传统产业渗透融合的典型例子。电子商务从两个方面体现出了高技术产业对传统产业的渗透。一是企业内部的 FRP 信息系统,这是电子商务的基础;二是电子交易,即生产者、供应商和客户通过通信网、互联网来查询、发布、传递和反馈相关的信息,洽谈业务,订立合同,实行电子支付结算,并最终完成实物交易的新型产业和全新的商业模式。举两个例子来看,上海有两家净水企业:梅林正广和特能。前者利用电子商务网络为上海的 60 万户居民送水,而上海总共有 120 万送水户,它就占了 1/2。后者则是通过电子商务网络利用下岗工人为上海居民做配送,送书送报,送广告,做市场推广。他们的 580 名下岗工人整个覆盖了上海 220 万户城市居民。这两个例子都是通过产业融合为工人增加了就业机会,可见,如果新技术用得好,组合得好,不但不会排挤工人,反而会吸纳更多工人就业。

同时,高技术与传统产业的融合出现的新产业也给人力资源提供了更大的发展空间,提出了更高的要求。例如,网络技术需要微电子技术、光电技术、通信技术等的共同发展;信息技术的发展又推动了生物、材料、空间技术的兴起。因此,产业融合发展的核心是人才创新。这些新产业在信息化和知识创新的时代背景下需要大量既懂技术又懂得创新管理的复合型人才,因此对人力资源提出了更高的要求和标准。

3. 促进技术的扩散

高技术产业与传统产业的融合首先是技术的融合,而技术融合将会激发各种形式的创新,技术融合带来的扩散性的技术创新,是科学技术体系一化发展的要求,是建立在革命性的技术创新之上的新型技术创新,而创新技术的扩散又为更多的新产品和新服务的出现提供了可能。传统产业在生产工艺、生产设备方面采用了新的技术,能够生产出新的产品。通过各产业之间的技术联系,可以产生前向关联和后向关联的扩散效果,使得传统产业能够获得上游产业所提供的更新的原材料,而材料的更新技术含量更高,也使得传统产业的产品升级、产品效用增加,如碳纤维材料、工程塑料以及复合材料在汽车、自行车、体育用品中的应用。同时,高技术和传统产业的嫁接也使得传统产业培养出了高技术产品,如微电子设备智能制造设备、生物医药与器械,将会取代传统产品。产品、业务、管理(组织)和市场的融合也催生出了许多新产品和新服务,如在线超市、数字电视、互联网广播和网络游戏等,更多性能好、价格低的新产品和新服务的出现,提高了消费者的福利水平。

4. 带动融合部门收入增长

产业融合将会给相关的部门带来巨大的直接与间接的经济收益。假设产业融合后会生产两种产品，产量分别为 Q_X 和 Q_Y，定义 $C(Q_X, Q_Y)$ 为总成本，而 $C(Q_X, 0)$ 和 $C(0, Q_Y)$ 为单独地生产其中一种产品的成本，产业融合后的产品生产过程中要素和生产设备的共用性以及知识结构的可转移性，会使得 $C(Q_X, Q_Y) < C(Q_X, 0) + C(0, Q_Y)$。产业融合后的产品生产会更加具有经济效益，而高技术产业与其他产业的融合也更能促使这种范围经济的发生，这种现象在垂直性整合与前后关联性的产业合并中表现得更加明显。

融合的新产品与一般的新产品有很大不同。一般的新产品，无论是新发明、新工艺的产物还是原产品的升级换代，其背后的科技进步都是发生在产业内部，而融合的新产品是技术进步发生在不同产业边界处的特定产物，是跨产业的混合型产品，它通常是集成了原有两者产品的不同功能和特性而成为一种具有新型功能的产品。更形象地说，融合后的新产品不是原有产品的物理组合，而是原有产品发生化学反应的产物，此时就出现所谓的 1+1>2 效应。加拿大通信与计算机专家凯尔奇认为，从本质上讲，融合是不同技术的结合，是两种或更多种技术融合后形成的某种新的而且不同的技术——具有各种技术的特性但又具独特性质的技术，由融合产生的新技术和新产品，其功能大于原先各部分的总和。无论是哪种类型的融合，从供给的角度看，都要形成新的资产体系，从而促进若干新产业的出现和发展壮大；从市场的角度看，则会产生大量的融合新产品和新服务。以信息技术产业融合来说，"三网融合"也不等于"三网合一"。三网融合并不是要讲电信网、有线电视网和计算机网简单地合成一个物理网络，各个基础网本身，由于历史的原因和竞争的需要，将会长期共存、互相竞争、互相合作；而业务层和应用层的融合将不会受限于基础网传递结构，不同的业务和应用会互相渗透、互相交叉，繁衍出大量新的业务和应用。语音、视像和数据也不会简单地融合在一个传统终端（电话、电视和电脑）中，而是会适应消费者多样化和个性化的需求而更有机地融合、衍生出多种形态的终端产品。总之，融合的结果并不笼统地消灭分工，并不减少选择和多样化，而是会带来更多的内部分工，因此，融合产品和服务将会变得更多，而不是变少。

产业融合中涌现的各种新产品、新服务投放市场后，与市场需求形成复杂的关系，主要有两种情形：第一是取代原产品的市场需求；第二是形成功能和应用范围完全不同的新产品，创造全新的市场需求。由于新产品和市场上并没有与之对应的原产品，其出现必然刺激和创造新的需求，拓展和扩大市场空间。只要对这种新产品的需求能够稳定并持续增长下去，就能够促进供给和就业的进一步增加，形成"新的供给—创造需求—供给扩大—需求扩大"的正反馈机制，从而促进经济的增长。新产品新服务的增加所带来的创新收益，构成了协同效应、网络效应等经济效应的重要来源，也成为产业融合的重要推动力。例如，许多实证研究发现，全能银行业绩的提高主要是由于新业务部门的收入增长，或者说，全能银行的效率更多地来自收入的增长而非成本的降低。同时，随着收入来源多样化，全能银行的某些业务亏损可以由其他部分业务的盈利来弥补，在整体上反而降低了风险。Saunders 和 Walter 进行的风险模拟也表明，银行、保险和证券业务的组合能够产生更加稳定的利润来源。因此，从微观上来说，企业从产业融合中获取创新利润的预期，不仅来源于成本的相对减少，而且更重要的是创新收益的获取和增长。

例如，作为融合新服务产品的网络游戏，2001 年在中国的市场规模为 3.1 亿元，2002 年达到 9.1 亿元，增长了 187.6%。2002 年电信业务由网络游戏所产生的直接收入高达 68.3 亿元，是网络游戏市场规模的 7.5 倍；IT 行业由网络游戏所产生的直接收入也高达 32.8 亿元，是其市场规模的 3.6 倍之多；出版和媒体行业由网络游戏所产生的直接收入达到了 18.2 亿元，是其市场规模的 2 倍。

目前，中国的网民规模已达 4.2 亿，居世界首位；互联网普及率达到 31.8%，超过世界平均水平；中国的手机用户已达 8 亿人，使用手机上网的网民多达 2.77 亿人。据《2008 年中国游戏产业报告》统计，2008 年中国网络游戏产业的实际销售收入达到 183.8 亿元，比 2007 年增长 76.6%，同时为电信、IT 等行业带来高达 478.4 亿元的直接收入，其规模超过传统三大娱乐内容产业——电影票房、电视娱乐节目和音像制品发行。从市场规模来看，2009 年中国网络游戏市场规模为 258 亿元，同比增长 39.5%。其中，国产网络游戏市场规模达到 157.8 亿元，同比增长 41.9%，占总体市场规模的 61.2%。2009 年中国网络游戏销售收入达到 256 亿元，带动相关产业增加产值近 555 亿元。

3.3 产业结构优化升级效应的实证分析：以技术融合为例

技术融合出现的产业融合打破了以固定化产业边界为特征的产业分立现象及产业运行的同质性原则，改变了以往的产业结构，优化了资源配置，进一步加速了产业结构的演进，促进了产业结构优化升级，特别是以信息技术为基础的电子信息产业的迅速发展进一步加快了产业融合。

技术融合是产业融合实现的前提和基础，产品与业务融合是重要内容，市场融合是最终结果，市场融合标志着新型产业业态的出现。由于产业融合是一个动态的产业创新过程，存在着产业之间界限模糊不清、难以准确界定的问题，很难找到一种统一的测算产业融合程度的方法。但产业融合过程中的技术融合、产品与业务融合、市场融合具有相对明确的内涵，因此，首先可分别对产业融合的三个阶段的融合程度进行衡量，其次对各个阶段的融合程度进行综合，进而判断产业间整体性融合程度。最后，由各个阶段测算出的融合程度揭示其与产业结构优化升级的关系。本章重点探讨技术融合对产业结构优化升级的影响，产品与业务融合以及市场融合对产业结构优化升级的影响将在第6章中提及。

衡量产业技术融合的典型方法主要有专利系数法和赫芬达尔指数法。这两种方法均以企业专利数据作为样本，由于企业数据可得的局限性以及以企业的融合程度来反映整个产业的融合程度的局限性，本研究在测算产业技术融合程度的方法上，将参考专利系数法，结合《专利实施许可合同备案专栏信息表》分别对于两个产业——电子信息业与制造业的技术正向融合、技术反向融合以及技术融合程度提出不同的测算方法，并进行不同的测算。

3.3.1 中国电子信息业与制造业技术融合度测算

在对产业的技术融合的程度测算中，可采用专利系数法以及赫芬达尔指数进行测算，理论上是可行的。国家知识专利局的官方网站（http://www.sipo.gov.cn）可以进行专利检索，该数据库可以检索到2002~2010年《专利实施许可合同备案专栏信息表》，从该表中我们可以得到2002~2010年全国实施许可的专利的专利申请号、发明名称、让与人、受让人、合同备案号、合同备案日期、许可种类等信息。

1. 数据的选择与筛选

专利实施许可合同是指专利权人、专利申请人或者其他权利人作为让与人，许可受让人在约定的范围内实施专利，受让人支付约定使用费所订立的合同。专利实施许可合同备案是指专利行政管理部门对当事人已经缔结并生效的专利实施许可合同加以留存，并对外公开的行为。根据专利法实施细则和《专利实施许可合同备案管理办法》的规定，当事人（让与人和被受让人）应当在合同生效之日起3个月内到国家知识产权局指定的部门办理备案手续。因此，《专利实施许可合同备案专栏信息表》提供的是有效的、并有专利实施许可合同的专利信息。对2002~2010年该信息表专利数目的整理统计见表3-1。

表 3-1 2002～2010 年专利实施许可合同备案专栏信息表专利数 （单位：项）

项目	2002 年	2003 年	2004 年	2005 年	2006 年	2007 年	2008 年	2009 年	2010 年
专利数	601	501	407	4822	1800	4443	2733	16383	18348

资料来源：国家知识专利局的官方网站（http://www.sipo.gov.cn）

2002～2010 年《专利实施许可合同备案专栏信息表》中分别提供了专利申请号、发明名称、让与人、受让人、合同备案号、合同备案日期、许可种类、合同变更 8 项信息。本研究在数据选取和筛选中主要参考专利申请号、发明名称、让与人与受让人 4 项信息。

（1）专利申请号。国家知识产权局受理一件专利申请时给予该专利申请的一个标志号码。[①]

（2）发明名称。简短、准确地表明专利申请要求保护的主题和类型。

（3）让与人。专利实施许可合同的让与人包括合法的专利权人、专利申请人或者其他权利人。一项专利或专利申请有两个以上的共同专利权人或者专利申请人的，让与人应当为全体专利权人或专利申请人。

（4）受让人。专利实施许可合同的受让人是指通过合同或继承而依法取得该专利权的单位或个人。受让人就是接受转让的人。专利申请权和专利权可以转让，转让后，受让人成为该专利的新主体。

在整理 2002～2010 年专利数据过程中发现，发明型专利所占比重较大，实用型及外观设计型专利所占比重较小。由于是通过专利数据测算产业技术融合，故根据专利申请号第 5 位数字只保留数字为"1"（发明型专利申请）和数字"8"（进入中国国家阶段的 PCT 发明专利申请）的专利。通过筛选后的数据见表 3-2。

表 3-2 2002～2010 年专利实施许可合同备案专栏信息表发明型专利数 （单位：项）

项目	2002 年	2003 年	2004 年	2005 年	2006 年	2007 年	2008 年	2009 年	2010 年
发明型专利	344	389	204	2874	404	998	1239	4769	5217

资料来源：国家知识专利局的官方网站（http://www.sipo.gov.cn）

比较 2002～2010 年的发明型专利数量，2005 年以前发明型专利均占整个专

---

① 根据国家知识产权局局务会议审议通过的《专利申请号标准》，专利申请号用 12 位阿拉伯数字表示，包括申请年号（第 1～4 位数字）、申请种类号（第 5 位数字）和申请流水号（第 6～12 位数字）三个部分。其中专利申请号中的年号采用公元纪年。申请类号所使用数字的含义规定如下：1 表示发明型专利申请；2 表示实用型专利申请；3 表示外观设计型专利申请；8 表示进入中国国家阶段的 PCT 发明专利申请；9 表示进入中国国家阶段的 PCT 实用新型专利申请。专利申请号中的申请流水号用 7 位连续数字表示，一般按照升序使用，从 0 000 001 开始，顺序递增，直至 9 999 999，如某专利申请号为"2 008 101 198 565"，则为 2008 年申请的第 1198565 个发明型专利。

利数量的一半以上，2006年较少，2006～2010年随着外观型与实用型专利增多，发明型专利占所有专利数量比例减小，但整体数量还是呈上升趋势。[①]

由于测算的是电子信息业与制造业的技术融合程度，按照专利发明名称中涉及关键词为"信息"、"通信"、"电子"、"邮政"、"信号"、"传输"、"计算机"、"数据处理"、"网络"、"记录载体"等字样（若专利名称出现两个或两个以上字样的重复，均按其中一个字样归类）的专利分别在2002～2010年的发明型专利中检索出2335条，详见表3-3。

表3-3　专利发明名称涉及电子信息业的专利总数　　　（单位：项）

项目	2002年	2003年	2004年	2005年	2006年	2007年	2008年	2009年	2010年
信息	50	47	29	27	40	68	196	132	201
通信	15	10	1	1	0	1	1	2	3
电子	8	29	34	29	30	28	12	36	48
邮政	0	0	0	0	0	0	0	1	1
信号	19	31	36	33	23	19	22	26	50
传输	49	17	1	9	11	13	23	21	35
计算机	7	6	6	5	9	6	8	7	8
数据处理	0	1	1	1	0	1	0	1	2
网络	0	1	0	1	0	13	14	17	28
记录载体	67	46	15	25	53	87	159	87	135
合计	215	188	123	131	166	236	435	330	511

资料来源：2002～2010年《专利实施许可合同备案专栏信息表》整理所得

由上表可见，"信息"、"电子"、"记录载体"在历年的占有比重较大，"邮政"、"通信"、"数据处理"等占有比重较小，从整体数量来看，除2009年外，2004～2010年数据呈上升趋势，由此表明电子信息业发明型专利在逐年增多。

2. 技术正向融合系数

所谓两个产业间技术正向融合系数，就是当产业A的发明技术应用于产业B时，是产业A向产业B的正向融合。产业A的专利应用于产业B的数量与产业A专利总数量的比值为产业A技术渗透融合到产业B的程度，即产业A的技术正向融合系数，用公式的表达就是：

[①] 部分年份，如2003～2005年，大部分申请专利号标注为国际上各国专利代码，故参考专利文献部严笑卫、霍庆云的《各国专利申请号的新变化》和《各国专利申请号新千年的新变化（续）》两篇文献筛选出各国专利代码中的发明型专利。

$$\text{产业 A 的技术正向融合系数} = \frac{\text{产业 A 专利应用于产业 B 的数量}}{\text{产业 A 专利总数}}$$

我们将电子信息业的发明专利应用于制造业的解释为电子信息技术向制造业的正向融合,其数量与电子信息业发明型技术专利数量的比值为技术渗透融合到制造业的程度,即正向融合系数,即

$$\text{电子信息业技术正向融合系数} = \frac{\text{电子信息业发明型专利应用于制造业企业数量}}{\text{电子信息业发明型专利总数}}$$

由表 3-3,我们已经通过 10 个关键词统计出电子信息业发明型技术专利的数量,那么,要统计这些专利中有多少专利是应用于制造业企业当中的,就要通过这些专利对应的受让人信息栏中的信息进行逐一筛选。

这些受让人均是各种有限公司,专利与受让人间呈现两种关系:第一种是一个专利受让于一个公司;第二种是多个专利受让于一个公司。我们可以通过这些公司的名称查询到它们的主营业务,主要产品以及主要研究方向等信息,对每一个受让人(即公司)的详细资料进行查询整理后,再由这些资料筛选出主营业务为生产制造,主要产品为研发生产制造产品的公司。筛选结果详见表 3-4。

表 3-4 电子信息业发明技术专利应用于制造业企业数　　(单位:家)

项目	2002 年	2003 年	2004 年	2005 年	2006 年	2007 年	2008 年	2009 年	2010 年
电子信息发明技术专利中属于制造业的受让人	177	156	102	93	127	204	381	278	435

资料来源:2002~2010 年《专利实施许可合同备案专栏信息表》数据整理

结合表 3-3、表 3-4 以及电子信息业技术正向融合系数公式,计算出电子信息业向制造业的技术正向融合系数,详见表 3-5。

表 3-5 电子信息业向制造业的技术正向融合系数

项目	2002 年	2003 年	2004 年	2005 年	2006 年	2007 年	2008 年	2009 年	2010 年
电子信息业发明型专利应用于制造业/项	177	156	102	93	127	204	381	278	435
电子信息发明型专利/项	215	188	123	131	166	236	435	330	511
电子信息业技术正向融合系数(比值)	0.823	0.830	0.829	0.710	0.765	0.864	0.876	0.842	0.851

从表 3-5 中结果可以看出:电子信息业向制造业的技术正向融合系数除 2005 与 2006 年之外,都在 0.8 以上,说明信息技术对制造业的正向融合明显,且融合程度较高,并在 2005 年后呈现逐年上升趋势,这也在一定程度上证明了信息潮流下,高新技术对传统制造业渗透融合趋势的日益递增。

3. 技术反向融合系数

相对于技术的正向融合，反向融合所表示的是产业 A 的技术由产业 B 的企业所发明，即产业 A 向产业 B 反向融合。产业 A 的专利由产业 B 的企业发明的数量与产业 A 专利总数量的比值为产业 B 技术渗透融合到产业 A 的程度，即产业 A 的反向融合系数，用公式表达就是：

$$产业 A 的技术反向融合系数 = \frac{产业 A 专利由产业 B 发明的数量}{产业 A 专利总数}$$

结合电子信息业与制造业，电子信息业的发明专利由制造业的企业发明解释为电子信息技术的反向融合，其数量与电子信息业发明型技术专利数量的比值为反向融合系数，即

$$电子信息业技术反向融合系数 = \frac{电子信息业发明型专利由制造业企业发明的数量}{电子信息业发明型专利总数}$$

在计算技术正向融合系数时，已经算得 2002~2010 年的电子信息业发明专利总数。统计这些专利中有多少专利是由制造业企业所发明，就要通过这些专利对应的让与人信息栏中的信息进行逐一筛选。

在分别整理这 9 年的让与人信息时发现，让与人与受让人的一个重要区别在于：受让人均为公司，而让与人既有个人、学校、研究所，还有公司。由于我们要找的是在这些让与人当中哪些属于制造业企业或公司，因而我们可以首先将学校排除在外，其次，个人的信息也要进行查询分类，可根据让与人为个人的该条专利信息的专利申请号在国家知识专利局的官方网站[①]进行专利检索，大部分专利的检索结果中可通过地址[②]一栏明确让与人所在的是公司还是学校，如果是学校可排除，如果是公司则保留。对每一个让与人（即研究所、公司）的详细资料进行查询整理后，再由这些资料筛选出主营业务为生产制造，主要产品为研发生产制造产品的研究所及公司。筛选结果详见表 3-6。

表 3-6　电子信息业发明技术专利由制造业企业发明数　（单位：项）

项目	2002 年	2003 年	2004 年	2005 年	2006 年	2007 年	2008 年	2009 年	2010 年
电子信息发明技术专利中属于制造业的让与人	160	134	97	89	108	193	359	266	423

资料来源：根据 2002~2010 年《专利实施许可合同备案专栏信息表》数据整理

结合表 3-3、表 3-6 以及电子信息业技术反向融合系数公式，计算出电子信

[①] 国家知识专利局的官方网站（http://www.sipo.gov.cn）。
[②] 若地址一栏注明的地址不明确，该条专利排除。

息业技术向制造业反向融合系数，详见表3-7。

表3-7 电子信息业向制造业的技术反向融合系数

项目	2002年	2003年	2004年	2005年	2006年	2007年	2008年	2009年	2010年
电子信息业发明型专利由制造业发明/项	160	134	97	89	108	193	359	266	423
电子信息发明型专利/项	215	188	123	131	166	236	435	330	511
电子信息业技术反向融合系数（比值）	0.744	0.713	0.789	0.679	0.651	0.818	0.825	0.806	0.828

从表中结果可以看出：比较电子信息业技术正向融合而言，电子信息业技术反向融合系数较低，一定程度上反映了制造业企业的研发水平。2002~2010年整体呈上升趋势，一方面说明电子信息技术反向融合受到电子信息技术正向融合的影响，另一方面也说明制造业企业在信息技术渗透融合的趋势下加大了企业内部对高新技术研发的投入。

4. 电子信息业与制造业的技术融合度

技术—产业关联的强弱是产业融合度的决定因素，如果一个产业的核心技术具有对其他产业很强的关联，则这一产业与其他产业融合的程度也就越高，反之，产业就容易衰退或被替代。上文我们分别对电子信息业的技术正向融合系数和技术反向融合系数的进行了测算，两组数据进行曲线图比较见图3-6。

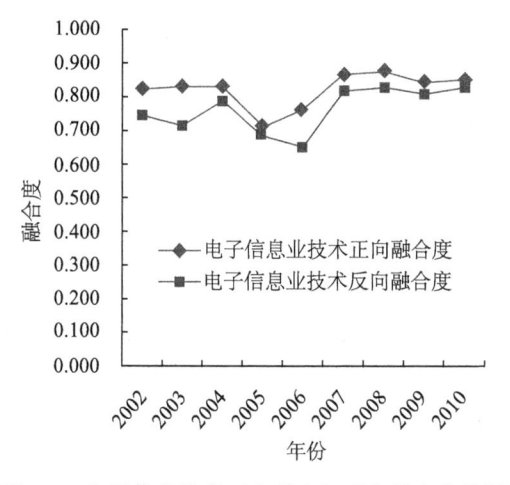

图3-6 电子信息技术正向融合与反向融合曲线图

比较图 3-6，两条曲线的发展大致相同，分别在 2005 年和 2006 年最低，由于这两年专利申请数目总体较少因而对融合系数有一定的影响。两条曲线在 2006 年后均呈现上升趋势，到 2010 年比例基本协调一致，说明了电子信息业与制造业之间相互技术融合逐步均衡。总体而言，电子信息业的技术正向融合度较其技术反向融合度较高，说明电子信息技术渗透到制造业的程度较高。

电子信息业与制造业的技术正向融合系数是电子信息技术向制造业投入的专利份额；电子信息业与制造业的技术反向融合系数则是电子信息技术由制造业产出的专利份额。Fai 和 von Tunzelmann（2001）的专利系数法在计算各个行业所占的专利份额后，运用计量经济学分析方法分别检验电子信息业与制造业间的专利份额的相关系数，以相关系数代表融合系数，从相关系数的变化趋势去判断两产业间的产业融合程度。

本书将运用统计学中简单线性相关系数来测算相关程度。相关系数是测度变量之间关系密切程度的量。对两个变量之间线性相关程度称为简单相关系数。本书相关系数是根据样本数据计算的，称为样本相关系数，记为 r。相关系数定义公式为

$$r = \frac{\sigma_{xy}^2}{\sigma_x \sigma_y}$$

式中，$\sigma_{xy}^2 = [\sum(x-\bar{x})(y-\bar{y})]/n$，称为协方差；$\sigma_x$ 与 σ_y 分别为变量 x 与 y 的标准差。所以，相关系数也可以写成如下形式：

$$r = \frac{\sum(x-\bar{x})(y-\bar{y})}{\sqrt{\sum(x-\bar{x})^2 \cdot \sum(y-\bar{y})^2}}$$

相关系数所衡量的是两个变量线性相关程度，即衡量电子信息业技术应用于制造业数列与电子信息业技术由制造业发明数列的相关程度。以 2010 年数据为例计算两组数据间的相关系数。

由上面的方法算得 2010 年的两组数据：电子信息业发明型专利应用于制造业总数为 435 项，电子信息业发明型专利由制造业发明总数为 423 项。在这两组数据中，结合每项专利具体信息，受让人和让与人均根据制造企业或公司主营业务、所属行业等，按照国家统计局《国民经济行业分类》中制造业（GB/T4754—2002）行业分类标准进行分类，集中将受让人和让与人分为六大类及五中类，共 11 类。分别计算分行业后各行业的正向融合系数和反向融合系数，即分别除以电子信息发明型专利总数（2010 年总数为 511 项）。计算结果具体见表 3-8。

表 3-8 2010 年电子信息业与制造业技术融合系数

按制造业行业分类	电子信息发明技术专利应用于制造业受让人	各行业正向融合系数（X）	电子信息发明技术专利中属于制造业让与人	各行业反向融合系数（Y）
印刷业和记录媒介的复制	20	0.039 14	15	0.029 35
通用设备制造业	41	0.080 23	35	0.068 49
专用设备制造业	38	0.074 36	37	0.072 41
电气机械及器材制造业	30	0.058 71	13	0.025 44
通信设备制造	38	0.074 36	76	0.148 73
广播电视设备制造	61	0.119 37	54	0.105 68
电子计算机制造	22	0.043 05	42	0.082 19
家用视听设备制造	86	0.168 30	52	0.101 76
其他电子设备制造	54	0.105 68	60	0.117 42
仪器仪表及文化、办公用机械制造业	34	0.066 54	24	0.046 97
工艺品及其他制造业	11	0.021 53	15	0.029 35
总计	435	0.851	423	0.828
技术融合系数	0.595 37			

根据公式，运用 EXCEL 表格统计函数 CORREL 计算上表中 X 与 Y 两列数据的相关系数为 0.595 37，说明二者之间存在正线性相关关系，即 2010 年电子信息业与制造业技术融合度为 0.595 37。以同样的方法将 2002～2009 年让与人 X 与受让人 Y 进行分类并计算两列数据间的相关系数，计算结果见表 3-9。

表 3-9 2002～2010 年电子信息业与制造业技术融合度

项目	2002 年	2003 年	2004 年	2005 年	2006 年	2007 年	2008 年	2009 年	2010 年
电子信息业与制造业技术融合度	0.499	0.486	0.479	0.466	0.471	0.510	0.544	0.554	0.595

从表中可以看出，电子信息业与制造业的技术融合度的系数均显著为正，数值集中在 0.4～0.6，2002～2010 年整体呈现缓慢增长趋势，说明了电子信息业与制造业间的技术融合程度在逐渐加深。

由于信息产业和制造业的发展水平分别反映和代表了一国信息化和工业化的发展程度，因此，我国推进信息化与工业化的融合首先应促进信息产业与制造业的融合，用信息产业的先进技术、理念和管理模式推动制造业的分解和重构，实现新的产品、业务、市场以推进产业发展。由 2002～2010 年信息产业与制造业技术融合程度趋势来看，虽然技术融合程度不高，中国信息产业与制造业融合整体上也处于中度融合阶段，符合在我国推进信息化与工业化融合政策下呈现的实际发展状况。

3.3.2 技术融合与产业结构优化升级的关联分析

1. 研究方法和数据来源

产业间技术融合能否推动产业结构优化升级？产业间技术融合程度对产业结构优化升级的影响如何？根据电子信息产业与制造业技术融合度的测算结果和研究相关性诸多方法优劣性的分析，我们筛选出了比较分析技术融合度对产业结构优化升级影响程度的"灰色关联分析法"。该方法不需要太多数据，在不完全信息中，却能较好地描述和确定因素之间的关联程度，从而找出引起该系统发展的主要因素和次要因素，以分析和确定各因素的影响程度，从而促进和引导系统迅速有效地发展。正因为如此，这一方法虽创立时间不长，但已在国内外许多工程领域和经济决策分析中得到重要应用。

我们对技术融合程度对产业结构优化升级的影响的分析，主要选取电子信息业与制造业的技术融合度及产业结构优化升级的三个指标，分别是制造业结构度（高技术产业增加值/制造业增加值）、工业结构度（制造业增加值/工业增加值）、三次产业结构度（第三产业增加值/GDP）2002~2008年的数据。本书所采用的数据，电子信息业与制造业技术融合程度由3.3.1节算得结果，产业结构优化升级的指标数据，主要来源于国家统计局编辑出版的《中国统计年鉴》（2000~2010年）、《中国高技术统计年鉴》（2000~2010年）、《中国工业经济统计年鉴》（2000~2009年）以及国家统计局科技统计网站。为了使计算结果具有可比性，涉及产业之间的比较数据一般采用当年价。

2. 模型的建立

为了将电子信息产业与制造业的技术融合对产业结构优化升级程度进行比较，我们将采用产业结构优化升级的三个指标作为比较数列 X_i，分别是制造业结构度（高技术产业增加值/制造业增加值）、工业结构度（制造业增加值/工业增加值）、三次产业结构度（第三产业增加值/GDP）；采用2002~2008年电子信息产业与制造业技术融合程度 X_0 作为参考数列，建立灰色系统关联模型，分析信息产业与制造业技术融合度与产业结构优化升级的相关性，从而比较分析产业技术融合度对产业结构优化升级的带动作用，并对产业技术融合对产业结构优化升级指标中制造业结构升级、工业结构升级以及三次产业结构升级的带动作用程度

进行比较。具体定义为

$$X_0 = \{X_0(t), t = 1, 2, \cdots, n\}$$

$$X_i = \{X_i(t), t = 1, 2, \cdots, n\}, \quad i = 1, 2, \cdots, m$$

式中，n 为参考数列及比较数列的长度；m 为比较数列的个数及所选取因变量的数量。

由于系统中各因素的物理意义不同，数据的量纲也不一定相同，为了便于比较分析，保证各因素具有等效性和同序性，本书拟采用初值化方法对原始数据进行无量纲化和统一化。初值化方法可使得各个数列所对应的曲线有一个公共交点，便于各因素的比较和分析，即同一数列的所有数据，均除以第一个数据所得的新数列。将技术融合度 X_0 与产业结构优化升级 X_i 分别除以 $X_0(1)$ 和 $X_i(1)$，从而得到新的一组数列：

$$X_0 = \left\{ \frac{X_0(t)}{X_0(1)}, \quad t = 1, 2, \cdots, n \right.$$

$$X_i = \left\{ \frac{X_i(t)}{X_i(1)}, \quad t = 1, 2, \cdots, n, \quad i = 1, 2, \cdots, m \right.$$

关联程度实质上是数列曲线间几何形状的差别程度。因此曲线间差值的大小可作为关联程度的衡量尺度。对于一个参考数列 X_0（无量纲化处理后的值）有若干个比较数列 $X_1, X_2, \cdots, X_n$（无量纲化处理后的值），各比较数列与参考数列在各个时刻（即曲线中的各点）的关联系数 $\xi_i(j)$ 可由下列公式算出：

$$\xi_i(j) = \frac{\min_i \min_j |X_0(j) - X_i(j)| + \rho \max_i \max_j |X_0(j) - X_i(j)|}{|X_0(j) - X_i(j)| + \rho \max_i \max_j |X_0(j) - X_i(j)|}$$

式中，$\min_i \min_j |X_0(j) - X_i(j)|$ 是第二级最小差。$\max_i \max_j |X_0(j) - X_i(j)|$ 是两级最大差。$|X_0(j) - X_i(j)|$ 为各比较数列 X_i 曲线上的每一个点与参考数列 X_0 曲线上的每一个点的绝对差值。其中 ρ 为分辨系数，其作用是提高关联系数之间的差异显著性，$0 < \rho < 1$，在本书中，ρ 取 0.5，由此得到 X_0 和 X_i 的关联度为

$$r_i = \frac{1}{n} \sum_{j=1}^{n} \xi(j), \quad i = 1, 2, \cdots, m$$

为准确评价各被比较数列对参考数列的关联程度，需将关联度以大小排序，称关联序。对关联度 r_i 进行排序，反映了对参考数列来说各被比较数列的"优劣"关系。

3. 计算结果

电子信息业与制造业技术融合度与产业结构优化升级的相关性。本书采用 2002~2008 年电子信息业与制造业技术融合度作参考数列 X_0（表 3-10）。

表 3-10 2002~2008 年电子信息业与制造业产业技术融合度

项目	2002 年	2003 年	2004 年	2005 年	2006 年	2007 年	2008 年
电子信息业与制造业技术融合度 X_0	0.499	0.486	0.479	0.466	0.471	0.510	0.544

产业结构优化升级表现为产业结构不断从低层次结构向高层次结构演进的过程，即所谓的产业结构高级化过程。本书采用产业结构优化升级的三个指标 X_i，分别是制造业的结构度（X_1），工业的结构度（X_2），三次产业结构度（X_3）。按照 2002~2008 年的数据作为样本空间。比较数列所用数据取自于《中国统计年鉴》、《中国高技术统计年鉴》以及《中国工业经济统计年鉴》。整理后见表 3-11。

表 3-11 产业结构优化升级三指标增加值及比重　　（单位：亿元）

年份	2002	2003	2004	2005	2006	2007	2008
高技术产业增加值	3 769	5 034	6 341	8 128	10 056	11 849	13 505
制造业增加值	26 313.0	37 176.7	51 748.5	60 118.0	71 212.9	87 465.0	102 539.5
工业增加值	32 994.8	46 952.2	65 210.0	77 230.8	91 310.9	110 534.9	130 260.2
第三产业增加值	36 074.9	39 188.0	64 561.3	74 919.3	88 554.9	111 351.9	131 339.9
GDP	105 172.3	117 390.2	159 878.3	184 937.4	216 314.4	265 810.3	314 045.4
高技术产业增加值占制造业增加值比重（当年价计算）X_1	0.143	0.135	0.123	0.135	0.141	0.135	0.132
制造业增加值占工业增加值比重（当年价计算）X_2	0.797	0.792	0.794	0.778	0.780	0.791	0.787
第三产业增加值占 GDP 比重（当年价计算）X_3	0.343	0.334	0.404	0.405	0.409	0.419	0.418

资料来源：根据《中国统计年鉴》、《中国高技术统计年鉴》、《中国工业经济统计年鉴》整理所得。

利用上述模型和表 3-10、表 3-11 数据，经过一系列计算后，得到各产业所构成的比较数列与参考数列的关联系数，见表 3-12。

表 3-12 电子信息业与制造业技术融合与产业结构升级关联系数列表

年份	ξ_1	ξ_2	ξ_3
2002	1	1	1
2003	0.939 174	0.962 738	0.999 693
2004	0.822 24	0.933 65	0.736 57

续表

年份	ξ_1	ξ_2	ξ_3
2005	0.978 402	0.923 565	0.711 651
2006	0.916 361	0.936 273	0.710 289
2007	0.855 451	0.333 333	0.753 319
2008	0.333 333	0.339 89	0.333 333
关联系数和 $\sum_{j=1}^{n}\xi(j)$	5.844 961	5.429 449	5.244 855

根据表 3-12 数据，计算关联度以大小排序，见表 3-13。

表 3-13 关联度数值及排序

关联系数平均 $r_i = \frac{1}{n}\sum_{j=1}^{n}\xi(j)$	r_1	0.834 994
	r_2	0.775 636
	r_3	0.749 265

由表 3-13 可见灰色关联分析结果：技术融合度与产业结构升级的第一个指标，制造业结构度的关联度最高，关联度为 0.834 994，说明电子信息业与制造业的技术融合对制造业的结构优化升级最优，其次是与工业结构度的关联度 0.775 636，关联度最弱的是与三次产业结构度的关联度为 0.749 265。

3.3.3 结果分析

1. 电子信息业与制造业技术融合是促进制造业结构升级的重要因素

根据分析结果，电子信息业与制造业技术融合与制造业结构升级关联度最高。这说明技术融合对制造业结构升级的促进作用较大。信息产业与制造业技术融合对制造业结构优化升级的作用机制主要表现在：一是信息产业能够利用信息技术的渗透及扩散作用，促进制造业中相关行业产品升级换代和技术升级，由此对整个制造业结构起到了结构性的优化作用。例如，在产业发展中，信息技术首先与制造业的机械、电力、汽车等产业发生技术融合，机械与电子产业的融合形成了机械电子产业，通过技术的创新获得了新的增长力，使得传统的机械产业摆脱了衰退的命运，新产品电子信息化。二是制造业发展过程中出现的模块分工渐渐替代了以前的水平分工和垂直分工，复杂产品在不同系统、区域、专业或单位完成生产过程中需要解决分散化主体之间物流控制和协同作业等问题，解决这些问题需要融合信息产业的先进技术，加大对适应制造业发展的信息技术的研发。这种技术融合也正是制造业发展乃至其结构优化升级所迫切需要的。

2. 电子信息业与制造业技术融合对促进三次产业结构升级的间接影响

三次产业结构度衡量的指标是第三产业增加值占 GDP 的比重。从结果来看，电子信息业与制造业的技术融合对三次产业结构的作用最弱，这是由于电子信息业与制造业之间技术融合更多发生在第二产业内部，相比较下对制造业以及工业结构升级作用更明显。然而电子信息业与制造业技术融合后的新产品以及新业务能够带动相配套的产品与业务服务的产生，促使电子信息技术制造业与服务业的产品与业务融合，进而拉动第三产业产值增长，提高三次产业结构优化升级。

3.4 高技术产业融合成长的路径

高技术产业和传统产业之间的互相渗透和融合，打破了高技术产业和传统产业的边界，出现了相互交叉和部分重叠，形成了一种与以往完全不同的新型产业。这种新型产业不是原有产业的简单组合或者归并，也不是对原有的若干产业的简单替代，而是一种原有产业在有机整合基础上的重新分工。

由于这种新产业打破了高技术产业与传统产业的边界，因而兼有了高技术产业和传统产业的优势，成为产业发展的新动力。这种新产业并不是"混合物"而是化合物，具有自己特殊的性质，因此也可以称之为交叉产业和边缘产业。

从微观上看，这种融合导致了许多新产品与新服务的出现，开辟了新的市场，使得更多的新参与者进入，塑造了新的市场结构；促进了资源的整合，带来了就业的增加和人力资本的发展。在中观上看，融合将会带来巨大的增长效应，将导致产业发展的基础、产业之间的关联、产业结构的演变、产业组织形态和产业区域布局等方面的根本变化。

产业融合使得原本分立的产业价值链部分或者全部实现融合。新的价值链节点处融合了两个或多个产业的价值，与原产业相比，融合产业不仅具有更高的附加值与更大的利润空间，而且为消费者创造了更多、更方便、价值更高的产品或服务，对产业组织、产业结构、产业管理、产业技术以及资源配置产生了较大的影响，从而带动了产业的加速成长。对高技术产业而言，其本身具备的高成长性、高创新性和高关联性的特性，加上产业融合形成的复合经济效应，使得以融合方式成长成为高技术产业成长的重要路径之一。高技术产业融合形成的复合经济效应使得高技术产业可以获得巨大的增值潜力，随着数字化技术创新和技术融合的深入，可以派生出极高的产业成长速度。美国信息产业内部的相互融合和信息产业对传统产业的融合，使其经济贡献率在 20 世纪后五年平均达 33% 以上，给美国"新经济"带来了巨大的增长效应。高技术产业融合的复合经济效应体现在：首先，产业融合过程中的竞争协同，节约了交易成本，促进了有效竞争，打破了产业界限，促进了产业组织的优化。其次，产业融合催生了大量融合型新产品新服务，培育了融合型新产业的出现和成长，创造了新的市场需求，拉动了产业成长，拓宽了产业发展的空间。再次，产业融合推动了产业创新和产业素质提升，从而促进了产业结构的升级和转换，深化了主导性高技术产业的关联带动效应，有助于经济的持续高效增长。最后，产业融合给产业发展与经济增长带来了新的动力，提升了产业竞争力和竞争优势，促进产业高速成长。

产业以融合方式成长，已日益成为发达国家企业和产业成长的一种重要趋势。高技术产业通过技术渗透、产业交叉和产业重组等横向产业关联扩张方式，与其他产业融合，并产生融合的复合经济效应，相对于规模经济和范围经济而言，是产业创新和融合拓展，促进了产业成长，形成产业新的增长点。

产业融合使得产业边界变得模糊化，产业打破分立状态，在产业边界处不断催生出新的产业业态。通过产业渗透、产业交叉、产业重组等融合方式实现高技术产业之间以及与其他产业的融合，在产业融合的条件下，通过高技术的扩散作用，影响和改变高技术产业本身以及其他产业产品生产特点、市场竞争状态以及价值创造过程，从而影响到产业的竞争力，产生巨大的增长效应。

高技术产业融合成长实质上是产业创新，即通过产业渗透、产业重组和产业交叉的方式实现技术融合、业务融合以及市场融合的产业创新过程。首先，高技术产业通过产业交叉、渗透和重组，形成融合型新产业，这是产业形态的创新；其次，融合改变了产业间的关联关系，形成横向产业联系，横向产业间形成新的竞争协同关系，这是产业组织的创新；最后，融合改变了传统产业的分立格局，产业边界模糊，使产业结构柔性化，这是产业结构的创新。产业形态的创新、产业组织的创新和产业结构的创新拓展了高技术产业成长的空间，从而实现了高技术产业的融合成长。产业融合成长的整个过程体现了产业创新过程的演化轨迹。

高技术产业融合成长的路径见图 3-7。

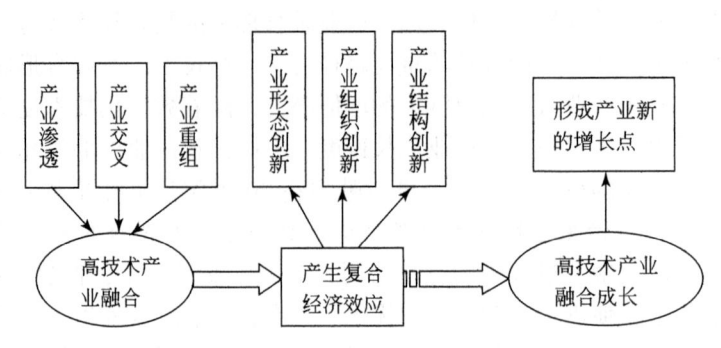

图 3-7 高技术产业融合成长的路径

第4章

高技术产业与农业融合：以生物农业为例

前文分析了高技术产业融合机制与融合成长路径，探讨了高技术产业融合的激励机制、动力机制和过程机制，分析了高技术产业融合的复合经济效应，实证分析了技术融合的产业结构优化升级效应，揭示了高技术产业融合成长的路径，为下面三章探索高技术产业与农业、制造业、服务业的融合成长奠定了理论基础。本章探讨高技术产业与农业的融合，主要以生物技术产业与农业融合形成的新型产业——生物农业为例来进行分析。

4.1 生物技术产业的发展及其特点

以高技术为代表的现代高科技企业在经济的发展中占有越来越重要的地位，而作为世界经济发展的新的增长点之一，生物技术产业已经成为了新经济增长的重要推动力。生物技术产业是关系国计民生的战略性高技术产业，21世纪是生命科学和生物技术的世纪。工业革命之后的生物技术革命正日益显示出强大、高效、经济与生态和谐的特点，体现和代表着可持续发展的方向。

4.1.1 生物技术产业的定义

对生物技术产业定义的关键涉及对生物技术的理解。目前，国际上对生物技术的定义比较多样，如《生物安全》对生物技术的定义是"以现代生命科学理论为基础，利用生物体及其细胞的、亚细胞的和分子的组成部分，结合工程学、信息学等开展研究及制造产品，或改造动物、植物、微生物等并使其具有所希望的品质、特性的综合技术体系"；美国生物技术工业组织（BIO）对生物技术的定义为"利用细胞的和分子的处理去解决问题和制造产品，是相关技术的集成"；《生物多样性公约》对生物技术的定义是"利用生物系统、活生物体或者其衍生物为特定用途而生产或改变产品的技术应用"；世界经济与合作组织（OECD）对生物技术的定义是"将科学与技术应用于生物有机体及其部分、产物、模型以改变生物及非生物材料而创造知识产品以及服务"。在此定义下，OECD又将生物技术的内容涵盖为DNA（译码）、蛋白质和分子（功能团）、细胞及组织培养和工程、生物处理、亚细胞。

简单地说，生物技术产业是由生物技术在国民经济中的应用形成的产业活动。国家统计局将产业定义为同类生产经营活动单位的集合。国家发改委出版的《中国生物技术产业发展报告》以OECD和国家统计局的定义为依据，将生物技术产业定义为"将科学与技术应用于生物有机体及其部分、产物、模型以改变生物及非生物材料而创造知识产品以及服务的同类生产经营活动单位的集合"。本书采用这一定义。

按照生物技术产业存在的不同层次和方向，可以将生物技术产业分为传统生物技术产业和现代生物技术产业两大类。传统的生物技术产业是以人类长期以来在生产中实践并且总结经验的过程中发明创造的生物技术为基础的产业，运用传统工艺对动物、植物、微生物等进行加工处理，制造市场可流通商品的经济实体的总和，如传统的自然农业、酿酒、面包发酵以及酱醋的制造，生产工艺过程简单；而现代生物技术产业则是指以现代生物工程技术为纽带而形成的产业，是目前科学研究和产业化的热点领域，包括基因工程、细胞工程、酶工程、发酵工程。其领域主要是医药生物技术（包括生物技术药物、疫苗、血液制品、生化药物、诊断试剂、抗生素等）、农业生物技术（包括转基因农作物、现代育种和超级杂交水稻、植物组织培养、生物农药、饲料添加剂、兽用疫苗等）、工业生物技术（氨基酸、发酵有机酸、酶制剂）和其他技术形成的产业（品），如天然药物、保健品、环保产业、生物能源、生物材料和组织器官工程等。

自 20 世纪 70 年代发展起来的现代生物技术又称为生物工程（bioengineering），是指按照预先的设计，运用现代生命科学、工程学以及其他基础学科的知识，对生物进行控制和改造，或者模拟生物及其功能的高新技术，其核心是基因工程、细胞工程、酶工程、发酵工程及蛋白质工程。

从经济学的意义上讲，产业是指提供相同（或相近）产品（服务）或者具有相同的生产工艺过程的同一类企业的总称。生物技术的产业化和规模化经营形成了生物技术产业，生物技术产业作为一个新兴的产业，特别是近些年来以基因工程为基础的高技术生物产业发展非常迅猛。

生物技术科学仍然是一门年轻的学科，还存在着许多未知的领域和难以想象的发展空间。随着生物技术的发展，现代生物技术产业所涉及的领域会越来越宽，其含义也会更加丰富。在目前所知的范围内，现代生物技术可以广泛应用于农业、医药、轻工食品、新材料制造、能源、环保、海洋、信息等领域。在研究生物技术产业的发展时，重点在于现代生物技术产业，本书所指的生物技术产业就是现代生物技术产业，属于高技术产业领域。

4.1.2　生物技术产业发展的意义

人类社会的发展经历了漫长的狩猎与采集经济时代和农业经济时代，以及于 1760 年开始、到 20 世纪中叶在英国率先完成的工业经济时代，目前正处于信息经济时代的成熟阶段。以 1953 年 DNA 双螺旋结构的发现和 2000 年人类基因组的破译完成作为标志，人类社会进入了生物经济时代的孕育和成长阶段，预计将会在 21 世纪 20 年代迈入成熟阶段，即步入真正的生物经济时代（The Bioec Era）。在 21 世纪 20 年代之前人口将继续增加，在目前城乡环境负荷加大、整体质量下降，以及化石能源濒临枯竭、水土资源相对减少等严酷现实的面前，上述问题的解决，无不与人类及生物自身、生物技术研究开发及其产业发展密切相关。

1998年，时任美国华盛顿特区经济趋势基金会（Foundation on Economic Trends）总裁的Rifkin发表了《生物技术世纪》，指出了信息科学和生命科学在经历了40多年的平行发展之后，正在融合为一股强有力的经济和技术力量，由此奠定了生物技术世纪的基础，并认为基因将会重塑生物技术时代（杰里米·里夫金，2000）。

1999年，美国学者理查德·奥利佛（Oliver）出版了《即将到来的生物科技时代》。他预言，生物技术的崛起可能在未来几年内把网络经济从衰落中挽救出来，从而形成一个以往任何时代的增长速率都无法比拟的发展阶段。他在书中分析到，从20世纪80年代起，美国就开始大力发展信息、网络技术，到90年代，信息、网络新产品不断问世，形成了信息网络产业，使美国经济持续10年成为世界经济的火车头。如今"新经济"发展受挫，其历史使命已经完成，更新的技术将取而代之。他把这一新时代称之为"生物物质时代"（The Bio-materials Age）。

生物经济（bioeconomy）的概念最先由美国管理咨询专家斯坦·戴维斯和克里斯托弗·迈耶于2000年5月正式提出的，但他们当时并未给出一个明确的定义。上海《经济展望》杂志几乎同时提出了"生物经济"这一新的名词。

2000年，利用在美国康涅狄格大学自然资源管理与工程系和农业经济系从事访问研究的机会，邓心安等针对当时美国新经济和生物技术快速发展的浪潮、中国国内正掀起的"知识经济"热潮进行了冷静反思，提出了"谁将取代信息经济：知识经济还是生物经济"的命题。

当时对"生物经济"的理解是：生物经济是以生命科学和生物技术研究开发与应用为基础的、建立在生物技术产品和产业之上的经济，是一个与农业经济、工业经济、信息经济相对应的新的经济形态（邓心安和延吉生，2001）。其演进关系见图4-1。

2001年，时任北京大学副校长的"863"计划生物领域的专家陈章良在"中国青年创新论坛"介绍了《经济展望》杂志提出的新名词"生物经济"，并认为生物技术的发展是一个基因可以形成一个产业。他在"2001中国企业高峰会"上提出，生物技术突飞猛进的发展，将造就一大批成功的公司，生物技术是继IT产业后又一个为各国政府所重视的产业。

2002年10月，在中国农业大学召开的首届北京地区博士后"生命科学与人类进步"主题论坛上，专家们认为，生物技术的强劲发展带动了许多领域的突飞猛进，因而生物技术在许多领域又被称为"生物经济"。

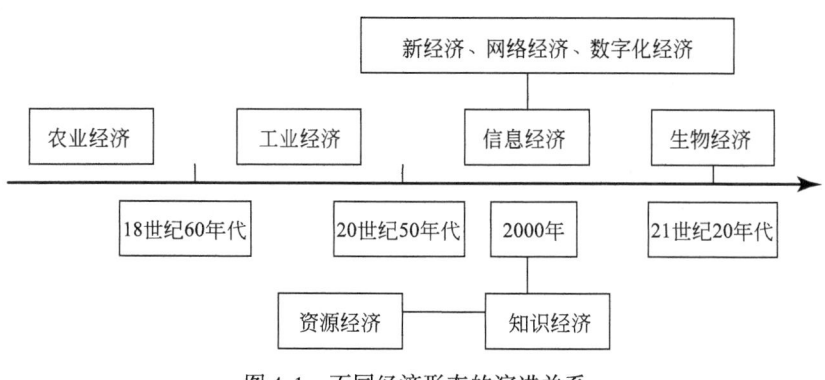

图 4-1 不同经济形态的演进关系

资料来源：邓心安和延吉生，2006

2003 年 2 月，在北京举行的由中国生物技术发展中心举办的、有众多世界一流科学家参加的"新世纪生命科学论坛"上，专家预测，生物经济必将在 21 世纪超过网络经济，在世界经济增长中占据主导地位；以生物技术产业为核心的生物经济将推动全球经济持续发展，特别是给一些资源丰富的发展中国家带来难得的发展机遇。

2004 年 7 月，在北京召开的"2004 全球华人生物科学家大会"上，中国科学院副院长陈竺认为，生命科学与生物技术对人类社会的影响可能要远远超过信息技术；当生物技术的直接产生和它间接带动的产业，能够占到 GDP 的 50% 的时候，我们就说生物经济时代到来了，并呼吁中国不能错失生物经济的发展良机。

生物经济的概念及其发展理念已经开始取得广泛共识，美国、英国、德国、日本、新加坡和中国等国家越来越意识到生物技术的重要性，世界许多国家已将生物经济发展提到了国家战略的高度。

中国于 2003 年初确定了今后生物技术及其产业发展的基本方针，即切实加强源头创新，重视集成应用，积极推进产业化，确保生物安全，实现跨越发展。为进一步加速生物技术与产业的发展，中国政府作出一系列重大决策，如决定成立"国家生物技术研究开发与促进产业化领导小组"和"中国生物技术行业协会"，并已制定《中国生物技术与产业化发展纲要（2005～2020 年）》，以明确未来 15 年生物技术与产业发展的重点和方向。

生物技术及其产业在经济社会的可持续发展中是具有先导性、战略性的产业。生物技术产业有可能解决当今人类社会所面临的资源匮乏、食品短缺、环境污染加剧、能源危机、疑难病症的治疗等诸多问题。我国是一个生物资源极为丰富的发展中国家，工业化和城市化加速的背景下出现了生态破坏、环境污染等一系列问题，生物技术产业不仅仅是支撑起中华民族伟大复兴的战略产业，也是我国加速贯彻和落实科学发展观,全面建设小康社会的一个必然选择;加快生物产业的快速发展是保障国家安全的战略措施。

国家《高技术产业发展"十一五"规划》中明确指出:要重点部署生物、信息等十大领域高技术产业化的主要任务和若干重大专项,把促进高技术产业化作为加强自主创新、提升高技术产业自主发展能力的战略突破口。生物技术产业是继信息产业之后迅速崛起的又一个高技术产业,我国在这一前沿领域中将要大力发展基因工程药物、新型疫苗与诊断试剂、化学合成新药、现代中药和生物医学工程产品的产业化,培育出具有自主知识产权的生物医药大品种,推动和引导全社会的高技术产业化。从国际发展水平看,我国在生物技术的某些方面与国际先进水平的差距只有5年,而在产业化方面的差距却达15年。因此,加快我国生物技术产业基地建设和生物科技成果转化,促进生物技术的产业化,是我国提升产业国际竞争力的重要突破口,对我国具有特殊战略意义。

4.1.3 生物技术及其产业的特点

1. 科技含量高,投资回报期较长

生物技术领衔世界科技界的最高研究水平,体现出其领导21世纪科学前进方向的特点和趋势。2000~2009年美国《科学》杂志每年的"十大科学进展"中,生物领域的比例超过了50%。生物技术之间以及与其他技术领域之间的交叉融合趋势逐渐增强,群体突破现象明显,带动了生物信息学、纳米生物等一些新学科的诞生。

20世纪90年代几项重大的具有全球性的科学计划和成果均是在生物技术领域里诞生的,比如"人类基因组计划"、"干细胞研究"、"脑科学的十年"、克隆羊和人类基因组草图绘制等。生物技术是当今世界科学研究与开发的投入与产出比率最高并且成正比的学科领域。以反映当今世界科技水平的SCI刊物论文数量为例,美国排在第一位,日本排在第二位,而英国、法国、德国、意大利、加拿大、荷兰依次占据第三位到第八位的名次。政府投入生物技术研究与开发的经费巨大。以美国为例,1992~2000年,政府机构的科技研究与开发的经费,主要是用于生命科学和生物技术,仅国立卫生研究院(NIH)就达到了200亿美元,累计增长了111%,远远超过了美国自然基金委员会(NSF)的68%、美国航空航天局(NASA)的21%、美国国防部(DOD)的11%和美国能源部(DOE)的-1%。生物技术研究与开发充分地体现出经济实力和科技研究水平同步的特点。从国家的经济实力、科技的水平、经费的投入、科学计划启动的时序、论文的产出来看,美国的生物技术研究与开发都当仁不让地处在第一位,欧盟国家紧

随其后，日本居第三。

生物技术产品的开发通常是一项高投入、高风险的工程，在投入产出方面存在着较大的变数，其研究开发的诸多环节一般都含有较高的科技含量。在研究开发与产业化的过程中，要求研究机构或者开发公司具有系统的专业知识、高素质的科研人员与工程技术人员，所需要的实验室及仪器设备应更加精良，并且需要将现代生物技术与信息等其他技术相互融合。公司把产品推向市场后，生物技术知识产权等较高的科技"门槛"准入就容易把竞争对手挡在门外，以保障公司的高额回报与长期的利润空间。以美国为例，美国生物技术产业在卫生福利部（HHS）、环保署（EPA）、FDA 和农业部（USDA）的组织管理下，经过了几十年的发展，已经成为了世界生物技术产业发展最为强劲和最为成熟的地区，一流的设施、人才、资金投入和一流的产业环境，造就了美国生物技术产业绝对领先的水平和实力，已经形成了产业发展必需的技术优势、人才优势、资金优势、政策优势、环境优势和文化优势。

2. 与纳米技术、信息技术交叉互补，对生物资源依赖性加强

随着科学技术的发展，在纳米技术、生物技术、信息技术等高技术领域开展的技术融合越来越多。信息技术领域内部不同技术，如电信技术、数据通信技术、移动通信技术、有线电视技术及计算机技术之间的相互融合是现在比较热门的话题。纳米技术与其他高技术融合出现了纳米电子技术、纳米材料技术、纳米纤维技术等纳米技术群（nano-tech）；生物技术与其他高技术融合出现了生物芯片、生物信息、生物材料、生物能源、生物光电、生物传感器等新技术领域，即生物技术群（bio-tech）。据 Godlman Sachs 最新技术报告显示，美国科技巨头 IBM、Sun、康柏和摩托罗拉等公司每家已至少与生物技术公司和调研公司达成 12 项合作意向，其中多项合作协议的内容涉及各种技术领域。在美国，下一个以融合技术为主的硅谷已初显规模，在这里已经形成了一批以推动融合技术领域研究和发展为目标的湾区研究中心和实验室，以及一批致力于纳米技术、信息技术与生物技术融合产品商业化的公司，其中有 25 家公司从事所有三种技术融合的研发与应用，39 家公司从事纳米和信息技术融合的研发与应用，36 家公司从事生物与信息技术融合的研发与应用。融合在硅谷地区已是一个现实，形成了湾区现象，并给越来越多的中小企业和新兴企业带来机遇。

生物技术与信息技术的融合是生物时代最关键的产业融合。一方面，生命科学技术的革命本身就是以信息技术为手段和前提条件的，生命技术中融入了大量的信息技术成分。没有信息技术的进步，很难设想怎样去破译生命的密码。如果没有计算机的参与，要想进行人类细胞中 30 亿碱基对的序列测定和分析也是不

可能的。如果没有计算机，人们就无法处理人体生物密码，因为人体细胞中的遗传物质包含了 10^9 个碱基对，一个细胞在显微镜下看是很小很小，但一个细胞却储存着 10^9 的信息量，如此巨大的信息量，只能通过因特网进行分布式的运算、比较和处理才能解决。人们把所发现的基因放到网上，通过网络将它送到指定的数据库中。人类基因组计划的实施加速了计算机科学与遗传学的结合。控制论是阐释不同信息之间如何相互作用进而产生可预测行为的理论，控制论的发展对如何将生命系统理解成为一个对环境进行有效反馈的整合系统也起到了关键的作用。生物信息学是目前在生物的成长阶段信息技术与生物科学联姻的结晶。DNA 计算机或者称生物计算机的设想与潜能，更能够展现出生物经济成熟阶段信息科学与生物科学结合与交叉互补的前景。

另一方面，生命科学产业与信息技术产业的融合，模糊了生物、电子和信息产业的界限。基因芯片就是基因技术、计算机技术和网络技术结合的产物，它能通过计算机把基因语言翻译成能读懂的信息，从而使医生能够对疾病作出准确的判断；它还可以将基因芯片植入人体的脑内、手臂内等并与网络连接，不仅可以传递各种网络信息，而且还可以增强记忆力，刺激人的神经，控制人的行为。科学研究还将半导体装配技术和生物化学结合起来，用活性有机物制造独一无二的电子装置和传感器，一个科学研究小组已将神经网络和 10 个膜传感器联系起来，发现生产实验机器的气味，以测试香水和发现隐性炸药。技术融合可以通过改进生产技术和工艺流程，降低企业的成本、提高产品质量、降低价格，为消费者带来巨大的收益。以制药产业为例，人类基因组计划、药物研究及临床试验的高昂成本一直是制药企业的关键问题。据美国技术评估局估计，向市场推出一种新药需要耗费约 3.59 亿美元，周期长达 20 年。而生物信息技术将技术先进、功能强大的计算机技术应用于新药研制过程中，使制药产业的面貌发生了巨大的变化，越来越多的新药频繁面世，而药品价格却不断下降。

在信息技术的推动下，许多生物过程将能够数字化（digitizing）。目前，信息的表现方式主要有四种：数字、文字、声音和图像。但是信息还会来自于各种各样的其他形式，诸如味觉、嗅觉、触摸、直觉、想象、意识或者思维，乃至"第六感觉"。对于有关味觉、嗅觉以及信息的其他表现形式的技术，虽然已经有"电子舌"一类的产品问世，但目前尚未得到充分的开发并且尚未商业化。到 21 世纪 20 年代，开发信息的多种表现形式的许多设想都有可能会变成现实。

基因（gene）是一段可以编码而且具有某种生物学功能物质的核苷酸序列，是控制生物遗传性状的基本遗传单位。以目前的观点和近期的技术来看，基因是从生物资源中"发现"而非"发明"的。因而从理论上讲，谁拥有了生物资源，谁就会拥有更坚实的生物技术产品开发的物质基础。农业经济时代对生物资源的依赖主要是局限于外在层面（器官、组织、成分等）的初级利用；在生物经济时代，对生物资源的依赖主要是体现在基因层面的深层利用；工业经济时代和信息经济时代对生物资源的依赖性则相对较弱。

3. 产品多样化与产业多元化

新的基因育种技术，可以培育抗虫、抗病农作物，可以生产出转基因食品；基因可以改良新动物，培养出转基因动物，可以用于药品的生产，人们还可以进行基因食品、基因医药的生产，等等。随着人类的健康正从治疗为本转为保健为本，基因科学的发展使得行业间相互融合的趋势日益加强。

"生物技术通用性强"是生物技术产业的特点之一，而所谓生物技术的通用性，是指这些技术如基因组技术、克隆、干细胞技术等，在不同的动物、植物与微生物方面都可以通用（王宏广，2003）。因此，生物技术产品与产业的内容，不仅涉及常规农业系统，而且还涉及食品、营养、健康医疗、环境、生态、资源、能源和新材料等众多领域。由于深入到了基因层面，产品与产业的多元化明显，产品的人性化和个性化突出。

产品的多样化，指的是从传统的农业产品到运用现代生物技术来生产与加工的产品，如功能食品、生物疫苗、生物能源、基因产品。产业的多元化，指的是除农业等传统的三次产业外，还增添了许多与"非农"交叉的新型产业，如基因美容、农业疗养、特色农业旅游等。

同时，由于生物技术涉及人体本身及其赖以生存的环境，因而各国对其开发和应用都较为慎重，不容易出现如网络软件产品一样被大量快速复制的现象，比如克隆人及其组织器官、一些经由生物高技术处理过并且受专利保护的作物品种等。

4. 市场容量日益扩大、商业价值不断增长

生物技术及其产业已经开始创造巨大的商业价值，而这些商业价值与人类的健康、生活品质密切相关。一个功能基因，可能会造就一个产业。而一个产业对应的消费人群，即使是属于患者人群，也往往是巨大的。例如，美国一家生物制药公司出资2000万美元收购了一种可以开发减肥药的克隆基因，一年后以7000万美元转手出售。设想如果每个基因克隆都能以7000万美元出让的话，那么只要取得43个克隆基因，价值就可约达30亿美元，这相当于美国对人类基因组研究计划的拨款，证明了"一个功能基因可能会造就一个产业"的预言。在马达加斯加的热带雨林中发现的玫瑰色长春花，则是基因公司潜在商业利润的另一个生动的实例。研究人员发现这种具有独特遗传性状的稀有长春花植物，可以开发

作为药物用以治疗某些癌症，礼来制药公司（Eli Lilly）把它开发成为药物，获取了巨大的利润，仅1993年销售额就达到1.6亿美元。

美国孟山都公司是一个传统的化工企业，经过改造，目前成为一个生命科学公司，其开发出了生产塑料的基因植物，由"植物塑料工厂"生产出的塑料易被生物分解、成本低廉。杜邦公司也以生命科学产业为中心对公司的结构进行改造，投资于基因组、生物化学和生物工程的研究和开发。基因芯片的发明，可以同时分析成千上万的化合物。化学技术与转基因技术、生物信息技术等的融合，使得传统的化学化工产业获得了新的成长与发展机会。

随着人类社会的发展，生物技术产业将会蕴涵越来越大的价值。在农业经济时代乃至工业经济时代早期，人们没有多少保健意识，保健花费都很小；到了信息经济时代，人们的保健意识提高，健康医疗的市场需求急剧地上升；在生物经济时代，随着健康医疗模式的转变和人类平均寿命的延长，绿色健康的生产与生活方式将备受关注，退休后的生活年限也将会随之延长，各种保健以及对老年人的护理、医疗将会形成一个更大的市场。

由于未来生物对社会经济结构、人类的生产与生活状况的影响难以预料，我们很难预计出未来产业融合的技术平台和基础设施将起的变化。随着生命科学、遗传科学、神经网络等科学的发展，人们一定能够寻找到各产业之间紧密联系的通道，以新的技术平台取代固有的基础设施平台，从而极大地改变未来的需求特征和经济增长方式，为生命科学产业的发展提供良好的发展空间。

4.1.4 全球生物技术产业的发展格局

随着人类基因组计划的完成，基因组学、蛋白质组学、干细胞、生物芯片、克隆技术等技术不断完善，新生物技术成果的转化率也日益增多，生物技术产品层出不穷，生物技术产业将成为21世纪的支柱产业。

发达国家依托其资金与技术的优势，在20世纪80年代以来，大力地发展生物技术产业，推动了生物技术产业化的进程，生物技术产业的规模迅速扩大，正在成为新的经济增长点。生物技术及其产业化的发展正在悄然地影响并改变着传统的农业、工业和经济的性质、结构、模式以及价值取向，其范围包括农业生物技术、工业生物技术、医药生物技术、海洋生物技术和环境生物技术等，而由其引领和孕育的生物经济必然会引起全球经济格局的深刻变化以及利益结构的重大调整，生物技术将会对世界经济格局和各国的国力竞争产生极其重要的影响，并有可能促使人类的观念和生活方式等产生深刻的变革。

美国的著名经济评估和咨询研究机构安永国际（Ernst & Young）2007年全

球生物技术产业年度报告显示，2006年全球生物技术产业实现收入734亿美元，比2005年增长14%；全球生物技术公司总数已达4275家，其中上市公司710家。2008年，全球生物技术产业的市场规模约为1100亿美元，主要应用于医药和农业。其中，生物医药的市场规模约为800亿美元，占全球医药市场规模的11%（2008年全球医药市场规模为7400亿美元）；生物农业的市场规模约为150亿美元，主要是生物育种、转基因农产品、生物肥料和生物杀虫剂；生物技术在环保、食品、化工等行业的市场规模较小，但前景广阔，应用范围逐步扩大。

从生物技术产业地域分布来看，全球生物技术公司主要集中在欧美国家，占全球总数的80.56%，其销售额约占全球生物技术公司销售总额的94%。

全球生物技术产业的发展已经形成了如下基本格局：美国占据了绝对的优势，拥有世界上约一半的生物技术公司和一半的生物技术专利，产出占了全球营业收入的70%以及研发支出的70%以上；西欧和日本属于第二层次，各国政府都在调动企业、学校等资源，积极建立起强大的生物技术基础研究基地，欧洲占了全球生物技术产业20%的营业收入以及25%的研发支出；第三层次是印度、以色列、韩国、中国等国家（表4-1）。

表4-1 全球生物技术产业发展格局

生物技术产业发展层次	国家
第一层次	美国
第二层次	西欧、日本
第三层次	印度、以色列、韩国、中国等

1. 美国

美国是全球生物技术产业的发源地、世界生物技术产业的龙头。作为现代生物技术的发祥地，美国政府非常重视生物技术的基础研究，美国国会将每年的4月21~28日定为"生物科技周"。经过30多年的发展，美国已经形成了一批生物技术产业密集区，拥有领先世界的波士顿、金迭戈、旧金山、华盛顿和北卡罗来纳等五大生物产业基地，它们不仅成为地方经济的支柱，而且也是美国生物技术产业规模化的基础。截至2006年年底，美国全年生物技术产业销售总额约为555亿美元，占全球销售总额的76%；生物技术上市公司336家，占全球的47.3%。2008年，美国生物产业总收入达到760亿美元，生物技术企业1500家，其中上市公司370家。到2008年，美国生物技术产业投入的研发经费为230亿美元。美国为了确保其在生物技术产业的领先地位，建立了高层协调机制和产业组织体系，为发展生物质能源农业，规划到2020年，生物质燃料将取代10%的燃料油消费，2050年达到50%。

2. 欧盟

欧洲是全球生物技术产业的发展中心，正在全力保持生物技术产业的强势竞争力。欧盟在其第六个科研计划框架中，把"生命科学、有利于人类健康的基因组技术和生物技术"确定为七个优先发展的领域之一，并且放在了首要的位置上。2003年，欧盟委员会制定《欧洲生命科学和生物产业发展战略》，并明确指出"生物技术是下一个技术革命，是知识经济和循环经济的支柱，欧洲必须采取积极主动的政策措施"。欧盟国家已经决定在2010年以前将科研方面的投入增加到GDP的3%，1/3左右将会被指定用于生物技术研究方面。欧盟自20世纪90年代初开始，就要求成员国大力发展生物质能源，积极发展能源农业，以缓解能源供需矛盾，改善环境。按照欧盟的要求，到2020年，生物质燃料在传统燃料市场中占有20%的比例。英国是世界上第一只克隆羊"多莉"的诞生地，英国政府提出的"发展生物技术"战略报告的目标是保持生物技术位于世界第二的水平。目前，欧洲生物技术产业仅次于美国，2008年，欧洲生物技术产业的规模约为190亿美元，占据世界17%的市场份额，拥有生物技术上市公司170家。

3. 日本

日本政府为了重振日本经济，一直在酝酿着以生物技术立国的战略。2002年12月，在日本的第五次生物技术战略会议上确定了生物技术立国战略的轮廓，生物技术立国战略由三个部分组成：第一，加强研究开发，政府加大对生物技术领域研究的政策倾斜；在五年时间内生物技术科研预算将增加一倍，2006年生物技术研发经费为8800亿日元；第二，加快生物技术产业化的步伐，新药的审定时间将会由现在的5~7年缩短为3年；第三，制订国民容易理解和接受的实施计划，以确保生物技术安全并且赢得国民的信赖。日本生物技术产业结构呈现出多样化趋势，业者以食品厂商、酒类制造商、制药公司与酿制剂制造商为主，政府的目标是：在生物技术领域的预算占科研总预算的13%左右，到2010年，国内生物技术产业达到25万亿日元（约1865亿美元）的规模。

4. 印度

印度也谋求成为生物技术大国，并专门成立了"生物技术部"。印度原来在生物技术领域的研究实力比较弱，由于受到计算机软件领域巨大成功的鼓舞，印度已经在卡纳塔克邦建立了3个生物技术园区，积极地推动生物技术成果的产业化。2005年5月，印度还公布了未来十年内生物科技发展战略的草案。2003年印度在生物医学领域的销售收入为5400万美元。目前,印度已经有生物技术公司240多家,从业人员2.5万。根据印度生物技术部的专家估计,印度生物技术产品的销售额将从1999年的17.89亿美元增加到2010年的42.7亿美元。印度的合同研究机构(CRO)的DNA文库构建、基因组测序、新型农作物品种的遗传学研究以及生物信息学等方面的前景看好。

5. 其他国家

以色列虽然受到地域的限制和持续的巴以冲突所形成的政治僵局的影响,但是生物技术产业的发展仍然较为迅速,生物技术产业的年销售额持续保持着20%以上的增长速度。新加坡制定了"5年跻身生物技术顶尖行列"的目标,把新加坡建成"生物岛"。韩国也制订了生物技术发展计划,准备到2010年成为世界前7位的生物产业强国。中国和巴西也将生物技术产业作为推动经济的又一战略产业。2009年,中国出台了促进生物技术产业发展的若干政策,计划到2015年,生物技术产业总产值力争达到16 000亿元;到2020年,生物技术产业总产值达到2万~3万亿元,成为国民经济新的支柱产业。

4.2 生物农业的形成:生物技术产业与农业的渗透融合

4.2.1 生物技术产业对农业的技术渗透

生物技术是指对生命活动和生物系统的改造和利用,以满足人类生活和社会经济发展需求的相关技术。现代生物技术的发展正在改变着人们的生产、生活方式与健康医疗观念,引发了农业领域一场新的革命。

当今的世界正处在信息经济时代,人类所面临的贫困人口增加、资源耗竭、环境恶化、食品短缺、疑难杂症等问题依然很突出,这些问题还带有着深厚的工业经济时代的烙印。对中国而言,能源、水资源、生态、环境以及人口健康、老龄化等方面存在的问题尤为突出,这些问题的解决或者缓和,都直接或者间接地与现代生物技术有着密切的关系。因为,生物技术能够利用更多的生物资源——包括人类本身——的可再生性,开辟食品新的来源,培育出新的作物品种,节约资源,减少能耗与环境污染,改变人们的健康理念与消费观念,发现新的治疗手段,等等。

生物技术可能和农业一并起源,这可以追溯到很久以前,比如先民们发现食物因为微生物酸败而腐坏，而通过干燥、盐渍的方法来保存食物，通过发酵来酿酒等。现代农业与生物技术的结合既是未来新型农业发展的需要，也是当今主流时代、信息经济时代和未来生物经济时代的必然。两者之间的结合及其程度，正在从过去传统的以单项、零散为特点的结合，演变成为整体性的、系统的融合之势，进而产生出一门新的综合领域：生物农业（图4-2）。

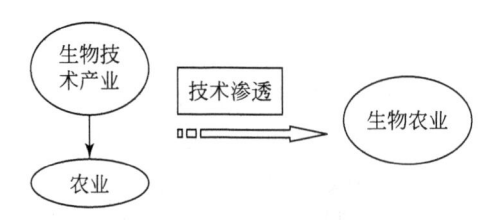

图4-2 生物技术产业与农业的渗透融合

中国"863"高技术研究与发展计划是由生物、信息、自动化、能源、新材料、海洋六大领域组成的。计划系统运行了14年之后，于2001年对这些领域进行了调整，由原来的六大领域调整为了信息、生物和现代农业、新材料、先进制造与自动化、能源、资源环境等新的六大领域。其中一个最大的变化就是将原来的生物领域拓展为了"生物和现代农业"领域，现代农业与生命科学、生物技术的密切程度可见一斑。

中外有关现代农业发展战略的著名学者也都纷纷发表言论，呼吁要重视现代生物技术在未来农业发展中的重要作用。例如，美国国际农业生命科学发展教育所的理事长左天觉先生就曾把未来的农业产业称为包括食品、营养、医疗、健康、环境、资源和生态系统等众多方面的生命科学产业。2004年5月26日，美国地球政策研究所的所长Lester R. Brown在访问中国农业大学时，作了题为"新的经济模式与农业"的报告。他在报告中说，环境恶化已经成为威胁人类生存与发展的首要敌人，人们应该给予充分的重视，并且应从人口、能源、全球气候等各方面入手，建立起新型的生态农业经济。中国农业大学的石元春教授也认为，现代农业是以生物技术和信息技术为先导的、现代技术高度密集的科技型产业，是正在拓展中的多元化和综合性的新型产业。

在农业的实物产出领域，高技术产业对农业的渗透融合则为农业产品种类的增加和农业产品的功能扩展提供了可能。传统衣食农业狭窄的产业范围固然与自给自足的自然经济条件下人类对初级产品的需求相适应，但是传统农业条件下较低的科技水平和生产手段也决定了人类在改造自然过程中的局限性。在"经验农业"的条件下，人类对动植物资源的利用和改造的局限性大而且水平较低，发展缓慢。种植、养殖构成了农业的主要内容，而且种植和养殖的动植物的品种和品质长期保持在较低的水平。高技术产业对农业的渗透融合，尤其是生物技术产业对农业的融合，不但极大地扩展了农业种植资源的范围，而且还极大地拓展了农业产品的功能。例如，转基因技术的应用，突破了传统的育种方法所面临的种间生殖隔离，可以将不同物种的动物、植物、微生物的有益基因导入目标载体而培育出新的品种、开发出农产品新的功能从而催生出新的产业。农业产业体系的横向内容也从传统的食品、饲料、纤维产业扩展到了医药农业、能源农业、化工农业。高新技术产业对农业的渗透融合是农业产品创新和功能创新的关键性因素。第一产业内部的种植业、养殖业、畜牧业等子产业之间，可以通过生物技术融合为基础，通过生物链重新整合，形成现代生物农业。

随着生物技术的高速发展和生物技术产品的不断出现，国际范围内生物技术产业呈现出明显的加速趋势，生物技术产业群大量地涌现。同时，由于生物技术渗透到了传统产业，推动着传统产业技术水平和工艺水平发生跃变，生产效率大幅度地提高，这一过程又反过来促进了生物技术产业的快速发展。生物技术产业将是继信息产业之后迅速崛起的一个新产业，并且将会成长为主导全球经济的核心产业。

生物技术产业化是一个复杂的动态发展过程。从纵向上来看，是指生物技术成果在技术研发和产品开发的基础上，逐步地商品化、产业化和规模化的次第发展过程；从横向上来看，则包括通过技术扩散、围绕着生物技术而生成新兴的企业群，以及运用生物技术对传统产业进行存量改造，以使传统产业升级这两个方面。

生物技术处于综合性、交叉性较强的技术领域，如农业、医药、能源、环境、海洋、食品等领域。由于生物技术对经济和社会各个领域的渗透和扩散，带动了整个传统产业的发展，可以实现产业结构的优化升级。例如，运用基因技术，可以对生物资源进行深层利用，开发出如基因农产品、生物疫苗、生物能源和功能食品等新产品，从而提高生物制品的附加值。

4.2.2 生物技术产业与农业的界限模糊

在生物经济时代的孕育和成长阶段，生物技术产业与农业的界限渐趋模糊，生物经济时代的农业内涵将变得日益丰富，外延将会进一步扩大，动植物食品、营养、资源环境、健康医疗、生态及旅游、生物多样性等都将与农业有着越来越密切的关系。农业将会成为与其他众多部门有着广泛联系并且相互影响的一个综合部门，而不再是传统的或者当代意义上的农业，而是重在品质的提高和功能的拓展，农产品也不再局限于传统的农产品。

现代生物技术的发展使得可供农业利用的动植物、微生物资源的领域进一步扩大，使得农业的工业化经营规模不断扩大，进而使传统的农业与生物技术产业的界限变得日益模糊起来。

随着功能基因组研究开发的进展，生命本原的谜团也逐步被揭开，不仅打破了农业内部不同生命体的种属界限，而且还导致农业与其他产业间的"围墙"也逐渐被拆除，如将各种疫苗的编码基因导入黄瓜、西红柿等果蔬中，其产品的属性就介于农业与医药业之间了。转基因植物是常规的农业系统与传统的医学相结合的典型，代表着未来农业的一种演进方向。利用转基因植物，既可以改良植物产品的营养成分，也可以合成有价值的化学成分，包括对淀粉、氨基酸、木质素或者油成分的改良，以及用转基因植物表达抗原、抗原片段（植物抗体）、疫苗、人血清蛋白或者生物聚合物。正在进行的利用转基因植物来生产涂料、塑料、燃料、香料、洗涤和润滑剂等的研究，使得传统工业所需的诸多原材料和燃料可以由转基因作物来生产，从而使农业和生物技术产业形成新的融合。

生物能源的发展也使农业与能源工业相互融合。以植物或农作物秸秆等光合作用的产物作为原料，通过利用生物的生活机能，实现物质和能量转化，生产出生物柴油、酒精、沼气等产品并使之商业化，可以替代化石能源。这些过程无一不体现并符合农业的三大基本特征，因而与常规农业的生产过程基本相同，所不同的只是延长了生产链，把农业延伸到了以往的工业生产过程。这就是在生物经济时代出现的生物技术产业与农业的边界模糊、产生产业融合的典范之一。

与此同时，产业之间的分界也正朝着类似于《大英百科全书》的知识分类的方向变化。该知识分类不是按照国民经济的工业、农业等进行分类，而是将农林渔牧、食品、医学、环境、各种生物等都归为"生命科学"这一大类型，与其他诸如自然科学、社会科学、工程技术、人文艺术等类别并列（表4-2）。引人注目的是，它把生命科学从自然科学中单列了出来，并且把食品、农业、医学等归在一起，绝非偶然。

表4-2 《大英百科全书》知识分类

生命科学	古生物、生物与生物学、藻类、植物、无脊椎动物、哺乳动物、鸟类、鱼类、爬虫类与两生类、解剖与生理、医学、环境、农林渔牧、食品
自然科学	物理、化学、天文、数学、地球科学、矿物与燃料、度量
社会科学	人类学、考古学、社会、经济、政治、军事、教育、法律、心理、组织机构
工程技术	通信、交通、电子与计算机、太空科技、军事科技、工程、机械与工具
历史	古代史、美洲史、欧洲史、亚洲史、大洋洲史、非洲史、中国台湾地区史、史学与历史事件

续表

地理	地理区、国家、行政区及其他、城市与乡镇、中国及其台湾地区、地形、山脉、水系与湖泊、海洋、岛屿、公园与保护区、探险
哲学与宗教	哲学观念与流派、宗教、圣经、玄学、经籍
人文艺术	建筑、绘画与书法、雕塑、摄影、工艺、艺术流派、语言、文学与创作、寓言与神话、音乐、舞蹈、戏剧、大众传播、文化机构
运动与休闲娱乐	运动、游戏、休闲娱乐、民俗与节日

资料来源：邓心安等，2006

4.2.3 农业生物技术和生物农业

农业生物技术（agricultural biotechnology）是以生物农业为主要的研究对象，以农业上的应用为目的的相关技术体系，即由用于培育动植物及微生物的新品种，生产生物农药、兽药、疫苗、生物肥料及农用材料等领域的基因工程、酶工程、发酵工程、分子育种等所构成的综合技术体系（表4-3）。

表4-3 农业生物技术分类

领域范畴	技术开发层面分类	产业应用层面分类
农业生物技术	基因工程	遗传育种、转基因育种
	细胞工程	植物快速繁殖、动物快速繁殖
	酶工程	农业生长素生产、生物农药
	微生物（发酵）工程	畜禽疫苗、药用保健食品

按照国家科学技术部《2002中国生物技术发展报告》的划分，农业生物技术包括：转基因技术、超级杂交稻技术、分子标记复制育种技术、动物胚胎移植与体细胞克隆、动物分子育种、生物反应器（有别于传统的反应器——发酵罐）、生物农药、动物生物制品与饲料生物添加剂、微生物肥料等。

农业是生物学应用的最重要和最广泛的产业，农业生物技术将会从根本上改造传统的常规农业，为农业带来新一轮的科技革命。农业生物技术的研究开发始于20世纪80年代，已经历了培育抗病耐除草剂等新品种和改善作物品质以提高其营养两个阶段，目前正在向着利用生物反应器生产药品和化工产品的第三个阶段迈进。可见，在生物经济的孕育和成长阶段，农业生物技术领域已经超出了常规的农业系统，农业的外延已经开始拓展到了基因作物新品种、新型食品以及增加农产品的功能等领域。

现代农业生物技术是以基因工程、细胞工程、蛋白质工程、发酵工程和酶工程等为主体的综合性技术体系，其主要的任务是培育转基因动植物的新品种、农作物病虫害的生物防治、开发微生物肥料和利用动植物生物反应器等，主要是对有机体的某一个组成部分，特别是在细胞和分子的水平上进行研究，而传统农业技术的重点主要是放在整个植物和动物有机体的水平上（刘升学，2006）。农业生物技术最早是应用于农场制药（biopharming）的领域，2000年生物性杀虫剂（biopesticide）的市值约为2.7亿美元，2010年已达到2.9亿美元。

产生于20世纪80年代的转基因技术是指利用人工方法把一种生物品种自身没有的外源基因（或DNA）通过特殊操作导入受体生物细胞中，使之稳定的整合、表达并遗传的综合技术，用以产生这种基因所编码的蛋白质产品，改变物种的生物特性，以达到增加作物产量和提高其品质的目的。1984年，世界上第一例转基因作物（genetically-modified crops，GMC）延迟成熟番茄在美国问世，1994年正式投放市场，1995年以后，随着抗虫转基因马铃薯、抗虫转基因棉花和玉米相继进入商业化生产，转基因农作物开始进入一个快速发展时期（苏京平等，2007）。

转基因农作物自1996年大规模商业化种植以来，在国际争论的环境中迅猛发展，成为近代历史上应用最快的作物新技术，创造了巨大的经济、社会与环境效益。2007年，全球转基因作物的种植面积由1996年的170万公顷发展到1.143亿公顷，增长了67倍；种植的国家达23个，还有29个国家批准转基因作物作为食品或饲料进口；种植的农户首次超过5000万户，90%的受益者是发展中国家的贫困农民。2009年，25个种植生物技术作物的国家中有16个都是发展中国家，全球大约一半（46%）的生物技术作物都是在发展中国家生产的。发展中国家生物技术作物的发展速度明显更快，种植面积增加了700万公顷，增长了13%，而发达国家的面积增幅仅为200万公顷，增速为3%。2009年，1400万农民因生物技术作物而受益。更为重要的是，在2009年，1400万种植者中的1300万（占总数的90%）都是发展中国家的资源匮乏型小农户，来自中国、印度、菲律宾、南非和其他12个在2009年里种植生物技术作物的发展中国家。

根据设在美国的农业生物技术应用国际服务组织（ISAAA）的测算，自1993年美国Calgene公司的延熟保鲜转基因番茄被批准上市以来，该产业2004年的市值已达894亿美元，已经有近50个国家相继培育成功了200多种转基因作物，种植面积已达8100万公顷，近7年间增长了40倍。1996~2005年，全球转基因作物种植面积增长近53倍，累计种植面积已达4.746亿公顷，2005年，全球21个国家种植转基因作物面积达9000万公顷。ISAAA发布的全球转基因作物育种产业化发展的最新统计资料显示：2008年全球商业化种植转基因作物的国家已增至25个，另有30个国家批准转基因产品进口或进行试验，涉及玉米、大豆、棉花等12种作物，总种植面积已达1.25亿公顷，较产业化初始的1996年增长了74倍，12年间累计种植面积已超过8亿公顷。

据ISAAA提供的数据：2009年，全球25个国家种植了1.34亿公顷转基因作物，相比2008年的1.25亿公顷上升了7%。种植面积最大的转基因农作物依次是：大豆、玉米、棉花、油菜。种植转基因面积最大的国家依次是：美国6400万公顷、巴西2140万公顷和阿根廷2130万公顷，接下来依次是印度840万公顷、加拿大820万公顷、中国370万公顷、巴拉圭220万公顷、南非210万公顷。世界范围内的现代生物农业已经逐步形成，根据相关测算，投资利润率可以达到17.6%，是信息产业8.1%的两倍多，远远高于7%的计算机制造业，商业价值十分惊人，被公认为是21世纪最有前途的产业之一。

为此，发达国家纷纷投入巨资，制定宏观措施，抢占农业生物技术的制高点和产业主导权。美国的"面向21世纪的生物技术"、欧盟的"尤里卡计划"、日本的"官、产、学一体化推进21世纪的生物技术"以及韩国的"生物绿色21计划"等无一例外地都将生物农业列为优先发展领域。目前世界上已经形成了以美国康奈尔大学的植物生物技术综合研究中心、英国的Johninnes植物基因资源研究中心、澳大利亚的农业生物技术联合研究中心等为代表的世界级研发中心和以孟山都、杜邦、艾格福等为代表的跨国生物产业巨人。

农业生物技术已经成为农业科技发展的中坚与引擎，是生物技术获得广泛应用的一个重要的领域，它势必会成为21世纪的主导产业（叶彬等，2006）。生物农业的产业生命周期具有与传统产业的生命周期完全不同的特点，在其发展的不同阶段，即投入期、创业期、成长期和成熟期都需要有持续的、大量的资金投入，只有在充分的资金保障下，那些新生的、具有创意的、有着广阔市场潜力的项目才能够成长起来。当前，无论是发达国家，还是发展中国家，都纷纷把生物产业作为优先发展的战略性产业，抢占国际竞争的制高点。我国经过近30年的发展，生物技术已经初具规模，现在已经进入大规模产业化的阶段。农业生物技术已经成为许多国家研究开发的战略重点和国际科技竞争重点，也是我国在高技术领域里最有希望实现跨越式的发展，对我国的可持续发展战略影响重大的领域之一。

4.2.4 生物技术产业与农业融合成长态势

生物农业是指运用基因工程、发酵工程、酶工程以及分子育种等生物技术，培育出动植物的新品种，生产生物农药、生物肥料、生物饲料、生物农用材料、兽药、疫苗以及功能食品、生物质能源等所形成的产业（赵西华，2010）。随着基因组测序、生物芯片、生物能源、生物信息等技术的飞速发展并且不断地应用于农业，生物技术产业与农业呈现出融合成长的蓬勃发展之势。

1. 发展生物农业能够抢占生物技术产业与农业发展的制高点

生物农业的发展将会引起农业生产结构的深刻变化和竞争形态的重大调整。许多国家和地区已经把生物农业的发展提升为国家的战略重点，加速抢占农业生物技术以及生物农业产业化发展的制高点，以争得经济发展的话语权。美国先后启动实施了禽流感防治的专项行动计划、生物信息基础设施计划、国家生物质能源计划、生物盾计划等专项行动计划，加大了政府的扶持力度。欧盟委员会制定了《欧盟生命科学和生物产业发展战略》，强调了欧盟各国应该发展生物产业集群，积极发挥其在国际合作和制定国际标准中的领导地位。日本制定了"生物产业立国"的战略。转基因生物作为生物农业发展的热点和重点领域，在我国正处于激烈竞争的研发态势，以抗除草剂、抗病虫害、抗旱和抗盐等为主的第一代转基因产品，在降低农产品的生产成本、提高产量、增加农民的收入、减少农药的面源污染等方面已经起到了重要的作用。以改良品质和增加营养为主的第二代转基因产品，以功能性食品、植物工厂、生物反应器以及高效生物能源等为代表的第三代转基因产品都正处于加速开发之中。2008年7月，国务院通过了转基因生物新品种培育科技的重大专项，投入了数百亿元人民币，目的是获得一批具有重要的应用价值和自主知识产权的基因。2009年6月，国务院正式出台《促进生物产业加快发展的若干政策》，明确提出"加快把生物产业培育成为高技术领域的支柱产业和国家的战略性新兴产业"。目前国际生物农业尚未形成垄断格局，国内区域间的竞争也呈现出你追我赶的态势，我国应该充分利用这一难得的战略机遇，加快生物农业发展的战略部署和研发投入的力度，在新的国际分工格局和区域竞争中占据有利的地位，为调整我国农业产业结构、提升农业产业的层级、加快现代农业建设进程提供科技的支撑。

2. 发展生物农业将构筑现代经济发展新的增长极

在经济日益全球化、竞争日益激烈的发展态势下，寻求和培育新的经济增长点已经成为各国的共识。以生命科学和生物技术为基础的生物农业，其最大的特点是可再生、无污染，并且良性循环，日益显示出它对经济社会发展的驱动作用。从全球来看，以转基因生物技术为代表的生物农业虽然发展的时间不长，但是却已经创造出了巨大的经济、社会和环境效益，并且呈现明显的加速发展态势。2006年全球转基因作物种子的市场价值已经达到61.5亿美元，占全球作物种子市场的21%。美国孟山都公司的 Bt 抗虫基因专利技术和抗草甘膦基因专利技术，在玉米、棉花、大豆等作物上使用之后，分别为该公司带来了上百亿美元的经济效益。从我国来看，20世纪90年代的前期，我国一些棉区因为棉铃虫的灾害减产幅度高达80%，每年给国家造成了几十亿甚至于上百亿元人民币的经济损失。棉农每年需防治棉铃虫20余次，不仅增加了生产成本和劳动强度，也严重地破坏了生态环境，并且损害了棉农的身心健康。而我国具有自主知识产权的转基因抗虫棉的研制成功，不仅完全打破了国际跨国公司的垄断，在国内市场上稳占优势，而且已经开始向印度出口，参与了国际市场竞争。据不完全统计，抗虫棉研发的10多年间，国家总共投入约30亿元人民币。截至2007年年底，获审定的抗虫棉品种155个，推广应用面积达380万公顷，减少化学农药用量约80余万吨，棉农增产增收累计超过300亿元。转基因生物产品的研发和产业化已经成为未来全球生物经济增长的主要原动力，成为培育农业新兴战略产业、推动现代农业经济发展新的增长极。

3. 发展生物农业将推进农业生产方式转型升级

21世纪是农业生物技术快速发展的时代，农业生物技术为现代农业的发展提供了新资源、新手段和新途径。组织培养技术、转基因技术、动物胚胎移植与克隆技术的应用，可以加速农业新品种的更新，挖掘品种的潜力，拓展农业生产的内涵。例如，利用转基因技术培育出的动植物新品种，可以极大地提高生产的潜力；通过转基因技术来强化农作物某一营养成分的含量，达到商业化提取的水平，开展生物制药，就可以使生产效率提高几百倍。生物饲料、生物肥料、生物农药、生物兽药、生物渔药、生物添加剂的广泛应用，将会减少农业生产对化学品的依赖，保护农业的生态环境，提高农产品的产量与品质，增强农业生产的抗风险能力。生物技术还将会推动传统农业生产方式的变革，从根本上改变了农业生产的组织方式和产业结构。比如，利用甘薯蕴藏的植物能源，通过发酵和配比等生物质能转换的技术，可以提炼出大中小型汽车都能够使用的汽（柴）油，1亿吨甘薯可以生产2000万吨的汽（柴）油，年产值可达2500亿元人民币，相当于建造一座"大庆式"油田，使得"绿色能源"替代了"黑色能源"成为可能。美国能源部、农业部的研究报告指出，到2020年美国10%的基本化工原料将会取自农作物资源，2050年将达到50%。随着生物技术的不断发展，将会拓展农业的功能与农业领域，促进新型农业产业群的出现和形成，并推进现代农业的转型升级。

4.3 生物农业的发展现状：以美国和中国为例

4.3.1 美国生物农业的发展

美国是世界上农业生物技术发展最早的国家，农业生物技术的应用已经进入了产业化阶段。各类生物技术和相关的产品已经在农业生产的各个方面都得到了广泛应用，发挥了重要的作用，并且为农业的产业化、现代化注入了巨大的活力。

生物技术作物是美国生物农业的最重要领域。而且，美国是目前世界上生物技术作物种植面积最大的国家（刘助仁，2007）。自1996年开始，第一个基因改良作物的商业化种植以来，美国生物技术作物的种植面积从150万公顷扩大到了2004年的4470万公顷，仅7年间就增长了29倍，大约占世界种植面积的66%，成为生物技术作物的最大产地和市场。当前，美国的玉米、棉花、油菜、甜菜、大豆、水稻、亚麻、番茄、南瓜、甜瓜、木瓜和菊苣等作物都已经有可以供商业化种植的生物技术作物品种。其中已经大规模商业化种植的生物技术作物主要是大豆、玉米和棉花三种。据美国农业部的统计，2004年美国生物技术大豆的面积为2573万公顷，占其全国生物技术作物总面积的57.6%；生物技术玉米的面积为1474万公顷，占了33%；生物技术棉花的面积为421万公顷，占了9.4%。其中，尤其以生物技术作物商业化种植的头几年里的面积增长速度最快，比如1997年、1998年和1999年的生物技术作物的种植面积分别比上年增长了441%、153%和40%。近些年来，生物技术作物的种植面积增速明显趋缓，比如2002年、2003年和2004年生物技术作物种植面积的增幅仅分别为9%、5%和4.4%。按照生物技术作物品种所导入的特性来分，2004年美国耐除草剂的生物技术作物的种植面积为3165万公顷，占了生物技术作物总面积的70.8%；Bt抗虫生物技术作物的种植面积为973万公顷，占了21.8%；而兼具耐除草剂和Bt抗虫特性的生物技术作物种植的面积为330万公顷，占了7.4%。

在农业生物技术进步的带动下，美国的农业生物技术公司也蓬勃发展起来。在世界范围内颇具影响的农业生物技术公司即美国孟山都公司经过了20多年的不断并购以及生物技术创新，已经由传统的化学农药公司成功地转型为农业生物技术公司，2004年的年营业额约为60亿美元，居美国生物技术公司的第二位。而在全世界前20大的农业生物技术公司中，美国就已经占了10家。

美国农业部曾表示，2009年约91%的大豆作物为转基因品种，约85%的玉米作物为转基因品种。美国是目前世界上转基因作物品种培育数量最多和商业化种植规模最大的国家。就种植规模来看，自转基因作物开始商业化种植以来，美国每年转基因作物的种植面积都占全球转基因作物种植面积的一半以上。据美国农业部统计，自1996年以来，美国的转基因作物种植面积已增长近36倍。其中，以头几年种植面积增长速度最快，如1997年、1998年和1999年分别比上年增长441%、153%和40%；近年来增速趋缓，如2001年、2002年和2003年增幅仅分别为18%、9%和5.3%。虽然，近年来增长百分比不大，但就种植面积来说，美国仍是增长速度迅猛的国家，2003年全国转基因作物种植面积达4280万公顷，2004年4760万公顷，2005年4980万公顷，平均每年都以超过200万公顷的速度增长。2006年全美转基因作物种植面积达到5460万公顷，占全美主要农作物种植面积（12 894万公顷）的42.3%，占全球转基因作物种植面积（10 200万公顷）的53.5%。2006年全美转基因作物种植面积较2005年增长480万公顷，成为转基因作物种植面积增长速度最快的国家。

就转基因作物的特性看，目前美国种植的转基因作物仍为第一代转基因作物，即输入特性基因作物。就种植转基因作物的品种看，目前，美国的大豆、玉米、棉花、油菜、南瓜、木瓜、苜蓿等均有转基因品种种植。

转基因大豆一直是美国种植面积最大的转基因作物，2006年种植面积达到2699万公顷，占全球转基因大豆种植面积（5860万公顷）的46%，占美国全部转基因作物种植面积的50%。

转基因玉米是美国第二大转基因作物，其种植面积从1996年的16万公顷，增加到2006年的1959万公顷，占全球转基因玉米种植面积（2500万公顷）的78%，占美国全部转基因作物种植面积的36%。

转基因棉花是美国第三大转基因作物，转基因棉花有抗除草剂、抗虫及抗除草剂和抗虫混合型3种产品。自2002年开始，混合型转基因棉花的种植面积开始不断增大，到2004年已经成为转基因棉花种植面积最大的品种。2006年转基因棉花种植面积达到513万公顷，占全球转基因棉花种植面积（1340万公顷）的38%，其中抗虫棉花111万公顷、抗除草剂棉花161万公顷、抗除草剂及抗虫混合基因棉花241万公顷。

4.3.2 中国生物农业的发展

我国农业生物技术虽然起步较晚，但是后来居上。我国政府一直高度重视农业生物技术的发展。"863"计划、攻关计划、"973"计划等国家科技计划都将农业生物技术作为最重要的内容之一。经过30多年的努力，我国农业生物技术由起步阶段迅速进入蓬勃发展阶段，取得了令人瞩目的成绩。整体水平在发展中国家处于领先地位，在基因工程、作物育种、克隆技术等方面都拥有了世界领先技术。

2009年11月27日，我国农业部批准了两种转基因水稻（抗虫稻、Bt转基因水稻）、一种转基因玉米（植酸酶玉米）的安全证书。目前，中国生物农业主要包括转基因农作物和超级杂交水稻、植物组织培养、生物农药、饲料添加剂、兽用疫苗、生物肥料、生物农用材料等方面。我国首创的两系法杂交水稻已进入大面积产业化推广阶段。据统计，两系杂交水稻组合累计种植371万公顷，每公顷比当地主栽品种平均增产750千克以上，且米质有了较大的提高，增加社会效益近30亿元。我国是世界上第一个批准转基因作物商品化生产的国家，已有转基因耐储藏番茄、改变花色的矮牵牛、抗病毒甜椒和辣椒、抗病毒番茄、抗虫棉等6种转基因植物通过了商品化生产许可，并有20余种转基因植物进入环境释放阶段。在农业微生物技术方面，中国农业科学院植物保护研究所和华中农业大学分离了一批杀虫新基因，构建了一批多功能工程菌。产业化基地建设正逐步带动一个以保持我国农业和环境可持续发展为共同目标的新型农药、肥料和饲料微生物产业群的形成。

在《中共中央、国务院关于加强技术创新、发展高科技、实现产业化的决定》（1999）中已经明确提出了要加强生物技术产业与农业的结合，在优良品种的培育和节水农业这两大领域中尽快地实现新的突破，促进技术创新和高科技成果的商品化、产业化。我国在国家"863"计划和"973"计划、国家高新技术产业化及农业部棉花发展专项资金等重大项目的支持下，通过多部门互相配合、共同努力，国产转基因棉花及其产业化发展取得了长足进步。我国从1991年开始进行抗虫基因的构建工作，1992年合成了Bt单价抗虫基因，成为继美国之后第二个独立构建拥有自主知识产权抗虫基因的国家。经过不断的努力，抗虫基因构建由单价到双价，由单抗棉铃虫发展为抗病、抗蚜虫等多抗基因，并开始了改良品质和提高产量等方面的基因构建工作。遗传转化效率不断提高。在基因导入途径上，我国科学家除采用世界通用的农杆菌导入法和基因枪法外，还独创了花粉管导入法，这三种方法的转化率分别达到了5%、8%和2%，年转基因规模8000多株，初步实现了遗传转化的流水线作业。品种（系）选育不断加快。已有100多个品种通过国家或省级审定，既有常规抗虫棉品种，又有杂交抗虫棉品种；既有早熟抗虫棉品种，又有中晚熟抗虫棉品种等。配套栽培技术不断完善。针对转基因抗虫棉品种后期早衰，以及其他产量影响因子，研究制定了4套栽培技术规程和2套病虫综合防治技术规程，在河北、山东、河南等主产棉省大面积推广应用，成效十分显著。

中国是全球农业生物技术应用的主要国家之一。据估计，1996~2006年，中国已从种植转基因棉花中获益58亿美元，其中仅2006年的收益就达8.17亿美元。1998年，我国黄河流域棉区开始推广转基因抗虫棉，种植面积为25.46万公顷，其中95%为外国抗虫棉，而国产抗虫棉仅占5%左右。当年种植面积只占棉花总种植面积的5.4%；1999年以后，转基因抗虫棉种植面积迅速扩大。其中，国产抗虫棉的种植比例不断提高。2004年全国转基因抗虫棉种植面积达308.2万公顷，而国产转基因抗虫棉种植面积达到70%左右，其中河北、山东、河南、安徽4省实现了100%的种植。2004年国产转基因抗虫棉品种种植面积首次超过国外品种，达到52.4%，2005年达到64.8%，2006年接近70%，2007年超过80%。目前，国产转基因抗虫棉种植面积累计达到469万公顷，平均单产增收140~160元。

当前在超级杂交稻的研究上已经实现了杂种优势与理想株型的结合，还获得了山羊、牛等一大批克隆动物。自从1992年首先在大田种植抗黄瓜花叶病毒转基因烟草，成为第一个商品化种植转基因作物的国家以来，我国转基因作物栽种面积已经成为发展中国家第一，全球第四。1998年第一家专门从事农作物转基因开发的公司在深圳成立则标志着我国的农业生物技术的产业化在迈向市场经济的道路上又前进了一大步。

4.4 促进我国生物农业成长的政策建议

生物技术产业与农业的融合成长，农业生物技术的迅猛发展，使得我国通过发展新的主导产业来实现经济的跨越式发展成为了可能，是赶超先进国家的重要机遇。首先，我国是发展生物农业的"宝贵资源库"。其次，从新技术的角度来看，我国的自然资源贫乏，生物技术在农业中的应用，具有弥补自然资源不足的巨大潜力。最后，我国对生物科技的发展给予了高度的重视，国务院成立了"国家生物技术研究开发与促进产业化领导小组"，《国家中长期科学和技术发展规划纲要（2006~2020年）》中也将生物技术列为重点发展的前沿技术。这种形势，有利于我国发挥生物农业的后发优势。我国在前几次的产业革命中落伍了，对于未来新的产业革命决不能够再贻误时机，应该积极地参与全球的农业生物科技革命，大力地发展现代生物农业，使我国跻身于世界生物农业的前列。发展现代农业生物技术、抢占产业的制高点对促进生物技术产业与农业的融合成长、促进传统农业向现代农业的转变等战略性课题具有重大的意义。

4.4.1 大力加强对生物农业的组织领导

农业生物技术及生物农业的发展是一个难度很大的系统工程和长期的工程，也是技术创新、知识创新、成果转化、规模化生产等各个环节的整合，而这些环节如果仅靠国家的某个部门或者地方是难以实现和奏效的，必须充分地发挥政府的系统整合和组织协调功能。为此，需要建立起科学高效的领导体制，全面整合政府资源，加快编制全国农业生物技术及生物农业的发展规划，切实制定出符合我国国情的生物农业的产业政策目标，不断地完善生物农业市场的法制建设，以促进全社会相关资源的合理配置和高效利用，形成生物农业快速发展的机制和良好的政策环境，从政策上主导我国农业生物技术的研发及生物农业产业化的综合实施。

4.4.2 积极推进生物农业科技创新体系建设

发展生物农业必须重视农业生物科技源头的建设。生物农业是以自主知识产权的农业生产技术成果作为主导、以高强度的资金作为依托所形成的高技术产业。因此，获得具有自主知识产权和市场潜力的科研成果是发展生物农业的核心。建立具有国际先进水平的农业生物科技创新体系是至关重要的，这是发展生物农业的重中之重。为此，需要构建具有国际一流水平的生物农业科研机构，切实加强基础研究，提高原始性的创新能力；加快建立开发农业生物技术的公共平台，着力解决推动生物农业发展的重大的共性技术和个性关键技术，突破现代生物农业发展的重要"瓶颈"约束；在蛋白质组学、功能基因组、代谢组学研究等高端技术层面，尤其是具有自主知识产权的特有资源的开发分离等方面，需要鼓励原始创新、攀登制高点；应整合、培养和造就出一支高水平的研发和管理队伍，使得我国生物农业科技的总体研发水平达到或者接近国际先进水平，在若干重要的领域达到国际领先水平；建立适应生物农业的要求和符合生物农业科技创新规律的体制和运行机制，以便提高创新绩效，创造出更多划时代的拥有自主专有技术和知识产权的品牌。

4.4.3 重点支持基础性、前沿性和战略性生物技术的研发与应用

在生物技术产业与农业融合发展的过程中，应该把生物农业的发展同国家食

物安全、生态安全以及"三农"等问题进行有机结合，以促进经济社会的可持续发展。为此，未来我国生物农业科技的研究与产业化必须遵循"有所为、有所不为"的方针，重点地支持基础性、前沿性、战略性和前瞻性生物技术的研发与应用，实现从主要是依赖生物资源优势到重点发挥基因和产品优势的转变；加快发展动植物基因工程的分子标记辅助育种技术，扩大超级杂交稻、杂交玉米、杂交棉花以及其他优质高产的农作物、畜禽、林木品种的推广应用；加快发展畜禽疫病检测的试剂和新型疫苗，提高动物重大疫病的诊断和预防能力；大力地发展生物农药、生物可降解塑料、生物肥料、饲料用酶制剂等绿色生物制品和农业环境生物修复技术，以便促进农业生态环境的改善和农田生物多样性的保护；加快利用生物等高技术优化农业系统结构，按照"资源—农产品—农业废弃物—再生资源"的反馈式流程组织农业生产，以实现资源利用的最大化；加快培育建立在现代化生物技术基础上的新兴战略型农业产业，比如，依托农业领域的生物质能产业，不仅仅是基于开发可再生能源的希望，同时也为农业、农民、农村开辟了新的生产和致富的门路。

4.4.4 制定鼓励生物农业发展的优惠政策

生物农业产品中的共用品具有重大的社会效益，政府财政应该将生物农业的科技投入作为最高的公共战略性投资，而不再作为社会的事业性投入；对具有共用品性质的生物农业的产业化项目和生物产品提供所得税、增值税、进出口关税等税收优惠政策和财政补贴，并且真正落到实处；建立生物农业的产业发展专项基金，发行生物农业的财政债券，支持重大生物农业项目的建设；提供银行信贷的支持，建立生物农业的专项贷款，允许专利技术在银行抵押贷款，扩大贷款的规模；积极寻求资本市场的支持，尤其要重点支持具有发展潜力和国际市场竞争力的生物农业技术的龙头企业优先上市；建立生物农业的创业投资机制，发展风险投资公司，制定有利于风险投资进入及退出的相应政策；充分利用其他的投融资渠道，以多种形式来解决生物农业的发展资金问题。

4.4.5 健全促进生物农业发展的法规制度

为大力地推进我国生物农业的快速健康成长，需要采取积极的法律对策加以保障和规范。首先，健全生物农业的技术专利制度，尽快制定具有自主知识产权的产品标准，积极地调整和完善这方面的法律制度，坚持用有效的专利法规制度来促进生物农业的发展。其次，要加强对我国种质资源的立法保护。作物种质资源是农业科学的原始创新以及生物技术产业可持续发展的物质基础，必须保护好。对那些不顾国家和民族利益，不经过批准提供或者破坏我国基因资源的行为要有严厉的处置措施。再次，要做好转基因生物安全的法律和制度安排，以科学的态度对待生物农业技术的安全性问题，要抓紧制定转基因生物的安全法，实施转基因生物的安全评审制度，规范转基因农产品的进出口秩序，确立转基因农产品的标志制度，维护消费者的合法权益。最后，抓紧制定有关外来生物入侵防治的法律规范，以便有效地防范和治理生物入侵所造成的生物灾难和损失。同时加强传染性寄生虫病和人畜共患病的有效控制，建立和完善防止外来动物疫病入侵的检测检验技术和动物疫病预警预报与应急反应系统。

21世纪是现代生物产业引领全球经济发展的时代，生物农业必然会成为经济发展的主导领域。针对目前我国生物技术产业与农业的技术融合还处于初级阶段、生物农业发展较滞后的现实，加快生物技术产业的技术创新、放松农业与生物技术产业的发展管制、建立生物技术产业的标准体系、出台强有力的促进生物农业发展的公共政策理应成为重大的战略选择。

第5章

高技术产业与制造业融合：以汽车电子产业为例

汽车电子产业作为信息产业和汽车产业两大产业融合而成的新兴产业，在世界各国的经济中占据着越来越重要的地位，正在全世界范围内呈现出迅猛发展的势头。汽车电子作为电子信息产业的重要组成部分和汽车产业中的核心技术，也引起了我国的高度重视。本章重点从模块化分工的角度分析高技术产业与制造业融合形成的代表性新型产业——汽车电子产业的成长。

5.1 汽车电子产业是电子信息产业与汽车产业的融合

目前，无论是企业界还是学术界，都还没有对汽车电子产业给出明确的界定。中国台湾产业竞争力国际标杆学习中心把汽车电子产业定义为：凡是从事汽车使用的电子、光电、通信等相关产品制造行为的均归属于汽车电子产业，它包括引擎/传动电子系统、悬吊/底盘电子系统、电子安全系统、车身电子系统、驾驶资讯系统以及保全系统等。

本书认为，汽车电子产业是指那些从事汽车电子技术和产品研发、生产、销售及服务的企业集合。其中，汽车电子技术和产品不仅指在汽车整车上能直接应用的汽车电子系统和装置，还包括那些与汽车电子产品相关的传感器、软件、半导体芯片、通信和网络等高技术的研发和产品的生产。

因此，汽车电子产业的范围涉及电子信息产业和汽车产业两大产业，是电子信息产业和汽车产业的交叉和结合。从产业构成上来看，汽车电子产业主要是由从事与汽车电子相关的技术和产品研发、生产、销售和服务的那些企业和机构组成。随着汽车产业的快速发展，汽车制造水平在不断提高，推广电子信息技术在汽车产业中的应用，对于不断提高汽车的性能水平，促进汽车产业的可持续发展和技术创新具有决定性的作用。汽车产业为寻求电子信息技术支撑的内在动力不断加强。随着电子信息技术的快速进步，电子信息产业也在不断地寻求新的发展空间，为利用电子信息技术改造传统汽车产业创造了良好条件，使电子信息技术对汽车产业的渗透与影响越来越大。

在20世纪中期以前，汽车产业的核心生产技术主要依赖机械技术（如与发动机、变速换挡等有关的技术）和化学技术（与燃油消耗、冶金等有关的技术）。进入20世纪80年代以后，由于汽车排出的废气造成的大气污染日趋严重，交通拥堵，安全事故增多，加之人们对汽车安全、舒适、便捷、豪华的追求，对汽车的性能提出了更高的要求，使用传统机械的生产技术和工艺流程已不能使汽车的性能进一步得到明显的改善和提高。同时，电子信息技术的飞速发展，成为世界汽车产业发展的最大动力，促使电子信息技术和传统的机械技术相融合。

由于电子信息产业与汽车产业的技术融合，汽车的环保、节能、安全、舒适与便捷等方面的问题得到解决，电子信息技术可以缩短汽车的研发时间，降低汽车的生产成本。1985年福特汽车公司汽车撞击实验要花6万美元，而现在只要100美元就可以用电脑来模拟汽车的冲撞过程了。由于电子信息技术的发展，大大缩短了产品的开发周期,如过去开发和制造一种新的车型需要 4~6 年的时间,现在只需要 30 个月。同时,产品的生命周期也在缩短。产品开发周期的缩短,使得新产品层出不穷,加速了传统产品的淘汰过程。一种款式的产品从投产到最后被新的款式替代所用的时间越来越短。不仅如此,消费者还可以根据自己的偏好,直接参与产品的设计过程,工业时期的标准化正在一步一步地走向信息时代的个性化和人性化。1997 年,福特汽车公司将三维计算机辅助设计系统引进研制开发中,从计算机上对设计细节、组装动作以及设备运行进行检查,并据此修改,使新车研发时间从 37 个月缩短为 20 个月。2000 年 2 月,丰田公司首次使用虚拟空间技术仅用了 13 个月开发出新型车,创造了至今为止最短的研制开发纪录。通用公司引进网络技术,使新车研发时间从原来的 4 年缩短为 2 年。以网络技术为手段的全球采购,可降低零部件的采购成本,缩短零部件的采购时间;通过网络销售,消费者可对车型、颜色、内饰等进行特别订货,并于一星期内收到自己想要的汽车。

汽车信息技术给汽车产业带来巨大变化,改变了整个汽车产业的生产技术和工艺流程,使得汽车产业与电子信息产业拥有相似的技术基础,而技术融合又消除了不同产业之间的技术性进入壁垒。以计算机技术、卫星定位和网络技术为基础的汽车信息系统技术日益发展,使汽车不再仅仅是一种运输工具,而且成为多媒体通信运输工具,集目标导航功能、信息通信技术、安全报警系统、语音识别、音响功能为一体;轿车多媒体网络计算机系统不仅具有信息处理、通信、防盗、安全和娱乐功能,还可以提供互联网接口,增加紧急服务功能。Sun 公司总裁麦克尼利说:"汽车是另一种网络入口,像是装上轮子的浏览器。"2000 年,平均每辆汽车上的电子装置已占整车成本的 50% 以上。目前,16 位甚至 32 位微控制器(MCU)、数字信号处理(DSP)芯片、全球卫星定位系统(GPS)等电子产品已经广泛应用到汽车的动力、底盘、车身等系统。汽车产业与电子信息产业之间传统的边界逐渐模糊,使汽车产业进入了一个全新的时代。

随着电子信息技术在汽车产业中应用的范围和比例越来越大,电子信息技术对汽车性能的影响也越来越大。从汽车动力传动系统、底盘系统、车身系统到电子部件的自动控制,都融入了半导体芯片、软件通信、计算机控制等电子信息技术,两者相互交叉融合,汽车制造过程中的电子化、自动化以及汽车功能智能化等发展趋势,使电子信息产业与汽车产业的渗透融合得到进一步加强。电子信息产业与汽车产业相融合,形成了汽车电子产业这一最具发展前景的新兴产业。对汽车产业而言,电子信息技术是汽车产业可持续发展的源泉,为汽车产业的技术创新和不断改进提供了强大的技术支撑。对电子信息产业而言,汽车产业是一个巨大的电子信息技术应用的平台,能为电子信息产业的持续发展提供了更广阔的市场空间。电子信息产业与汽车产业融合后逐步形成一个集传感器、半导体芯片、软件、计算机、网络、通信技术于一体的相对独立的新兴汽车电子产业（图5-1）。

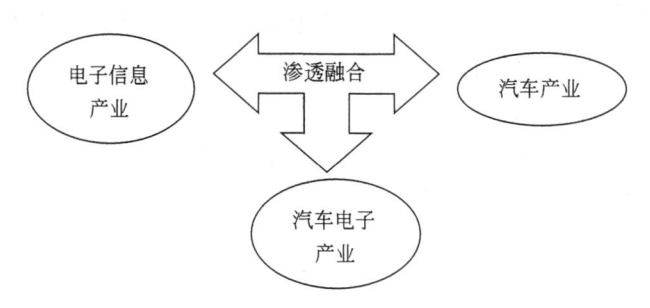

图 5-1　电子信息产业与汽车产业融合形成汽车电子产业

汽车电子产业的兴起，为电子信息产业提供了新的动力和更大的发展空间，开拓了新领域，也给汽车产业的持续快速发展注入了新的生机和活力，因此促进了电子信息产业和汽车产业的共同发展。随着电子信息产业和汽车产业融合度的不断加深，汽车的电子化水平将会不断提高，汽车电子产业具有巨大的发展空间和增长潜力。

5.2 模块化分工：汽车电子产业的发展推进器

在信息技术革命的背景下，产业结构正在发生根本性的变化。为了理解这一变化，经济学和经营学领域里开始流行的关键词就是"模块化"（modularity）。"模块化"通　被理解为一种在进化环境中促使复杂系统均衡动态演进的特别结构，或者一种有效组织复杂产品和过程的战略。模块化在飞机制造、计算机制造、手机制造、汽车制造、重型设备制造、手表制造、发动机制造、自行车制造、快餐以及金融、法律服务和信息服务等行业得到广泛应用。

20 世纪 70 年代以来的有关文献显示，模块化被认为是某些方面的必然选择或自然而然的结果。正如哈佛大学商学院的 Carliss Y. Baldwin 和 Kim B. Clark 所说，模块化作为生产原理具有很长的历史。它在制造业里的应用已经有一个多世纪了。1997 年两位学者在《哈佛商业评论》上发表了《模块化时代的管理》，文章指出，模块化现象在信息产业、汽车等几个产业领域里从生产过程扩展到了设计过程，同时指出了模块化对产业组织结果所具有的革命性意义。2000 年出版的《设计规则：模块化力量》是有关模块化的第一本著作。他们认为，模块化设计是组织、设计复杂的产品或过程的有效战略之一。模块化理论不仅可以应用到产业组织理论中,也可以应用到其他半自律的系统中。

20世纪90年代,日本经历了低迷的经济增长,日本的理论界和企业界都反思了自己的产业发展模式。很多日本学者开始关注模块化这一概念。于是,模块化理论在日本作为分析信息产业革命和产业组织结构的工具,取得了很大的进展。青木昌彦在他的《模块化:新产业结构的本质》一文中对模块化理论进行了总结概括,提出了一些相关的概念,探讨了模块集中化的三种信息组织模式。按照他的观点,"模块"是指半自律性的子系统,它可以通过与其他同样的子系统按照一定的规则相互联系而构成的更加复杂的系统或过程。所谓"模块的分解化",是指将一个复杂的系统或过程按照一定的联系规则分解为可进行独立设计的半自律性的子系统的行为。相应的,按照某种联系规则将可进行独立设计的子系统或模块统一起来,构成更加复杂的系统或者过程的行为,可称之为"模块的集中化"。

近年来,中国国内也有学者开始研究产业组织的模块化问题,2003年陆国庆在《产业经济研究》上发表了《基于信息技术革命的产业创新模式》,认为产业结构模块化是信息革命对产业演进的影响之一。同年,朱瑞博在《中国工业经济》上撰文指出模块是产业融合的载体,模块整合导致了产业融合的出现。随后他还以IC产业为例研究了模块的整合问题。这些研究推动了模块化理论研究在中国的发展,越来越多的学者开始重视并以此为工具开始在不同的领域进行研究。

5.2.1 模块化分工是产业融合产生的前提与动力

1. 模块化分工促进产业边界模糊化

周振华(2003a)认为,产业边界是由技术、业务、运作和市场等四个要素构成的,模块化分工通过对这四个要素的影响而促进了产业边界的模糊化。

(1)模块化分工促进了技术创新和扩散

不同企业通过专注于某一模块,有助于企业加速知识的积累,促进技术的创新,同时,企业通过对不同模块技术的整合,能够突破产业的界限,加快技术创新的速度,并且通过网络系统,促进技术向更多产业的渗透,从而为不同产业不同模块的整合奠定了基础。

(2)模块化分工模糊了企业行为边界

如果把一个产品看做一个系统,模块化分工就是在明确的设计规则指导下,把一个产品分解成不同的模块,分别由不同的企业来承担,通过促进不同模块共同演进,来适应复杂动态变化的环境。这种分工模式促进了模块化组织的产生与发展,并进一步改变了企业的行为。越来越多的企业通过契约生产、跨产业并购与战略联盟等途径来获取新的技术与知识,进入新的模块或系统,从而模糊了企业的业务边界。

(3) 模块化分工改变了产业结构的本质

传统的产业结构是纵向的,一般企业都从事研发、生产、销售等价值活动,这是与工艺分工相对应的。随着模块化分工的发展,促进了纵向价值链的分解,不同价值活动分别由不同企业来实现,从而促进了产业结构由纵向结构向横向产业结构的发展,形成了研发产业、制造产业和营销产业(林民盾和杜曙光,2006),这种结构的实质是模块化(青木昌彦和安藤晴彦,2003)。产业结构的模块化使得原来不同产业的企业经营环境发生了根本的变革,对企业的发展战略、组织结构及行为等产生了变革的要求,而企业战略行为的变革又进一步模糊了不同产业属性。

(4) 模块化分工改变了不同产业的非竞争关系

产业是生产具有替代关系产品的企业的集合,不同产业之间处于非竞争关系。模块化分工在促进企业进行模块化经营的同时,也为企业进行模块重组创造了条件。企业在技术及网络的支撑下通过模块化分解、操作与重组等活动,促使不同产业产品成为替代关系,吸引了更多消费者进行消费,从而改变了不同产业间的关系(图5-2)。

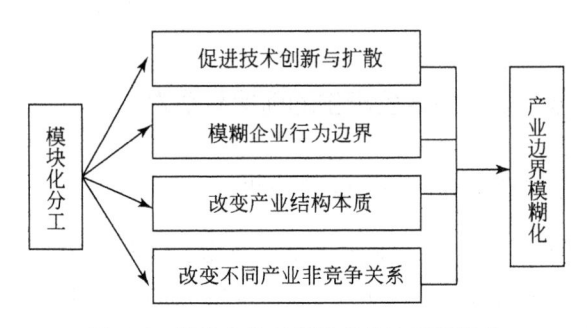

图5-2 模块化分工促进产业边界模糊化

2. 模块化网状产业价值链的形成促进融合现象发生

模块化分工带来了价值模块的形成和消费趋势的改变,导致了产业链的模块化。价值模块是指可组成系统的、具有某种确定独立功能的半自律性的子系统,可以通过标准的界面结构与其他功能的半自律子系统按照一定的规则相互联系而构成的更加复杂的系统(朱瑞博,2003)。价值模块是企业价值链中一组可以为企业带来特定产出的能力要素集合，是构成价值链的价值元素，这些价值元素基于一定的资源基础，如知识、资产或流程。价值模块化是指对企业能力要素进行分解和整合，形成具有半独立性、半自律性的价值子系统的动态过程。

模块化作为新产业结构的本质，正在从根本上撼动着传统经济的微观细胞。一方面，以功能聚合为特征的模块化操作使得产业价值节点的交互渗透出现了价值模块，而价值模块的兼容性和互换性使得价值结构从平面链状结构演化为立体网状结构；另一方面，企业模块与市场模块的交互渗透出现了中间型组织，它在拓展传统产业组织概念的基础上，也造成传统理论无法解释它们内在运行机理和特征的问题。同时，组织模块与地理模块的交互渗透驱动了全球产业整合，并由此出现了全球性的产业集群。

在网络经济下，不同企业的价值模块和模块化价值链在共同的界面标准内交叉连接、融会贯通，形成企业价值网络，模块化操作促使企业价值网络的形成和拓展，推动了企业边界的渗透和融合，导致企业有形边界与无形边界的分离（余东华和芮明杰，2005），促进了融合现象的发生（图5-3）。产业价值链成为纵横交错的网状结构。从横向上看，产业价值链由各种具有对等地位的模块构成，如研发模块、生产模块、营销模块、物流模块、金融模块等；从纵向上看，每一个模块内部又都保持着局部的垂直价值链形式。模块化操作基础上形成的多种产品模块并非只为某一产业所专用，以产品模块为基础的产业融合化的发展趋势，促使相关产业的生命周期也在缩短，从而引发一场多产业领域的模块化革命。

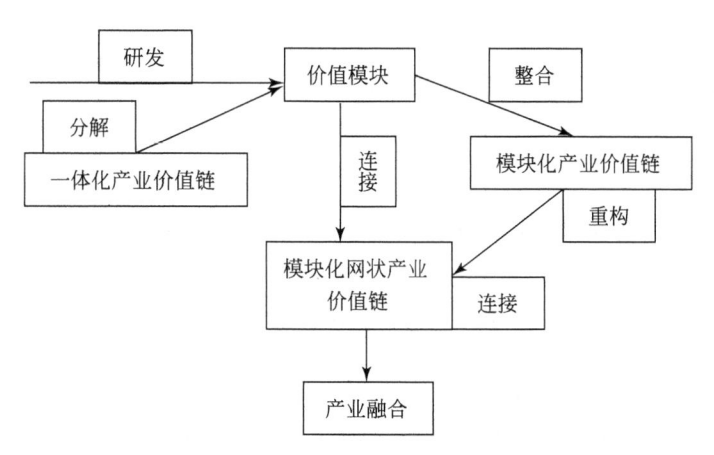

图 5-3　模块化网状产业价值链的形成促进产业融合

资料来源：芮明杰和李想，2009

横向、纵向交织的网状形态的、全社会各行各业的价值链交织在一起形成更为复杂的价值星系（value constellation）。企业不能够再被简单地理解为传统的线性结构价值链,而是陷入了一种结构更为复杂的、包含多个产业的价值星系。像思科、戴尔、苹果等,已走在了创建价值星系的前列。以价值链功能聚合为特征的模块化,使得产业的微观基础呈现出网络化特征。为应对经济全球化和新经济时代的挑战,提升企业竞争力,不同企业的价值模块按照新的规则和标准、在新的界面上相互交叉、融合,形成企业之间的价值星系,进而演变成包含供应商、渠道伙伴、服务提供商以及竞争者的一种新产业链的组成方式——网络状产业链。网络状产业链将各种要素能力协同在一个无形的网络平台上,通过不同价值模块之间的协作、创新和竞争,全面满足用户的差异化需求,从而更好地适应环境的变化。

在模块时代,由于产业融合和产业价值链分解的双重作用,产业内的企业创新目标不再局限于市场份额的扩张,而是定位在融入产业价值链或提升自身在产业价值链节点所处的位置。模块化分工条件下网络状产业链内企业间的关系,逐渐演化为网络化的关系。一方面,出现了同一产业内同类模块企业间的竞争关系和不同模块企业之间的合作关系;另一方面,出现了不同产业内通用模块企业间的竞争与合作关系。企业间的关系不再是单一的竞争模式,而是竞合模式,由此引起分工结构朝向模块化结构的转化。这种模块化结构已经超出了传统定义的"企业边界",越过了产业的界限,并在技术转移、外包制度的推进下呈现出紧密的横向联系。企业除了横跨不同的产业领域之外,同一产品也可能横跨不同的市场,不同的企业之间也可能结合成虚拟组织、战略联盟进行共同研发。

5.2.2 模块化推进产业融合的实践意义

1. 模块化提高了创新速度

模块化使得公司能够控制日益增长的复杂技术,通过把产品分解成子系统(即模块),设计师、生产者和使用者都获得了很大的灵活性。不同的公司可以分别负责不同的模块,而且确信通过它们的共同努力可以生产出可靠的产品。

不同的公司独立生产模块这一事实极大地提高了创新的速度。通过集中于单个模块,每个部门或公司能够深入地研究它的产品。为了集中生产单一模块,许多公司进行了大量相似的实验。在遵循设计规则以确保模块能够装配在一起的前提下,模块设计师可以在很大范围内自由的试验新的技术。当模块化成为一种固定的商业方式时,模块供应商之间的竞争变得激烈了。装配商寻找最优质的模块或者成本最低的模块,这激励着那些日益成熟的供应商们彼此展开创新竞赛。

2. 模块化组织有助于提高产业竞争力

模块化可以通过对价值链的改造进一步提升产业竞争力。大规模生产模式下的价值链，客户的需求只是在交付阶段才得以体现。模块化的生产安排，可以使客户的个性化需求渗透到产品的开发设计阶段，即从最初设计阶段到最后的交付，产品价值链的整个过程都有客户的参与。客户的个性化需求能够得到及时、彻底的体现。因此，在企业生产模式转变为大规模定制模式之后，实现最低成本、最高个性化定制水平的最后方法是建立能配置成多种最终产品和服务的模块化构件。而且，现有的事实已证明，在所有的产业中，产品本身的模块化都会提高国际竞争力。

3. 交易成本和企业活动的协调成本得以大幅度降低

模块化不但在提供产品上有一个较大的发展空间，而且允许模块供货商彼此竞争而使个别新模块能迅速地被开发并以低价生产。与此同时，当产品变得越来越复杂时，模块化就变得越来越重要，标准接口的需求也变得越来越重要。标准接口的使用，可使消费者在转换或升级使用信息产品时无需花费太多转换成本，间接使产品演进的速度加快。由此可见，模块化操作使得各个模块及其活动获得相当独立的地位，因此无需耗费巨资和其他模块相协调，只要改变特定的模块，就可以对整个产品体系进行调整。

4. "模块化 + 标准化 + 兼容化"，使产业的外部风险程度大幅降低

未来高复杂性的产品将可能结合许多由不同设计者设计的模块。兼容性的考虑便成了一个大问题。在信息经济中，销售与其他系统兼容的产品是非重要的，假使只销售系统的一个组件而产品不能兼容于其他的系统中，将不会有竞争力。因此如何寻找并建立起接口的标准，便成为模块供货商不可避免的议题。

信息产品容易复制的特性加上这些产品的网络效应，使得策略联盟可能成为一种必须。策略联盟的目的是比别人更快一步地抢得市场的占有率以扩大网络效应并可降低产品单位成本。例如，Intel 和 Microsoft 已经形成一个成功的联盟，此联盟使用所谓"Wintel"平台，英特尔致力于发展计算机芯片，微软则致力于发展相应的操作系统和应用软件，他们彼此的发展都依赖于对方模块发展的成功。例如，改善 Intel 芯片的性能将改善微软操作系统的表现同时吸引其他的使用者使用 Windows 系统。同样，微软改善操作系统，消费者将会趋向于使用以 Intel 芯片为核心的计算机，带给 Intel 更多的利益。Wintel 联盟是一个难度较大的联盟，在信息经济中，却可能为萧条的经济提供一个不错的未来模式。

5.2.3 汽车产业的模块化

模块化原理是一种分解复杂问题，并对其提出解决方案的重要工具。这种工具已经在许多产业（如计算机产业、汽车产业）的发展实践中得到了具体的运用，其有效性也得到了充分的肯定。模块化生产方式遵循"设计模块化—采购模块化—生产模块化"的路径向前发展。设计模块化、采购模块化、生产模块化是相辅相成的递进关系。其中，设计模块化是基础，它因为产品结构的模块化实现模块化组合，为采购模块化和生产模块化创造前提，如图5-4所示。

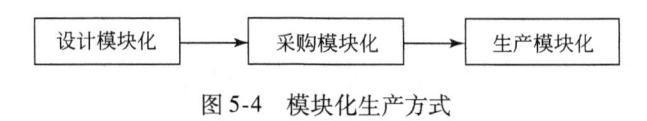

设计模块化 → 采购模块化 → 生产模块化

图5-4 模块化生产方式

模块化思想在汽车产业中的运用是先于其概念的。在汽车产业开始发展的初期，汽车并不是在一家企业中生产出来的，在零部件的供应上存在着相对的一级和二级供应商，他们通过购买零件并加以组合，然后销售给整车厂（OEM）。需要注意的是，最初的汽车整体是由单个零部件组合而成，一种车型往往只有一种标准，不同的车型之间从内到外、从零部件到整车，其制造标准和公差范围是完全不一样的。据此可以理解为，一种车型只有针对这种车型的单独生产线，顾客的选择也是单一的，是由产品决定消费。零部件的更换也只有对应车型的零部件才可以匹配，不同车型之间的零部件是不能兼容的，甚至一颗螺丝或螺帽也不能。

随着生产技术和外部环境的不断变化，汽车企业、汽车零部件企业（供应商）之间的联系增多。在生产中所取得的经验不断累积的前提下，汽车生产商发现有些零部件的标准是可以统一的，有些生产过程中的流程也可以进行简化，但成本并没有出现显著提高，而带来的好处却很多，这就是模块化生产的基本思想。然而，这种模块化的生产方式在当时看来只是极个别领域、极个别产品生产过程中的一种生产经验，并没有发展成为一种主导的生产理念或是生产方式，也没有得到广泛的应用。近年来，伴随着电子信息技术的普及和相关计算机辅助技术的运用，这种理念在国内外汽车行业中被广泛采用，但作为一种生产理念加以运用的却并不多。对中国而言，只有一汽大众等几家较大规模的中外合资企业对模块化理念的应用，较国内其他汽车企业来说处于领先地位。

其实，汽车产业的模块化是一个不完全开放的模块化系统（胡晓鹏，2009），它至少包含开发设计的模块化、生产组装的模块化以及组织模块化。前两种模块化需要汽车制造商与模块供应商具有良好的合作愿望、相似性以及信息共享，而后者是由于产品结构与组织结构有一定的关系。

1. 开发设计的模块化

与传统的产品开发设计不同，模块化的设计原理是以某一类产品系统或者有相似功能的相邻产品系统为开发对象，按照标准化的设计方法达到部件级的通用性；在设计方法上，它着眼于产品系统的功能分解与组合，并遵循着自上而下的路径；在设计过程中，这种设计原理还必须遵守一系列重要原则，包括设计规则、独立的任务块、清晰的界面、嵌套型层级结构以及隐藏信息与可见信息的划分。总的来讲，模块化设计原理为人类提供了完成复杂设计或制造发展产品所需的知识分类方法和任务拆分方法。也正是因此，这种设计原理在汽车产业中的推广和使用，使得汽车产品的开发设计表现出简易性、低成本性和高效性的特征。

在传统的产品系统中，零部件之间及其任务之间具有强烈的互连特征，交互作用非　明显。任何一个零部件的改动，都会引致其他零部件的变化。显然，这种互连性使得设计者面对的是一系列更加困难的问题。设计参数　以一种非　复杂和曲折的方式相互依赖，这反过来又限制了设计者完成任务的方式。与此不同，通过限制部件级之间或任务之间交互作用的范围，模块化可以减少设计或生产过程中发生循环的次数，缩小发生循环的范围。循环越少，意味着设计消耗的时间越短，设计任务成功的可能也会越高。

在汽车产业的模块化开发设计过程中，为了达到产品的模块化，或者为了生产出某一特定功能的模块，系统设计师或模块供应商往往会对产品模块的设计进行任务分解，最终会形成一定的任务结构，不同的生产线就代表着不同的任务结构。以汽车产业的模块化设计为例，生产某种模块产品的生产工序其组合与拆分构成了不同的任务结构。通过这种工序的组合与拆分可以使生产出的产品具有或不具有某种功能。根据产品功能及要求的不同可以对工位进行不同的组合。更为重要的是，通过对某个工位的模块化操作也能使产品的性能或外观发生变化而不必投资建立另一条生产线。

产品开发设计的模块化思路实质上就是一种基于某个产品体系的流程再造设计。在这种产品体系中，一种产品的功能通过不同的和相对独立的产品模块来加以实现，这些模块之间的嵌合是根据一套接口标准进行设计的，从而确保模块化可替代性和可重用性。其实，正是在这种可替代性和可重用性的前提下，模块化的产品设计可以支持"大规模定制"，从而能够以大规模生产的成本实现高水平的多样化。在汽车产品的开发设计中，通过设计任务的模块化操作，可以显著地增强生产工具和设计对象的通用性，从而带来企业投资成本的大大降低。比如，传统的、整体式产品的设计，是从一个一个零件、部件开始的，设计工作量大、周期长；而在模块化设计中，因为已有了一个现成的模块体系，产品设计的主要任务就变成了选用标准化的模块，并进行接口和组装设计。更为重要的是，模块化的设计方式还使得一些特殊生产工具的专用性程度降低，甚至转变成通用性生产工具。

此外，在汽车整车生产过程中，通过对生产过程设计任务的模块化分解，形成了具有一定通用性的生产平台。显然，平台使用的共享性对于降低成本具有非重要的意义。运用模块化原理进行设计开发，不仅可以最大限度地缩短新产品的开发时间，而且能够最大限度地满足消费者的个性化需求。因此，时间效应和多样化效应就是这里所指的高效性。一般来讲，在模块化的任务结构中，不同的单独模块可以同时进行设计。因此，只要有"设计规则"和"集成测试"阶段不占用太多时间，将任务进行模块化划分就会缩短完成特定生产过程或设计过程所需的时间。另外，通过引入模块化的设计方式，产品不再是由新的零件及元器件直接构成，而是由许多的通用模块和少量的专用模块组成，把这些模块按照不同的顺序排列组合，就可以迅速提供众多的功能相似的同类产品。因此，按照产业模块化原理进行的新产品设计，不仅会大幅度降低设计的经济成本，也会快速地增加产品的多样化程度。

2. 生产组装的模块化

在最初的汽车生产制造中，汽车零部件大多是不可拆分的，不同汽车品牌的零部件因为标准不同而互相是不可兼容的。如果消费者想要更换不同的零部件，如换一台更好的发动机或是想要增添新的功能配件如音响设施等都是不可能在原车的基础上进行的，除非你重新购置一辆新的汽车。正是由于汽车整车各零部件之间的高度相关性，整车的生产和组装表现出很强的技术专用性特征。

通过模块化开发设计原理的引入，汽车产品系统就能分解为一系列相对独立的具有特定功能价值的模块（子系统），很多汽车内部的许多零部件也都是可以兼容的，目前主要局限于同一汽车整车厂内部各个不同品牌的汽车之间。从构成上看，汽车整车大致包括发动机、底盘、车身、电气设备四大系统模块，这四大模块分别由不同小模块组成，可将其称为子系统模块。当然，这些子系统模块中还包括更小的模块零部件或组成这些模块零部件的零件（图5-5）。

3. 组织结构的模块化

整车厂为了加速开发新车型，降低成本，并满足环保、安全、通信等方面的要求，研发投资负担日益加重，模块化设计和生产方式较好地满足了多样化、个性化和新车型快速上市的要求。在模块化的设计和生产方式的作用下，整车厂不

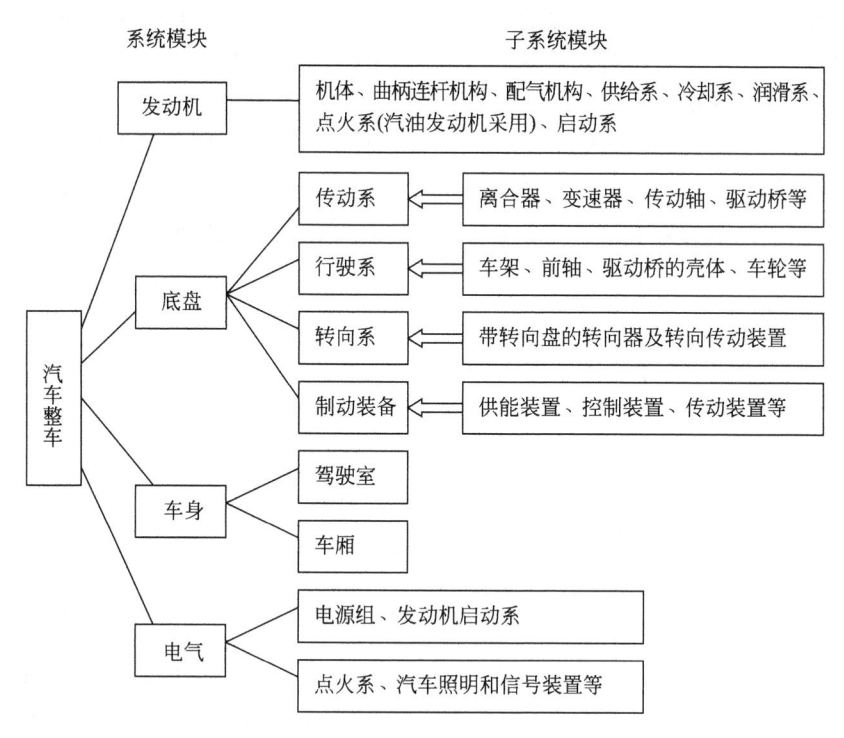

```
系统模块                  子系统模块
                    ┌─────────────────────────────────────┐
         ┌─发动机──│机体、曲柄连杆机构、配气机构、供给系、冷却系、润滑系、│
         │         │点火系(汽油发动机采用)、启动系          │
         │         └─────────────────────────────────────┘
         │         ┌─传动系──┤离合器、变速器、传动轴、驱动桥等
         │         │
         │─底盘─── ├─行驶系──┤车架、前轴、驱动桥的壳体、车轮等
汽车整车 │         ├─转向系──┤带转向盘的转向器及转向传动装置
         │         └─制动装备─┤供能装置、控制装置、传动装置等
         │         ┌─驾驶室
         │─车身───│
         │         └─车厢
         │         ┌─电源组、发动机启动系
         └─电气───│
                   └─点火系、汽车照明和信号装置等
```

图 5-5 汽车整车的模块化结构

资料来源：胡晓鹏，2009

仅将模块的设计制造业务逐步分离出去，而且开始要求零部件厂成套、成系统供应。比如，仪表板生产厂不仅要生产仪表板，而且要代替整车厂将仪表板上的仪表、电器件、电线束、风道等部件装上去，向整车厂提供一个仪表板模块。

与此同时，整车厂通过实施全球采购，汽车产业形成了具有显著网络特征的模块化产业组织体系。在这个组织体系构成上看，少数规模巨大、技术先进、能生产系统模块的零部件大公司向整车厂直接供货，出现了一级供应商，而生产部件模块的厂商主要向系统模块供应商供货，产生了二级供应商。当然，还会存在向二级供应商供货的三级供应商、四级供应商等，以及单纯制造零件的原料供应商。如果以汽车产业链为标准，汽车产业的利润分配形成了 5∶1.5∶1.5∶2 的分成结构，即零部件生产商占汽车总利润的 50%，整车厂占 15%，原料供应商为 15%，剩余的 20% 为销售商。更为重要的是，如果将同级供应商或生产商的数量考虑在内，那么处在不同层次上的企业利润将存在更大的差异。理论上讲，在汽车产业链中系统整合的程度越高，其复杂程度也就越高，产品的附加值也比较高，而其利润也相应比较高。换句话说，一级供应商的所得利润要大于其相应的二级供应商的利润，同时，也可以认为整车厂是最高一级的系统供应商，不同的是他们所针对的客户是市场的消费者。本质上讲，上一级供应商的所得利润之所以较高是因为他们担负着整条供应链标准的传递，而且他们的安装制造流程更为复杂，技术含量也较高。

尽管汽车产业链的不同层次存在着显著的利润差异，但在整车厂模块化采购行为的驱使下，供应商之间的竞争和协作更加紧密。他们在模块化的生产方式下相互合作和竞争，形成了新的组合件模块；同时，多级供应商与整车厂之间的关系也出现了多种形式的供求关系，并主要表现为分散型供应模式、集中型供应模式和混合型供应模式（图5-6）。

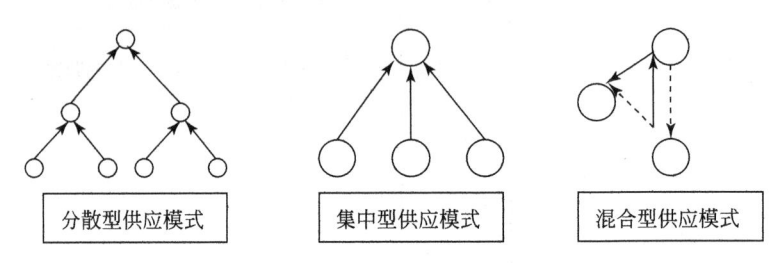

图 5-6 整车厂与供应商的联系模式

基于汽车产业链不同行业间收益的差异，可以得出两个基本结论：第一，从静态上看，一个国家的汽车产业中，能够提供高质量模块的数量是汽车产业发展水平的标志——即高质量模块的数量越多，该国的汽车产业在该时点上发展的就越好，反之亦然；第二，从动态上看，一个国家的汽车产业中，能够提供高层级、高质量模块的独立供应商数量是汽车产业发展水平的标志——即该国提供高层级、高质量的独立供应商越多，其汽车产业的发展势头就越好，反之亦然。

5.2.4 汽车产业模块化促进汽车产业与电子信息产业融合

汽车产业的模块化，使得汽车零部件创新速度加快，促进电子信息技术在汽车产业的扩散和应用，模糊了电子信息产业和汽车产业的边界，导致产业融合现象发生。而消费者对汽车功能要求的发展，将引导着汽车电子技术不断向着智能化的方向发展，同时也满足了汽车产业发展人性化的趋势，将会把汽车变成应用电子、IT、通信、家电、服务等产业最新技术的一个机械平台，在机械运动中去实现基于功能满足基础上的情感满足，在更大程度上促进汽车与人本身的融合。技术智能化将在带动通信设备生产、家电、通信服务、网络服务、电子设备研发生产等相关产业发展的同时，渐渐地模糊汽车产业与它们之间的关系，从而实现产业融合，带来产业绩效的不断增长。

由于汽车电子产业是电子信息产业与汽车产业相互融合而形成的新兴产业，

产品覆盖范围很广，产业关联性较强。随着电子信息技术的不断进步以及其在汽车中的应用范围日益扩大，新的汽车电子产品将会不断出现。因此，汽车电子产业是一个动态的概念，随着汽车电子产品种类的不断增多和汽车电子化程度的不断提高，汽车电子产业的内涵和外延将会进一步延伸和扩大。

一般认为，汽车电子产品包括电子基础元器件、电子零部件、各类电子控制系统、车载电子装置，以及涉及汽车的设计、仿真、实验、制造、销售、服务的CAD/CAM/CAE/ERP等各类电子产品、软件和信息系统。很显然，IT产业的发展对汽车电子产业的支撑是十分重要的。半导体、集成电路尤其是CPU的不断发展可以为车用半导体和控制系统的发展提供良好的硬件支撑。而我国新型电子元器件的发展，则可以为车用传感器、控制单元、执行器等的开发和发展提供技术支撑；软件和集成电路的发展也可以为整车设计、汽车动力控制系统、车身控制系统和底盘控制系统等提供开发工具软件和应用支撑；而彩电、通信产品、光盘产品、显示器等领域的发展又可以为车载电子装备系统的不断发展提供丰富多彩的应用支撑；特别是电子信息产业在智能交通体系和集成应用等多领域、宽范围的研究，为进一步地推动建设以汽车作为移动增值的多业务、多功能、多服务的系统奠定了良好的基础。

汽车电子产业的不断发展，一方面可以显著地增加汽车产品的科技含量，赋予传统汽车产业以新的内涵，为汽车产业的自主发展、技术创新和改造升级提供了强有力的支撑，从而能够提高汽车产业的核心竞争力。同时，不断在增长的汽车需求也带来了巨大的汽车电子市场空间，将会带动集成电路、软件等相关产业的发展，有助于推动解决我国电子信息产业核心的空心化问题，促进电子信息产业整体水平的提高。总之，加快发展汽车电子产业，这会极大地增强国家的技术创新能力，不断地提高我国的电子信息产业和汽车产业的国际竞争力。

5.3 汽车电子产业的发展趋势和意义

5.3.1 汽车电子化的发展历程与发展趋势

20世纪中期以来，为了能够适应越来越快的社会节奏和满足人类对于节能、环保、舒适、安全、便捷等性能的要求，在汽车产品中日益广泛地采用了各种高技术（尤其是电子技术）已经成为汽车产业发展的方向。在50年代，人们开始在汽车上安装电子管收音机，这就是电子技术在汽车上应用的雏形，到60年代中期，人们开始在汽车上采用晶体管电压调节器以及晶体管点火装置。但是，更多地应用电子技术则是在20世纪70年代以后，主要是为了解决汽车的安全、节油和污染三大问题。进入70年代后期，尤其是集成电路、大规模集成电路和超大规模集成电路技术的不断发展，使得微机在汽车上得到应用，这就给汽车工业带来了划时代的变革。进入80年代以后，源于社会对环境保护和能源危机的高度关注以及人们对汽车安全和舒适性等方面不断增加的需要，汽车电子技术及其相关产品就得到了迅速的发展。到90年代，汽车电子技术进入了发展的第三个阶段，而这是对汽车工业的发展最有价值、最有贡献的一个阶段，超高效电机、超微型磁体及集成电路的微型化，为汽车的集中控制提供了良好的基础。目前汽车电子技术已发展到了第四代，即包括电子技术（含微机技术）、传感器技术、优化控制技术、机电一体化耦合交叉技术、网络技术等综合技术的小系统，并已从科研阶段进入了商品生产的成熟阶段（柳尧杰和唐波，2006）。

随着汽车技术的不断发展和消费者对汽车性能需求的不断提高，电子信息技术已经在汽车工业中得到了广泛的应用，已经成为近年来汽车工业进步和升级的重要推动力量。汽车将由一个传统的机械产品，提升成为一个高科技的机电一体化产品，而汽车电子产业也成为信息技术产业与传统制造业融合的典型。汽车电子产品在整车价值中的比例越来越大，而汽车的电子化程度被视作衡量一个国家汽车工业发展水平的重要标志。目前全球的汽车制造商已经把最尖端的新兴电子工业作为其差异化手段和市场竞争最重要的砝码（王旭超等，2007）。人们在评估一辆汽车的价值时，往往不是去纯粹评估其外形和速度，而在于其所具备的电子功能。

在现代社会中，汽车早已不仅仅是代步的工具，还是具有娱乐、办公和通信等多种功能的产品。目前汽车电子技术的应用几乎已经深入到汽车的所有系统中并且增长十分迅速。伴随着电子信息产业与汽车产业的加速融合，汽车开始向着电子化、多媒体化和智能化的方向发展，由以机械产品为主逐渐向高级机电一体化产品的方向演变。当前，第三代移动通信、卫星导航、高清晰数字电视、移动网络等越来越多的IT技术都被逐步移植到了汽车上，电子装置占汽车整车价值量的比例在逐步提高，汽车电子产业也随之蓬勃发展起来。国外每台汽车采用汽车电子产品的平均费用在1990年时还只是672美元，到2000年时就已达到2000美元。据专家们估计，电子产品大约占中档汽车整车成本的20%以上，而占高档汽车整车成本的50%甚至60%（谭梅等，2005）。可见，汽车的多功能化和电子化为汽车电子产业发展带来了广阔的空间。

近些年来，世界汽车电子产业增长迅速，市场总量在不断扩大。从以往几年的全球汽车销量和汽车电子销售额数据来看，即使是在全球汽车销量出现负增长时，汽车电子产品和系统的销售额仍然能够保持着7%~8%的增长，到2008年时全球汽车电子系统市场的规模达到了1500亿美元。汽车电子产品在整车中的份额也越来越大，目前全球汽车电子产品在整车成本中已经占了1/4以上，大约是26%左右。2010年比例增加到35%，其中硬件大约占22%，软件占13%。

5.3.2 发展汽车电子产业的重要意义

1. 汽车电子产业将成为新的经济增长点

随着汽车产业发展中科技含量越来越高，汽车电子的内涵也在不断地"扩容"。按照性能作用来说，汽车电子可以分为以机电一体化为特征的控制类电子（如发动机控制、车身控制等）和以人车环境交互为特征的车身车载电子技术（如音响、导航、娱乐等），以及最近伴随新能源汽车与Telematics服务发展起来的汽车电力电子技术、汽车远程信息服务技术等。

汽车电子产业是一个潜力巨大的行业，汽车电子产品占整车价值的比例已经从20世纪80年代末期的5%上升到目前的25%，并且在中高档轿车中已经超过30%。有关市场调查报告分析，这个比例还在不断增长，预计一些高档汽车中电子产品的价值含量很快将达到50%，未来有可能达到60%。

与汽车电子在整车中的比例不断提高相同步，汽车电子的市场规模越来越大。2010年汽车电子市场规模突破2000亿元，2011年突破2600亿元，预计2012年将突破3000亿元，三年平均增长速度约19%。

现在我国的国民人均收入已经突破1000美元，人们的消费层次在不断提高，汽车进入家庭已经成为不可阻挡的趋势。我国已经成为世界上第四大的汽车生产国和第三大的汽车销售市场，由此给汽车电子产品带来了非 巨大的成长空间。国内汽车电子所占整车的比例与全球相比还有相当大的差距，我国企业所拥有的仅仅是中低端的产品，而一些核心的汽车电子产品非 缺乏竞争力。在未来的几年，在中国的汽车市场中，汽车电子仍是以安全和环保需求为主的，而车载娱乐和网络通信功能方面的需求也非 大。在过去几年，整个中国的汽车电子年均复合增长率超过了30%，远远大于传统电子产品的个位数的增长率。据赛迪顾问预计，在未来5年，整个中国汽车电子产品的年平均复合增长将达到26%左右。汽车电子产业完全可以形成一个新的产业增长点，并且产生巨大的经济效益，将会带动整个国民经济的增长。

2. 建设节约型社会、实现可持续发展的需要

新兴的汽车电子产业是利用电子信息技术改造、提升汽车产业的重要实践，

而采用电子信息技术是当前和今后一段时期内节约能源的直接手段,又是减少汽车保有量快速增长所带来的噪声、大气污染、电磁兼容等问题的重要技术基础,也是提高汽车的可靠性、减少交通事故和避免人员伤亡的有效手段之一。例如,柴油发动机采用电子控制后,会比传统机械柴油机的排放降低30%~40%,并且还能够实现其10%~15%的节能性能。因此,贯彻和落实科学发展观,大力发展汽车产业,必须在扩大规模的同时,以提高汽车安全、环保、节能为重点,积极推进汽车电子等核心关键技术的开发应用。

5.4 加快我国汽车电子产业融合成长

5.4.1 我国汽车电子产业发展现状

1. 汽车电子产业发展近年来稳步增长

《2009中国汽车工业年鉴》的统计数据显示,2008年中国汽车电子市场规模达到了1300亿元,同比增长11.8%,增幅比2007年降低23个百分点。根据有关统计,2008年中国占全球汽车电子市场营业收入的份额是13.5%,预计2012年将上升至18.1%。虽然受国际金融危机的影响,2008年第四季度中国汽车产销量增速出现大幅回落,但中国经济发展的基本面依然良好,国内汽车产业发展依然稳定,汽车电子产业仍将稳定发展。

2009年中国汽车电子产业规模达到了1484.3亿元(表5-1);2010年我国汽车电子产品市场规模达到近2000亿元;到2012年汽车电子市场规模有望突破3000亿元。2009年我国汽车电子产业产值增长了13.2%。

表5-1　2008年和2009年中国汽车电子产业发展状况

年份	汽车电子产业市场规模/亿元	产值占全球比例/%
2008	1300	13.52
2009	1484.3	18.46

目前看来,中国汽车电子产业发展经历了三个时期:2005~2007年处于快速成长期,年增长率超过了30%,2008~2010年处于调整期,而2010~2013年将会是稳步增长期。中国汽车电子产值占全球比例的上升速度比较快,2008年占13.52%,而2009年已经占到18.46%。

2. 市场需求和政策扶持刺激汽车电子产业发展

汽车电子产业在我国为何发展如此迅猛，急剧攀升的国内汽车市场是最大的刺激因素。2009年上半年累计汽车生产及销售与2008年相比，同比增长分别是15.2%和17.7%。

2009年，我国汽车产销量已经双双突破1350万辆，按照2010年的市场走势，全年汽车产销超过1500万辆不成问题。如此巨大的汽车消费市场，为汽车电子产业的发展提供了极为肥沃的土壤。近几年来，汽车电子产业的增长速度已经明显超过汽车产业的发展速度，而这种趋势很有可能会持续下去。

放眼当前全球汽车工业，智能化、数字化已经成为汽车行业的发展趋势，安全、节能、舒适、娱乐已经成为未来汽车发展的主旋律，这就需要整车中汽车电子的配置率不断提升。而随着汽车电子产品和技术的日益成熟，产品价格开始下降，消费者认知度不断上升，汽车电子市场发展速度越来越快。

此外，从国家政策扶持方面来看，《汽车产业调整和振兴规划》以及《电子信息产业调整与振兴规划》等政策的出台，都对汽车电子等关键零部件实现自主化作了详细规定。《十一五规划纲要》、《汽车产业十一五发展要点》、《汽车产业调整与振兴规划》等，明确提出要大力发展汽车电子产业。吉林、武汉等汽车工业基础好的省市也在规划中把汽车电子放在重要位置，这些因素为汽车电子产业的发展创造了良好的政策环境。

3. 汽车产业集群带动汽车电子产业发展

在国家政策的倾斜下和市场发展过程中，我国少数基础比较良好的区域已经初步形成了汽车产业集群，比如长三角、珠三角、环渤海和东北产业群等，而且这种趋势还会进一步加快发展。汽车产业集群的发展势必将提高汽车电子企业的专业化程度，降低交易费用、加速创新、集聚人才、促进产业链的进一步延伸、树立起汽车产业集群的地域品牌，必然会提升集群的整体竞争力。

随着消费者的不断成长和基本需求的满足，消费者的需求会向个性化方向发展。为了满足其中某一细分市场顾客的需求，整车企业对汽车电子设备的要求会更加的详细和更加具有个性化；这样就会要求汽车电子企业能够为整车企业提供定制的、个性化的研发、设计和生产，并融入新车的开发设计中，进而能够使企业间的合作更加具有针对性，合作关系更加紧密。许多中外合资的整车企业的外方也把自己的零部件企业带到了我国，从而使得我国的汽车电子等零部件企业很难能进入其配套体系。面对这样的情况，我国的汽车电子企业要尽快地改变自己在产业链中的位势，或者想办法介入其中，或者干脆着手打造自己的产业链，通过产业融合，形成一定的集群优势，从而能在竞争中争取到一定的优势位置。

伴随着产业规模的迅速扩大，我国的汽车产业基地已经初具规模。目前国内已经初步形成了四大汽车制造集群，分别是以上海为中心的长三角产业集群、珠三角产业集群、京津环渤海产业集群和东北产业集群。集群内配套的汽车电子产业的聚集效应也开始显现出来。在长三角地区，上海依靠其国际大都市的优势地位，吸引了众多的国际企业落户到此，而上海大众和上海通用的发展也使汽车零部件相关企业不得不重视起来。美国德尔福、德国博世、德国西门子威迪欧、上海联合电子等中外企业的发展，使得上海汽车电子产业得到了蓬勃的发展，并形成了长三角汽车电子产业集群的核心地区。另外，杭州目前已经把汽车电子列入了国家高技术产业化项目，并且同其他项目一起共获得了 1.36 亿元的国家补助资金，而且随着苏州工业园区软硬件环境的不断成熟，并且大力吸引我国台湾企业的投资，使其信息产业的发展也得到了国家的支持和认可，汽车电子信息产业日渐成为一股不可忽视的力量。

环渤海地区因为其特有的政治、经济与地缘优势，也成为我国汽车电子产业发展的一个突出亮点。汽车电子产业正在成为北京产业经济中新的增长点，北京市已经制订了产业链建设的一揽子计划，力争要提升电子信息产业发展中前沿性和关键性技术，培育区域核心竞争力，重点地发展和完善汽车电子等产业链。北京市计划用五年时间来培育出一个完整的汽车市场和后市场产业，汽车电子产业也成为北京市未来重点建设的六大产业之一，而天津的汽车电子产业已经走上了大规模、高投入、高技术和产业化的可持续发展快车道，并形成了一系列供应链和产业链。2005 年，摩托罗拉公司在天津市建立起首家汽车电子工厂，专门提供包括手提车载电话、互联网接入、导航系统及自动报警系统等在内的高端产品。

东北的汽车电子产业集群主要是分布在沈阳、大连、吉林以及长春等地。由于吉林、辽宁两地随着振兴东北老工业基地的中央政策得到了快速的发展，汽车已经成为其大力扶持的工业项目，而汽车电子等配套产业也随之成为一个新的经济增长点。另外，长春、吉林等城市也在加紧地建设汽车电子产业。

从汽车制造的角度来看，从动力系统、车身、底盘，到电子零部件的自动控制均融入了通信、计算机控制、半导体芯片、软件等电子信息技术，尤其是汽车的智能化、多媒体化和网络化发展的趋势，使得汽车电子技术对汽车制造过程的渗透得到进一步增强。从汽车的发动机电子、底盘电子、车身到电子零部件等，各部分功能的电子产品都体现出明显的为汽车制造的配套性。汽车电子产业链可以拉动上游的电子、机械、橡胶、冶金、石化，下游可以带动汽车维修、汽车金融保险等服务业的发展。而随着汽车技术的不断发展和规模经济的不断增强，汽车制造分工将会更加的深化和细化，将会出现更多的零部件厂商专门为整车厂配套，使得汽车电子产业链化趋势进一步加深。对我国的汽车电子企业来说，要打造出自己的产业链，最重要的是要和整车企业协同发展，因为整车企业是这条产业链存在的理由，如果失去了整车企业，汽车电子产业就没有了存在的根基。随着模块化供应逐渐成为发展趋势，这就意味着包括汽车电子企业的汽车零部件企业必须与整车企业协同设计，才能够获得更大的发展。同时，汽车电子企业也应该顺应产业融合和产业集群的趋势，适当改变自己的位置，加入或者靠近自身所处产业链中的整车企业，以便获得产业集群带来的效益，能够更加迅速地对客户需求作出及时反应。

4. 当前总体上处于起步发展阶段

近些年来，我国汽车产业发展非 迅速，国内汽车电子产业也随之迅猛增速，巨大的规模效应已经开始显现。中国轿车内的平均电子设备含量从22%增加到2010年的35%。据CCID的统计，近年来国内汽车电子产业基本上保持着年均35%的增长速度。根据有关专家推测，2010年我国汽车需求量达到550万辆，如果按电子产品价值含量25%～30%来折算，汽车电子产品的市场规模会达到大约2500亿～3000亿元，产业形势甚为乐观。但是纵观我国汽车电子产业的发展过程以及现状，我们既要看到汽车电子产业发展中的积极因素，更要看到所面临的一些问题。

当前我国汽车电子产业总体上还处于进口替代和国产化的起步发展阶段，基础比较薄弱，规模化生产还尚未形成，汽车电子落后于汽车整车的发展水平，总体上尚未形成具有自主知识产权的汽车电子企业，自主开发能力也较弱。而我国汽车电子产品由于技术含量不高，形成具有一定规模的汽车电子产品，主要是一些中低端产品，尤其在代表汽车性能水平的汽车电子控制装置方面，与发达国家相比大约落后10年左右，技术仍然是产业进一步发展的瓶颈；企业的生产规模小，没有形成规模效应，因此产品的成本比较高；汽车电子产品市场70%以上的份额都被国外企业产品所占据，国内企业产品所占的市场份额不足30%，而且其中相当一部分的产品是合资企业所生产的；官、产、学、研、用结合得不够紧密，对科研成果转化很不利，国内一些企业、高校和科研院所自主研发的成果也不能够很快转化为配套的产品，即使进行了成果转化，其转化成本也比较高，汽车电子企业难以承受整车试验所需支付的高额成本；电子信息产业与汽车产业融合度不够，两大产业主管部门交流沟通也较少，两大产业的骨干企业及科研单位合作和协作较少；严重缺乏既懂汽车又懂电子的复合型人才。国内汽车电子企业由于缺乏整车设计的依托，很难能够成系统地提供满足设计要求的产品，使得从业企业普遍感到配套难度大，所面临的竞争压力日益加大。当前为了加快发展我国汽车电子产业，信息产业部与相关部门正在积极地推进建设国家汽车计算平台工程，并且组织实施汽车电子专项，以便发展和振兴我国的支柱产业。

5.4.2 我国汽车电子产业发展存在的问题

我国的汽车电子产业起步比较晚，在20世纪90年代以前，除了汽车收音机等直接从家用电器移植过来的产品之外，几乎没有汽车电子产业。自从进入90年代以来，随着我国汽车产业的较快发展以及国外越来越强劲的汽车电子化潮流，我国的汽车电子化也越来越引起重视，汽车电子厂家开始如雨后春笋般涌现。据CCID的统计，中国汽车电子企业或者涉及汽车电子生产的企业有1000多家，但是绝大部分企业规模偏小，产品结构比较单一而且技术含量偏低。

在过去我国汽车产业基本上是以市场来换技术，主要是通过与国外汽车厂商的合作来谋求发展的，也同时采用了国外的汽车电子产品，因此国内电子信息产业参与的机会较少，这导致国内汽车电子产业与世界水平存在较大的差距，而难以进入国际竞争体系。

1. 企业规模小制约了汽车电子产业的生产能力

中国虽然拥有一批高水平的、批量大的汽车电子零部件企业，但是相当一部分企业规模偏小，配套单一，而且大多数汽车电子零部件企业只为一个整车企业进行配套，没有能够形成规模经济，产品成本高、效益差，基本上不具备国际竞争力。在汽车电子控制系统的生产领域中，国内开发这类产品本来有较好的基础，生产这类产品的企业也比较多，但是具有一定经济规模的生产企业还是很少。如果想在当今激烈的市场竞争中生存下去的话，企业必须通过兼并重组，壮大企业的实力，扩大生产规模。汽车电子控制系统工作的好坏与否，直接会影响到汽车的性能，事实上已经成为影响当代汽车性能的关键部件。汽车电子控制系统的开发难度较大、周期长、资金投入大，再加上短时间内不能见到经济效益，因此企业很难下决心进入这一激烈的市场竞争中。所以到目前为止，国内具有一定规模的能够为主机厂配套自主开发的汽车电子控制系统的企业还非 少。另外，汽车电子产品与普通的电子产品相比，由于应用环境不同，对温度、气候等的适应能力要求更高。不同的汽车厂商对于定制的汽车电子产品的要求也不相同。汽车电子的超前性、配套性的产业特点，要求产品研发、设计与整车制造要相互协调，整车制造商和电子制造商要密切配合，而国内汽车制造与电子制造分属不同行业，整车制造商和电子制造商各干各的，缺少了必要的有效合作，也影响汽车电子产业健康、快速发展。

2. 合资模式的特点制约了企业的自主研发能力

汽车电子特别是汽车控制系统在技术上涉及"电子"和"汽车"两个专业,资金投入较大,开发难度也很大。同时,汽车电子产品又具有系统开发周期长、产品寿命长的问题。一般情况下,普通消费类电子产品的开发周期为3个月,产品寿命为6个月,而汽车电子产品的开发周期会长达3年,产品的寿命则长达10年。这种状况会使得领先进入者的先发优势较为明显,再加上短时间内的研发投入难以见到收益,就导致了国内汽车零部件企业的研发投入少,开发能力弱。目前国内的零部件企业用于新产品开发的投入仅占了销售收入的1%~2%,而发达国家为3%~5%,甚至达到了10%。国内汽车电子生产企业大多需要从整车厂获得技术与加工图纸,只能够满足整车企业现有生产的要求,难以做到与主机厂新车型的研发进行同步开发;只能进行满足国产化的适应性开发,而无力进行超前开发、高科技产品开发和系统化开发。汽车产业附加值的70%是由零部件创造的,汽车领域70%的技术革新也是来自于汽车电子产品。因此,建成具有较强研发和创新能力的大型汽车电子企业,是中国汽车电子产业乃至于整个汽车工业健康发展的当务之急。

汽车电子产品的先进技术主要是在合资企业或者是在外资手中。合资企业由于受到引进产品技术许可的制约,外方不让中方参与企业的产品开发,使得中方失去了产品开发的自主权,难以消化和吸收引进产品的核心技术。这种状况导致了企业失去开发先进技术的主动性和能力,出现了与汽车整体产业同样的技术空心化问题,成为国外汽车零部件厂的"组装车间"。鉴于国家对合资企业中外资股权比例有所限制,跨国公司在不能取得控股权的情况下,其核心技术是一把杀手锏,如果控制了核心技术和技术开发的关键环节,也就等于取得了合资企业的实际控制权。因此,在中外合作中,跨国公司往往在车型以及发动机、变速箱等核心技术方面一直对中方有所保留,而且对中方的技术、合作开发等诉求也反应冷漠,甚至是有意削弱合资企业的中方自主开发汽车新电子产品的能力,使得中方不能进行"研究中学习"。因为现有的合资模式的特点是外方主要是以生产许可权为主要的投资,也就是根据外方提供的成型设计来进行组装,中方企业很难对引进来的产品进行任何的修改和创新。中方的技术资源充其量只是用于"适应性开发",让他们业已成熟的电子产品更加适合中国消费者的口味,能在中国销得更好、更多而已。这种"适应性开发"仍然只是停留在复制模仿阶段,中方受益更多的只是制造能力的提高,而不是技术能力的提升。同时,能够尽量延长现有电子产品的生命周期是最符合跨国公司"利润最大化"的要求,在中国企业无法通过自主开发来提供竞争性电子产品的情况下,无论是大众还是雪铁龙,都是在实践中采取了延缓升级换代的拖延技术,而且始终都不愿意在品牌营销和价格制定等方面放松其控制权。这种状况就导致了与"以市场换技术"完全相悖的结果,也就是合资企业的产品升级换代速度极其缓慢。在这样的模式下,中方合作伙伴在引进生产权的盈利模式下就逐渐丧失了其自主开发的动机、信心和能力。由于中国定点汽车电子企业始终居于垄断地位,依靠外国技术可以坐享其成,就算不发展电子产品开发能力也可以过上小康日子。而且,面对只认高档豪华车的中国市场,如果投入数亿元资金搞自主研发,既可能有研发失败的风险,又可能存在卖不出去的风险。因此中方合作伙伴往往不愿冒这个风险,于是就会沿着既定路径滑了下去。

3. 外商占有技术和配套体系的优势

中国在加入 WTO 以后,全球的汽车电子零部件系统开始进入中国,不论在技术、资金还是调动资源力量方面,国内新兴的汽车电子小企业都难以对抗。我国汽车电子产品与国际先进水平相比要落后 10~15 年,其主要差距是在电子控制单元的软硬件、系统的可靠性和控制精度等方面。国内企业生产的汽车电子产品主要是一些低附加值的产品,如音箱等,竞争力明显不足。而目前国内市场 70% 以上的市场份额都被国外企业所占领,就算加上合资企业,国内企业在汽车电子领域的市场份额也不会超过 30%。如果再除去合资企业的话,则我国企业在汽车电子市场上的占有率完全微不足道(徐哲,2006)。造成上述状况的原因,一个是因为汽车电子产品科技含量较高,而国内市场面对的竞争对手都是国外实力很强大的跨国汽车电子公司,加上国内电子行业对汽车电子控制系统也缺少了解,因此影响国内汽车电子产业化进程。二是因为国内轿车生产厂商大多是合资企业,生产的轿车也多为外方设计,且由外方掌握技术的决策权,所使用的电子产品也多是由外方配套商所提供,因此国内自主开发的电子产品很难进入其配套体系,结果国内合资汽车厂实质上就变成了跨国汽车公司在中国的"装配车间",所以国内企业普遍缺少大力发展汽车电子产业的条件。

4. 国产化政策偏好制约了企业技术学习方式的提升

国产化政策偏好事实上是一个思维上的线性模型,它忽略了企业技术能力提升的关键环节,而电子零部件国产化和自主开发完全是两种不同方式的知识积累模式。前者主要是包括在给定的电子产品设计条件下的制造能力(以生产活动为主),其知识的积累主要是通过"干中学"来实现;而后者则包括集成多种技术来设计出新产品的能力(以研发活动为主),知识的积累主要取决于"研究中学习"。因为这种政策偏好甚至没有对企业自主开发提出过任何要求，以至于在引进外资和电子零部件国产化的运动中就会听任自主开发平台的丧失。由于存在这种以追求国产化率为主要目标的汽车电子产业政策，中国企业必须将大部分的资金和人力资源都投入到国产化过程中去。但进行国产化的努力和产品开发层次上的技术学习无论在内容还是在性质上都根本不同，两者根本不存在相互替代关系，所以国产化的任何进展都不能代表产品开发技术能力的增长，而没有"研究中学习"知识的积累过程，企业的技术能力也就只能停留在复制模仿阶段。同时，因为引进外国电子产品技术所产生的电子零部件国产化的压力反而使得中国企业对外国产品技术的依赖越来越大，结果不但不再对电子产品开发投入资金，不再建立新平台，还会把已有的技术开发机构也合并到为国产化服务的机构中去，其结果只能是使中国企业原有的自主开发能力逐步萎缩。

5.4.3 促进我国汽车电子产业成长的政策建议

1. 国家应制定鼓励政策

国家汽车电子产业政策对汽车产业管理的重心要从批项目、资金、合资合作转到如何提升企业技术能力上，所有的有关汽车的税费政策都应该体现出自主开发的原则，从国家资金引导、政策指导等方面培育出一批产业化的示范工程。可适当采取贴息贷款方式，支持汽车电子产业化进程和企业的技术改造；成立汽车电子与控制工程研究中心，要重点进行汽车电子控制系统产品软硬件的研究与开发；建立有自主开发能力的科研队伍，并且通过产业化专项或重点项目对科研开发提供有力支持。政府应鼓励有实力的电子企业和汽车企业组织进行专项合作，在资金和政策上给以支持，以便针对专一系统进行开发。对于汽车电子项目的贷款、高技术产品的税收等方面，国家应给予优惠政策。针对现阶段我国汽车电子产业技术力量分散而且薄弱的现实，国家可以通过实施"国家汽车创新工程"，如政府可以加大财税和金融政策扶持技术能力的升级力度，通过税收政策的优惠，引导实现产、学、研、政府的大联合，整合现有各方面的创新资源和能力，进一步构筑和完善汽车电子产业创新的平台，以增强我国汽车电子产业的技术开发能力。

2. 进一步增强企业技术开发能力

我国汽车电子生产企业要充分地利用国内的电子信息产业在应用产品和技术方面的优势，同时联合电子信息产业和其他的产业部门，共同开发、生产和经营汽车产业最急需的关键电子系统和部件，研制出适合中国国情的汽车电子应用软件，培育出二次开发能力，最终形成自己的核心竞争力。要充分利用引进的整车技术，消化吸收那些随着整车或总体引进的电子技术，如电子喷射装置、防抱死制动系统等，尽量缩短我国在汽车上应用电子技术的过程。同时与国外著名的IC企业合作，进行车用的高性能CPU的OEM设计制造，而且进入CPS、ITS等信息技术领域，选准时机和项目来实现跨越式发展。

3. 选择合理的产业发展策略

我国汽车电子产业的技术进步和整体水平有待提高，其最重要的是要掌握核心技术，突破技术壁垒，能够进入合资轿车企业的OEM配套圈。根据比较优势应该采取不同的策略，我国在电子技术领域特别是电子终端产品领域的国际竞争力不断增强，车载部分的电子技术完全可能形成具有一定国际竞争力的技术水平和产品供应，因此应当重点突破，优先发展。机电一体化技术，我国的技术实力特别是产业化的技术经济实力，与发达国家的汽车产业相比还是差距巨大，要实现集成化的整体突破在短期内恐难以实现。可以选择单个系统或单项技术突破，来尽快实现产业化，以形成国际化的竞争力和供给能力。因此，国内汽车电子企业的发展策略应该是先做专，再逐步做大、做强，要以单一产品为主切入汽车产业链。

4. 制定好汽车的标准和法规

汽车电子的应用与发展在很大程度上是标准法规的推动。因此要加快制定和实施适合我国国情的环保法规、安全法规和燃油经济性等法规，并且通过立法来大力推进信息技术在汽车上的应用。2010年国内214起汽车召回案件中因为零部件问题的占到三成，这使得业界对于建立这一产业标准的呼声越来越大。应市场的需求，2010年6月26日，中国电子工业标准化技术协会汽车电子标准委员会在上海成立。他们将整合国内汽车电子产业的各项标准，协调好汽车与电子企业间的技术合作。

5. 培育良好的市场竞争环境

为了促进我国电子汽车产业的健康发展，政府应该鼓励各种类型的企业生产的汽车都参与市场竞争，要让市场机制成为资源配置的主要手段，而具体到汽车电子产业，就是要抛弃从规模和产业集中度来保护垄断的做法，不以传统的投资规模和政府规划作为其准入的标准，而是以自主品牌和自主开发作为唯一的标准，大幅度地放宽行业准入限制，允许各类负责任的投资者，尤其是非国有投资者的进入。只有投资充分的情况下才能使我国汽车产业在国外电子产品的竞争面前具备竞争力。

6. 树立企业间竞争与合作的观念

由于我国的汽车电子企业数量众多，大多数企业长期以来只是注重激烈的市场条件下的对抗性竞争，而忽视了竞争中的合作关系，缺乏协同竞争的观念。殊不知，对抗性竞争只是存在于特定的市场条件下，而在世界经济全面走向全球化的过程中，如果要在激烈的竞争中求生存、求发展，合作竞争将会成为中国汽车电子企业所不得不采取的一种全新的竞争模式。通过进行一定程度的合作和资源共享来寻求竞争优势，加强自身的实力。因此，我国的汽车电子企业必须按照竞争对手与合作伙伴是统一体的新观念来调整与竞争企业之间的关系，要在合作中竞争，并把这种与国外企业形成的竞争合作与战略关系作为培育自身竞争力的必要手段。

7. 推进汽车电子企业的战略重组

发展大型的汽车产业集团，要支持中国汽车电子产业企业实施战略性调整，以实现产业升级，加快做大做强的步伐。目前，我国汽车电子厂家有上千家，但是真正具有规模经济效益的还不到100家。汽车电子产业中的骨干企业应该通过合作、并购和上市等各种方式扩大规模，并通过有序的市场竞争和良好的市场环境来形成产业规模效应。政府应鼓励和引导在资金、技术和管理上实力比较强大的电子企业去参与车载汽车电子产品的开发，并通过联合、兼并、重组等方式，形成大型的汽车电子企业，加快促进电子企业与汽车制造企业的合作与兼并。

第 6 章
高技术产业与服务业融合：以现代物流产业为例

伴随着知识经济时代的到来，高技术产业日益向服务业渗透，服务业的现代化程度越来越高，服务产品的技术含量和专业化程度也趋于提高，新兴的行业和业态层出不穷，高技术产业与服务业融合发展的趋势代表了世界经济的未来发展方向。高技术产业的迅猛发展使其价值链不断向服务环节拓展和延伸，高技术服务业在全球范围内兴起。高技术产业与服务业的融合发展能够延长和增容高技术产业与服务业的价值链，提高社会的生产率和福利水平，对于提升国际竞争力、促进经济的转型和升级有着极为重要的作用。本章分析高技术产业服务化与服务业高技术化趋势、高技术产业与服务业融合的过程与结果、高技术服务业的特征与范围、产品与业务融合以及市场融合的程度对产业结构优化升级的影响，并以现代物流产业为例，结合实证探讨高技术产业与服务业的融合。

6.1 高技术产业服务化与服务业高技术化趋势

从产业结构变迁的角度来看，在 20 世纪西方发达国家经济发展的过程中，最突出的表现就是服务业的增加值和就业的比重在不断攀升，服务业取代制造业成为社会的主导产业，社会步入了服务经济时代。自 90 年代以来，在经济全球化和信息化浪潮的推动下，全球产业结构开始从"工业型经济"向"服务型经济"转型，高技术服务员在社会经济中的地位和作用与日俱增。在美国和英国，75%的信息技术硬件费用来自于服务员，信息技术革命正使技术密集型服务业不断发展。高技术产业日益向服务业渗透，服务业的现代化程度越来越高。高技术产业服务化与服务业高技术化是现代产业发展的一大趋势。高技术产业与服务业互相渗透、融合发展是增加高技术产业与服务业的附加值、提高产业效率的重要途径。

6.1.1 制造业与服务业界限模糊化

在相当长的时期内，无论是学术界还是实业界都认为服务业和制造业有着显著的区别，二者之间存在着泾渭分明的边界。例如，有学者认为生产和分销体系在制造业中是分离的，而在服务业中则恰恰相反；服务业和制造业的区别主要源于服务和服务行为的易消逝性、复杂性和多样性。但是如今世界上越来越多的制造业企业不再仅仅是关注产品的生产，而是将其行为触角延伸到产品的整个生命周期，包括市场调查、产品的开发或者改进、生产制造、销售以及售后服务、产品的报废、解体或者回收。越来越多的制造业企业已经不再仅仅提供产品，而是提供产品、服务、支持、自我服务和知识的"集合体"。并且，服务在这个集合体中越来越居于主导地位，已经成为增加值的主要来源，制造业同服务业之间的界限变得越来越模糊。

进入 20 世纪 90 年代，随着电子信息技术的快速发展，产业融合进一步拓展到更广的范围，各大产业内部不同行业之间不断出现的相互融合，传统意义上的制造业与服务业边界越来越模糊。二者间不再是间接的分工关系，而更多地表现为你中有我、我中有你的融合趋势。这一趋势在高科技产品中更为明显，高科技产品中的服务价值比重往往超过实体价值比重。例如，提供与该产品配套的包括信息系统、配套软件、操作程序以及维护服务等在内的一个完整的服务，称之为

"产品-服务包"。制造业服务化的同时，服务产品化趋势也逐渐明朗。信息技术改变了许多服务的储存、生产和消费难以同时进行以及生产者与消费者需要实体接触的特征，使大量的服务物化，可以像制造业一样批量生产，形成规模经济优势，如信息技术服务、节能服务、网络购物、电子商务及网上银行等。

据《财富》杂志1993年5月的内容："业务模式将从制造一种产品转向提高一种服务，是六大发展趋势之一。"因此，信息流的进一步泛化，其黏合性将把原先的产业弄得不清晰，即变得模糊，特别是制造业和服务业界限的模糊化，具体表现在如下两点。

1. 服务业的制造业化与制造业的服务化趋势

20世纪90年代以来，随着传统制造业生产能力的急剧膨胀，全球开始出现实物产品全面过剩的态势。据估计，世界产品95%以上处于饱和或供求平衡状态，供不应求的产品不足5%，产品平均利润不断下降。与此相应，消费市场日趋成熟，人们不再满足于大众化的标准产品，而是越来越追求个性化、时尚化、便捷化的消费方式。

一方面，自20世纪70年代以来，伴随着以信息技术为核心的高技术向服务业的快速扩散，服务产品的无形性、易消逝性、生产消费的同时性、劳动密集性等特性在不断地弱化，而规模经济、资本密集性逐渐在加强，服务业现代化的步伐越来越快，这一趋势被称为"服务业的工业化（industrization）"或者"服务业的制造业化（manufacturization）"。

另一方面，许多经济发达国家的制造企业纷纷进行战略转型，将其价值链逐渐前移或者后移，逐步从"产品"为重心转变为以"服务"为重心。西方发达国家制造业出现的这种较为普遍的运用服务增强自身产品竞争力及向服务转型以获取新价值来源的现象，最早被 Vandermerwe 和 Rada（1988）称为"服务化（servicisation）"，后来也有一些学者将其称为"服务增强（service enhancement）"。因而，制造业的服务功能也越来越突出而出现了被称做"制造业的服务化"或者"第三产业化（tertierization）"的现象。

这种服务业的制造业化和制造业的服务化现象的出现，使得传统上具有明确边界的制造业和服务业变得模糊起来，以至于有学者，如 Pappas 和 Sheehan（1998）认为，这意味着新的产业部门——制造服务部门（manufacturing-service sector）的出现，这种"'由生产活动与融入制成品创造、生产和分销过程的服务活动所形成的综合体'已成为现代经济中增长最快速的产业部门之一"。

学术界用"制造业的服务化"这个专用术语来描述上述的服务在制造企业中的比重不断提高的现象，但是不同的学者关注制造业服务化的侧重点并不一致。比较流行的是从企业供给内容的角度来理解制造业的服务化过程。Vandemerwe 和 Rada（1988）将制造业的服务划分为以下三个阶段：①企业或者涉足生产行业，或者涉及服务行业；②企业既提供商品又提供服务；③企业的产出是商品、服务、信息、支持以及自助式服务等元素的集合体。White 等（1999）指出，服务化就是制造商的角色由产品的提供者向服务的提供者转变，它是一种动态的变化过程。类似地，Reiskin 等（2000）把服务化定义为"企业从以生产产品为中心向着以提供服务为中心的转变"。Davies（2003）对企业的描述则表明，生产商供给内容的演变遵循着这样的路径，即从生产到综合体，再到运作服务和中间服务。而 Oliva 和 Kallenberg（2003）又将这样的演进过程表示成为一个闭集，两端分别是物质产品和服务，为我们理解从纯生产到服务的演变过程提供了清晰的模型。

也有学者从企业内部管理的角度来理解制造业的服务化过程。Szalavetz（2003）认为，制造业服务化具有两层含义：一是内部服务的效率对制造业企业竞争力来说日益重要，已经超过了诸如企业技术质量、人力资源质量、运作效率、资产数量等传统的决定因素。这些内部服务不仅包括产品和过程开发、设计、后勤、扩展训练、岗前培训以及价值链管理，还包括组织开发和协调、人力资源管理、会计、法律及金融服务。简单地说，竞争力不仅来源于传统制造活动的效率，也来源于内部服务的有效组织和提供，且其重要性和复杂性逐渐提高。二是与产品相关的外部服务对顾客来说复杂性和重要性日益提高。产品－服务包不仅包括维护和修理，还包括购买融资、运输、安装、系统集成和技术支持。作为产出无形成分的服务，提高了产品的价值和销量。

产业融合的过程中，一个显著的事实是新兴产业、新兴业态和新的行业不断出现，而产业随之壮大。Lind（2005）的研究揭示了这一现象，他以 ICT 产业为研究对象，进行产业融合的实证研究，揭示了技术变革、产业生命周期、产业融合之间的内在关系，并指出在融合中，产业数量并没有减少，反而有所增加。

服务业与制造业的融合发展印证了融合的这一显著事实。产业链上，制造业与服务业的融合，使企业取消使用原来由企业内部所提供的资源或服务，转向使用由企业外部更加专业化的企业单位提供的资源或服务的行为。大量企业内部服务职能外包，供给方则成为高技术服务供应商。同时，因为制造业与服务业的融合，领先的制造商都在其传统制造业务上通过增加知识性服务从而获取竞争优势，服务成为产生差异性的主要手段。在许多著名的跨国公司中，研发、维修、设计等高技术服务业在产值和利润中所占比重越来越高。由于服务环节在制造生产链上、中、下游均可能因分工日益专业化而独立生长和外化出来，这样就会导致新兴服务项目、新兴服务企业和服务行业、新兴业态的不断出现，而产业、行业的边界在不断打破和模糊化,最终归于融合。产业融合最根本的动因就在于适应需求变化,满足生产者与消费者日益变化的需求,使得服务变得更加便利、简单,并最终适应制造业与服务业的发展需要。

2. 生产性服务业的形成源于服务业与制造业的产品和业务融合

在技术融合出现以后,产业间已经形成了共同的技术基础,这就需要进一步调整原有的产业发展战略,原有的技术生产路线、业务流程、管理以及组织等,整合产业内企业的物质、技术、人力和管理资源,以便在创新技术的基础上,积极地开展新业务,增强核心技术,使得企业实现在管理和流程上的再造,实现产品和业务的融合。

1966年,美国经济学家 Greenfield(1966)提出了生产性服务(producer service,也叫生产者服务)的概念,这是一种中间投入而非最终的产出,用来生产其他的产品或者服务,包括生产的上游活动(如科研)和下游活动(如营销)。生产性服务面对的是中间用户和最终用户,行业跨度很大,从银行、保险、法律、会计、管理咨询,到产品研发、工程设计、房地产、维修、运输、通信、广告、仓储、保安以及企业清洁等。实际上,这种反映中间投入而非最终产出的生产性服务业正是服务业与制造业融合的结果,这一产生也是由于服务业与制造业边界模糊化后所产生的新兴产业。它的形成原因如下。

第一,消费方式转变导致服务业与制造业产品的融合。人类的消费方式和消费观念的变化,使得从传统工业经济时代注重物质财富的占有性消费逐渐转变为服务经济时代,更加注重产品解决问题的功能而非拥有产品本身的消费理念。因而消费者购买产品往往不只是为了拥有产品,而是为了获得产品使用过程中所发挥的功能,享受更方便地获取、使用产品甚至能使产品收益最大化的服务。比如人们购买通信工具是为了获得通信服务;购买汽车不仅仅在于便捷的运输功能还要求其拥有良好的性能、时尚独特的外形、合理的价格,更重要的是完善的售后服务及相应的金融保险服务;购买住宅也不只是为了居住,还要求其便利的交通条件、良好的小区环境、美观的装潢甚至保值增值的物业管理服务;等等。这些消费观念和消费方式的变化,使得制造业产品和服务的便捷变得模糊,传统意义上的产品和服务的概念难以描述这类"新型产品"究竟是属于制造业还是服务业,于是融合后的生产性服务业这一新型产业成为这些"新型产品"的"代言人"。

第二,生产流程变化促使服务业与制造业的业务融合。消费需求或消费模式的变化,使传统意义上的制造业企业开始重新组织经营活动,把原来单纯的生产和出售实物产品的方式转变为提供顾客购买产品所需的系列服务,制造企业的业务中心由生产产品转变为提供服务。服务活动存在于整个制造环节过程中，从上游到中游到下游。设计、生产、营销、配送、支持产品等是制造业链条上的不同环节，它们共同构成了一个完整的业务流程。在生产的"上游"阶段，要投入的专门服务有可行性研究、风险资本、产品概念设计、市场研究等。在生产的"中游"阶段，有的服务与商品生产本身结合，如质量控制、设备租赁、后勤供应、保存和维修，有的服务于生产"中游"并行出现。公司运行需要各种专门服务，如会计、人事管理、电信、法律、保险、安全等。在生产的"下游"阶段，需要广告、运输、销售、人员培训等服务。生产性服务业的出现，无论是"内化"服务（企业内部提供的服务），还是"独立"服务（从企业外部购买的服务），都已经形成了生产者所生产的产品差异和增值的主要源泉。服务业在制造业产品生产流程中的内在联系如图6-1所示。

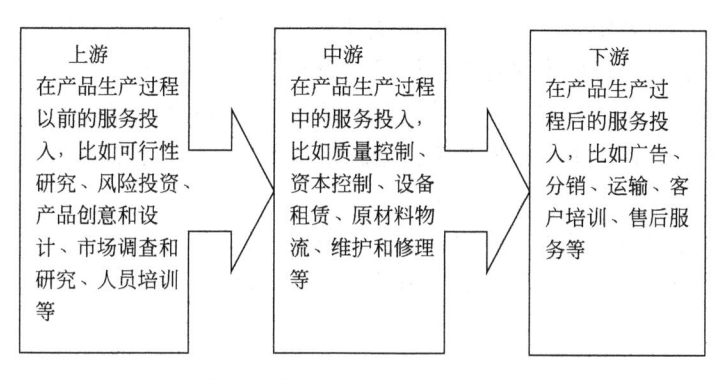

图6-1 服务业在制造业产品生产流程中的内在联系

综上所述，生产性服务业以提高企业劳动生产力和核心竞争力为目标，根据制造企业实际状况与需求，在产前、产中、产后各个环节，为企业提供生产流程设计、生产现场管理、生产流程再造、产品品质改善、人力资源训练、高技能人才派遣以及企业生产线托管等全流程综合性专业服务的新兴行业。生产性服务业的形成，拉近了工业产品的最终顾客与生产企业的距离，是制造业和服务业走向高级化的重要标志。

经过高技术装备过后的现代服务业对于制造业发展的促进作用大大提高，越来越广泛地参与到生产制造的过程中，它的角色逐渐地从具有润滑剂效果的管理功能，转变成为一种有助于商品和服务生产的各阶段更高效运营以及提升产出价值的间接投入，进而成为新型技术和创新的主要提供者和传播者，具有更多的战略功能和"推进器"的效果，出现了高技术产业服务化和服务业高技术化现象。

6.1.2 高技术产业服务化和服务业高技术化的原因

20世纪后半叶以来，知识经济的迅速发展催生了大批高新技术，极大地促进了服务业的高技术化进程，涌现出一大批以高新技术为支撑，提供高质量、高技术含量和高附加值服务的新兴服务业，并使得服务发生了质的变化，服务业从提供劳务服务为主转变为提供以知识为基础的服务为主。同时，服务业价值链不断分解并由发达国家向发展中国家转移，高技术服务业在世界范围内兴起。高技术服务业具有高增值、低消耗、高辐射、集聚性强等特点，并且具有大大高于传统产业的乘数效应，是高新技术发挥辐射与带动作用的重要载体，也是区域创新的源泉，能够支撑和带动社会经济的发展。

随着世界以及中国经济继续保持快速稳定的发展，产业结构持续升级演变，这无疑将给服务业发展带来良好的机遇。服务业将会继续向着人才密集、知识密集、附加值高的方向发展，支撑并服务于经济、产业和企业发展的高技术服务体系将会在未来现代服务业的发展中占据越来越重要的地位，高技术产业服务化和服务业高技术化将会更加明显和强烈。

为什么会出现高技术产业的服务化和服务业的高技术化现象呢？学者们主要是从服务在企业竞争中的作用以及服务在价值链整合的作用这两个方面进行了分析。

1. 作为竞争手段的服务

为什么许多高技术企业都在制造活动中引入越来越多的服务活动，有的甚至干脆就专注于研究开发、战略管理、市场营销等活动，而放弃或者外包其制造活动？企业管理理论认为，这是因为消费者服务和生产服务是提升商品价值的一种方式，也就是服务可以和有形的商品绑定以便增加其核心价值，从而在市场上和其他的产品形成差别性竞争。也就是说，用服务可以来区别生产商所提供的有形商品。Hildenbrand等（2004）将这种行为称作"非技术性差别战略"，并指出它将导致生产商所提供的总量中服务所占的比重逐渐增加。Gronroos（1998）也指出，许多服务项目实质上是在充当着企业创造竞争优势的战略和策略。他认为，在今天的竞争中，企业为了提升竞争力，必须去寻求新的竞争优势来源，了解顾客（包括供应商、分销商、终端用户和最终消费者）价值的内生过程，在此基础上向他们提供能够满足其价值生成过程的一整套产品。葛若璐进而指出，基于以下三个方面的原因，无形的服务（包括账面上可以反映出的服务和隐形服务）将会逐渐地取代有形产品，成为在顾客关系的管理中唯一能够给顾客创造价值的要素。首先，如今顾客的需求已经不仅仅是局限在具体的产品或者技术上，顾客群已经变得极其复杂，他们信息的获取量也比以前有了大大的增长，而相应的，他们的需求也日趋复杂。从很大程度上来说，今天顾客追求的是更加可靠、更加舒适、更加便宜和更加安全的产品。其次，激烈的竞争又强化了顾客的上述要求。最后，科学技术特别是信息技术的飞速发展，也使得企业能够不断地推出新的服务项目。通过提供信息技术、网络技术等技术服务和软件设计服务，牵引商贸流通业、金融业、旅游业等其他服务业向电子化、网络化方向发展，形成依托互联网提供出版服务的网络出版、提供医疗服务的远程医疗、提供教育服务的远程教育、提供购物和交易平台服务的电子商务，以及电子银行、电子旅游等新业态，其特点都集中在以新技术、新模式提供传统服务上，从而使这些服务业的服务手段得到改造，使其服务得以超越空间、时间的限制，服务质量和水平得到提升，效率和效益得到提高。

2. 价值链的变化

针对特定的企业而言，其直接生产或者参与生产的最终产品的价值链长度无疑是决定其市场竞争力的重要因素，但是与企业市场竞争力更加密切和直接的因素则是该企业处在价值链中的位置。特定产品的价值链往往会包含众多的价值环节，但并不是每一个环节都会创造等量的价值。关键的战略环节往往集中着绝大部分的附加值，而某些辅助或者支撑环节仅仅能提供很少的附加值。在全球化的过程中，随着剧烈的市场竞争所引发的对不断地提升效率的强烈诉求，以及国家间壁垒的减少，很多产品的完整连续的价值链条被一段段地分开（片段化）了，在空间上离散性地分布于世界各地。某个特定的企业是否能够在全球产业竞争中取得竞争优势，关键就看它能否在价值链的全球化整合中抓住那些战略环节。一旦其抓住了战略环节，就能够在整个价值链中处于治理者的地位，拥有整条价值链和相应行业的控制权。相应的，一个地区的经济竞争力将主要由辖区内的企业在其所属价值链中的位置的平均水平所决定。

许多文献都将生产商提供服务看做是为了占据价值链中的有利位置所作的主动的战略选择。通过增加服务的含量，将过去由消费者承担的行为内部化，生产商可以进入邻近的价值链，即可以通过空间的扩张和重构找到新的商业机会。Davies（2003）指出，在提供商品和售后服务的整个过程中，生产厂商转移到了价值链的下游，而服务企业却在市场交易中变成了价值链的上游，特别是在B2B的销售模式下。服务为产品制造提供了良好的解决方案和综合性平台，从而确保了生产过程的有效运转。

高技术特别是信息技术近年来的高速发展和广泛应用，极大地改变了高技术产业的价值形态，使得高技术产业在越来越激烈的市场竞争中不断地拓展自身的价值链条，从以制造业为主向着基于技术应用的整体解决方案延伸，包括了软件开发、系统设计、技术培训、技术咨询、售后服务等多种价值形态，即出现了高技术产业的服务化趋势。世界经济正在进入"服务经济时代"，服务经济的最重要特点之一就是生产性服务业从制造业中逐渐分离，而且与制造业的关系日渐密切。发达国家普遍存在两个70%现象，即服务业增加值占GDP比重的70%，生产性服务业占全部服务业比重的70%。高技术产业与服务业的融合主要是表现为高技术制造业同生产性服务业的融合，经过高技术"武装"的生产性服务业往往更能够发挥其对高技术产业发展质量的提升作用，从而有利于其转变增长方式。

6.2 高技术产业与服务业融合的动因、过程和结果

产业融合是为了适应产业增长而发生的产业边界的收缩或者消失，是现代产业经济发展的一种新特征。在美国许多著名的制造业企业中，服务含量在整个产值和增加值中所占的比重越来越高，很难判断它是制造业企业还是服务业企业。例如，美国通用电气公司把服务渗透到日　作业管理之中，使企业的制造功能向服务功能转化，同时通过通用财务这一世界上最大的财务公司大力发展金融业。还有其他跨国公司，从施乐、惠普、IBM到海尔，这些利润大都来自产品销售的企业正迅速变为服务提供商。IBM从它为硬件业务所做的基本服务中得到了其收入的33%，包括计算机租赁、维修和软件服务。目前更多的制造商正在迅速地卷入服务当中，加入基础生产商品的服务越来越多，延期付款和租赁系统、培训、服务合同、咨询服务等，以通过新的服务领域来获取竞争优势。在制造业工作的65%和76%的员工也正在从事服务工作，如研发、维修和设计等。可见，如果世界上的竞争模仿日益增加，那么服务就是产生差异性的主要手段。服务经济中的制造企业也越来越多地依赖服务并将它作为重要的竞争手段，制造业也会逐步服务化，服务成为当今全球经济的主导要素。

6.2.1 融合的动因：价值链分析

在市场竞争激烈的环境下，只有那些能时刻适应甚至超前引导消费者需求变化的企业才能够生存下来。针对消费性服务业来说，随着人民生活水平的提高以

及他们所掌握的信息量日益庞大,如今顾客的需求已经不仅仅局限在具体服务的核心功能上,他们所追求的是更加舒适、更加可靠、更加便捷、更加安全的体验过程。为了适应消费者的这一要求,避免被激烈的市场竞争淘汰,企业只能不断地将信息技术引入服务过程中,从而不断地更新服务项目,在此基础上向顾客提供能够满足其价值期望的一整套产品。高技术之所以能成为消费性服务企业保留、吸引顾客的重要筹码,在于它能改变服务包(service package)的内容,从而重组企业价值创造的行为链条。服务包是指在某种环境下提供的一系列产品和服务的组合,是形成顾客满意度、忠诚度的载体。通 服务包由以下四部分组成:支持性设备,指在提供服务前必须到位的物质资源;辅助物品;显性服务,指那些可以用感官感觉到的和构成服务基本或本质特性的利益;隐性服务,指那些顾客能模糊感到服务带来的精神上的收获,或者服务的非本质特征。服务包的上述四个组成部分都将被顾客经历,并形成他们对服务的感知。企业借助高技术能够改变服务包上述四个组成成分的全部或部分性质,使顾客感知到超过原先预期的服务价值。高技术产业与消费性服务业融合所释放出的巨大能量在航空业和零售业体现得最为充分。自从放松规制以来,发达国家航空公司经历了机票价格不断变化的过程,以至于根本无法将票价印在时刻表上。为了应付这种挑战,航空公司引入了信息管理系统。航空公司利用电脑售票系统分析乘客购票情况,对各种需求进行优化组合,确保一时的运输能力得到最大利用,使收益达到最高。零售店的条形码扫描仪能随时反映销售状况变化,并据此及时调整库存以适应顾客需要。从本质上看,高技术产业与消费性服务业的融合是通过改变服务包的内容,削弱服务产品无形性、生产消费同时性、易消逝性等特征,从而提高规模经济性、范围经济性,更好地应付规制放松等政策环境变化,以及模糊同其他行业的界限以实现产业融合。

  与消费性服务业提供最终服务不同,生产性服务业的产出是中间服务。从微观上看,其体现为被服务企业的最重要的生产成本;从宏观上看,则体现为产业结构的软化。高技术产业与生产性服务业的融合提高了生产性服务业的效率,这将刺激相关企业新增加这种生产性服务业投入,或者由原先自己提供改成向专业的生产性服务企业外购、分包这些服务投入。这些现象同样可以借助价值链模型进行解释。所谓价值链实际上就是如下的价值循环过程:首先,将技术、原料、劳动、其他中间投入品融合在一起形成投入环节;其次通过组装把投入环节结合起来形成最终商品;最后通过市场交易、消费等最终完成价值循环。在通 情况下,最终产品蕴涵的价值链的长度往往同其生产率成正比,而增加中间生产性服务投入的种类,恰恰意味着在延长最终产品的价值链。

  需要进一步指出的是,针对特定企业而言,决定其市场竞争力的最重要因素并非其直接生产或参与生产的最终产品的价值链长度,而是该企业在价值链中的位置。特定产品的价值链往往包含众多价值环节,但并不是每一个环节都创造等量价值。关键的战略环节集中着绝大部分附加值,某些辅助或支撑环节仅能提供很少的附加值。在全球化过程中,随着剧烈的市场竞争引发的对不断提升效率的强烈诉求,以及国家间壁垒的减少,很多产品的完整连续的价值链条被一段段分开,在空间上离散性地分布于世界各地(张辉,2004)。某个特定企业能否在全球产业竞争中取得竞争优势,关键就看它能否在价值链的全球化整合中抓住那些战略环节。一旦抓住了战略环节,其就能够在整个价值链中处于治理者地位,拥有整体价值链和相应行业的控制权。相应地,一个地区的经济竞争力将主要由辖区内的企业在其所属价值链中的位置的平均水平来决定。此外,同类企业的聚集程度也是影响地区经济竞争力的重要因素。因为虽然全球价值链的片段化导致各个价值环节在全球空间上呈现离散分布格局,但是分离出去的各个价值片段要想在整个价值链中占据重要地位,必须具有高度的地理集聚特征。问题是,某个企业怎样才能成为价值链的治理者?某个地区怎样才能成为举足轻重的价值片段的集聚地?某个国家怎样才能不断延长产品的价值链长度以提高生产率?企业在价值链中的位置通 取决于企业自身的技术和能力、企业所处的网络结构,以及企业所处环境的交易费用;某个地区能否形成成熟的、高附加值的产业集群,关键看该地区的软、硬环境是否适宜相关企业的成长;一个国家能否不断延长产品的价值链,核心因素在于其能否不断扩大其市场容量和降低交易费用。显然,在上述三个层面,高技术产业与生产性服务业的融合都有着非 大的作用空间。从企业层面看,促进高技术产业与生产性服务业的融合,有利于提高企业的核心能力、克服融入价值链的障碍;从地区层面看,实现高技术产业与生产性服务业的融合,有利于创造吸引企业聚集的软环境;从国家层面看,实现高技术产业与生产性服务业的融合,有利于拓展生产性服务业的服务范围。

6.2.2 融合的过程:价值链再造

产业价值链是由原材料和零部件供应商、产品制造商、分销商和零售商到最终用户的价值链组成,完成由顾客需求开始到提供给顾客以所需要的产品与服务的整个过程。其基本假设是:价值流向顾客、定价压力流向供应商,增强了一体化的方式,显示出优化和协调产业价值链的必要性。一般地讲,产业价值链的形成机制有两种:一是产品生产过程的复杂化导致不同厂家在生产一件产品时,实现合理的分工和相互合作,彼此之间形成供需关系,进而形成产业价值链。二是市场空间的放大化乃至全球化,导致运输成本的增加以及关税负担的加重(国内表现为地方保护主义），促使企业不得不采取多个生产基地和销售网点组成产业价值链，以降低生产成本，获取竞争优势。产业价值链的核心思想是：在保持一种稳定而有活力的供需关系的同时，多个企业实现优势互补、互利合作，充分利用现代多种先进的科学技术，诸如CIMS、FMS并将工程等实现集成，联手面对竞争，合理利用资源，尽可能地获取更大的竞争优势。可见，产业价值链不同于企业价值链。在同一个产业里，企业的价值链千差万别，这反映了企业各自的历史、战略和实施的成功。这些由于产品线的不同特征、买方、地理区域或分销渠道的不同而有所区别的企业价值链，虽然千差万别但具有相似的特征，有共同的专业信息、技术创新、专用性资产、专业人才以及专业化的供应商，从而构成了产业价值链，整合成一个有机的产业体系。

高技术产业与服务业融合的过程，实际上就是融合型新产业的价值链形成的过程，也就是原有产业的价值链的解构与重构的过程。在这一过程中，新的产业价值链由于综合了原来产业的价值链的优势，具有更加丰富的内涵和更加多样的价值增值环节，因而具有更强大的竞争优势，代表了产业的发展方向。

从价值链的角度来看，高技术产业与服务业发生产业融合的过程实质上就是价值链解构与重构的过程。价值链的解构就是指按照一定的界面标准将价值链分解成具有独立的交易主体地位、具备一定价值功能的价值模块的过程，其实质是将构成价值链的各个能力要素进行模块化。价值链的重构是指按照系统的整体的设计规则将独立的价值模块整合起来形成更加复杂的价值模块的过程，随着信息技术的不断进步，不同企业之间的交易成本持续下降，具有不同竞争优势的企业将单个价值模块进行跨企业的重新排列和组合，从而形成更有效力的价值链。高技术产业与服务业不同的融合类型，发生产业融合的过程不尽相同。但总体来说，都会经历以下过程。

1. 价值链的解构

产业融合意味着原有产业的价值链的解散和新的融合型产业价值链的形成。对高技术产业与服务业的产业融合来说，当需求方或者供给方的因素驱动融合发生时，首先都会引起相关产业的传统价值链的解散，但是分解的程度会因为融合方式的不同而有差异。

以高技术产业向服务业渗透方式发生的融合，由于是以相关高技术产业价值链的全方位渗透、嵌入到原有的服务业的价值链中，因此，原有产业的价值链分解的程度相对而言会低一些。以服务业向高技术产业延伸方式发生的融合，由于是通过服务业价值链的延伸来实现的，原有的高技术产业价值链的各个价值创造活动基本上都保留，但是相关服务业的价值链则需要分解，因此，较之于前一种方式,这一融合方式的原有产业价值链的分解程度要稍高一些。而以高技术产业与服务业产业重组的方式发生的融合,由于发生融合的各个相关产业价值链上的各个价值创造活动都必须一一分解,因此,以这种方式融合的原有产业价值链的分解是最高的。

具体考察不同融合方式下的价值链分解有以下三种情况。

(1) 高技术产业向服务产业渗透融合方式下的价值链分解

在高技术产业向服务产业渗透融合的方式下,发生融合的服务业主要是那些为保障企业生产正　运作的生产性服务业,当高技术产业向这些服务业渗透并与之发生融合的时候,高技术产业的价值链中原有的一些为生产服务的功能活动,必然就会从相关的价值创造环节一个一个分离出来,比如从外部物流(出货后勤)会分离出仓储服务活动,从生产运营会分离出设备维护管理和设备租赁服务,从人力资源管理会分离出培训,从基础性活动中会分解出行政管理、质量管理、法律、会计等服务功能,并且最终导致了原有价值链的断裂、分解,而相关的服务业价值链的基本价值活动则被保留。这一分解过程,可以用图6-2来表示。

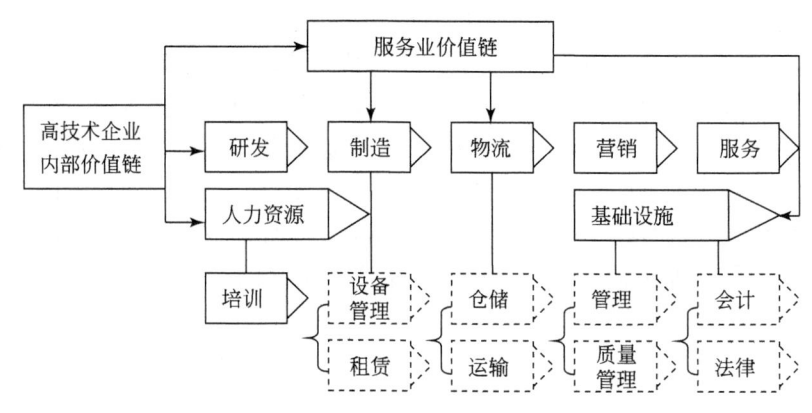

图6-2 产业渗透方式下的价值链分解

(2) 服务产业向高技术产业延伸融合方式下的价值链分解

以产业延伸方式发生融合的服务业主要是那些与实物产品的研发设计、销售和使用密切联系的研发设计服务业、金融保险、分销服务业、维修安装等服务业,这些服务业的企业也往往是位于实物产品生产或者制造的高技术企业的上游或者下游环节。因此,当这些服务业的价值链向上或者向下延伸与高技术产业的价值链发生交叉时,高技术产业的价值链就会发生裂解,一般情况下,与制造或者生产相关的环节基本上会被保留,而上游或者下游的服务环节则会被分离出来。这一分解过程,可以用图6-3来表示。

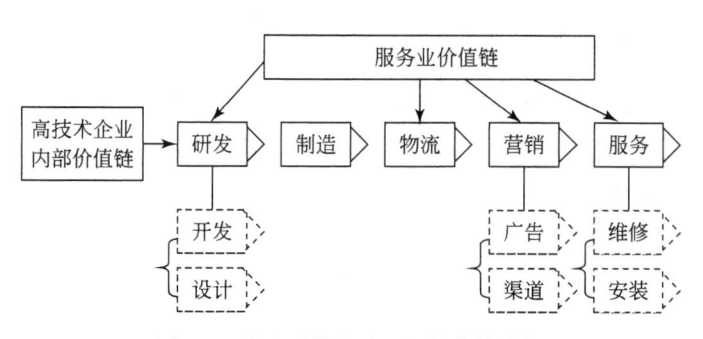

图 6-3 产业延伸方式下的价值链分解

（3）高技术产业与服务业的产业重组融合方式下的价值链分解

当服务产业与高技术产业的内部一些行业发生融合时，这些服务性质行业的传统价值链就会被分解，那些技术上和经济效果上可以分离的价值活动将会被逐一分解出来。当然，分解的程度要依赖于这些活动的经济性和技术性。一般说来，无论是企业内部的价值活动还是行业价值链活动，其分解要遵循以下两个基本原则：一是各个价值活动要具有一定的经济和技术上的独立性，单独就能够存在。二是该活动对竞争优势有着很大的影响。这主要表现在或者是对差异化产生很大的潜在影响，或者是在成本中的比例很大或是所占比例在上升。例如，在电信产业和媒体产业的融合过程中，电信产业的传统价值链是由信息传输、网络提供、基础和增值服务、客户关系管理（CRM）以及销售等主要价值活动构成的，而媒体产业则是由内容创造、内容集成、内容分发等环节构成的，当发生融合的时候，这两大产业的这些价值链环节都会被一一分解出来，形成一个混沌的价值网。这一分解过程可以用图 6-4 来说明。

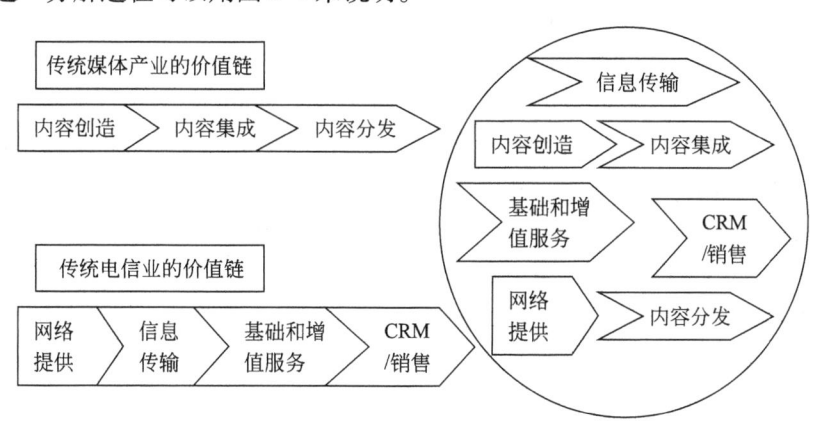

图 6-4 产业重组方式下的价值链分解

资料来源：李美云，2006

2. 价值链的截取与整合

在产业融合的过程中,原有产业的价值链首先是断裂分解为一截一截的价值链条环节或者价值活动单位,形成了混沌的价值活动网络;其次,通过市场选择将参与融合产业中的一些最优或者核心的环节进行截取,并把它们按照一定的联系来进行价值系统的重构,整合成为新的价值链,在产业融合的过程中创造出新的价值。因此,价值链的分解并不是目的,而是为了更好地进行融合后新产业价值链的重组,而重组的目标也不是仅仅在于改变原有产业的产品和服务的潜在需求,而是为了将原有产业的价值链要素结合成为具有互补性的价值增值环节,以便创造出更大的融合价值。对于高技术产业与服务业的产业融合过程来说,不同融合方式下的价值链的截取和融合的过程也不尽相同。

首先,高技术产业向服务业渗透或者服务业向高技术产业延伸方式下融合过程中的价值链的截取与整合。如前所述,高技术产业与服务业的融合主要是通过高技术产业向服务业价值链的渗透或者服务业向高技术产业价值链的延伸来实现的,因而也可称作"高技术产业的服务化"过程。这一服务化的过程就意味着原来是以实物产品的生产作为价值链重心的高技术企业,必须得重新审视以往的价值链,从顾客的角度来重构价值链,顾客购买实物产品并非只在于产品本身,而是在于使用这一产品时所产生的效益,比如顾客购买汽车,是为了以其作为交通工具来实现便捷的出行,为了能有效地发挥这一功效就必须使这一实物产品总是处于良好的状态,这就需要为顾客提供多种使用、维护产品时的服务。以前制造业企业出售服务只是为了更有助于销售实物产品,而当实物产品的差异趋于缩小、竞争日趋激烈之时,顾客在使用、维护产品时所需要的多种服务就构成了其利润的主要来源,如在计算机、机车、汽车领域,实物产品的销售只占收入来源的一小部分(分别为 1/5、1/21、1/5),而收入大部分来自于服务环节。因此,价值链的重心必须发生转移,转移到能够带来更多利润的服务环节。这样"服务化"后的融合型产业的价值链将会发生根本性变化,从原来的以实物产品的生产和销售作为着眼点和出发点,转变成为以实现客户价值、为客户提供全方位服务作为着眼点和出发点。新价值链不但包含了高技术产业价值链的核心价值活动,还融合了传统上相关服务业价值链的核心价值活动,这些价值活动不再仅是传统的售前、售中、售后服务等,而是存在于整个产品使用周期的一整套服务体系,实物产品的出售也仅仅被视作是为后续服务的提供打开了方便之门而已。

可见,在这一融合的过程中,当原有的高技术产业、相关服务业的价值链由原来的链式结构分解成为混沌的价值活动单位网状结构之后,作为价值链重构主体的企业便会面临着价值链的截取与整合的问题。高技术企业的价值链中也包含了相当多的自我服务活动环节,如信息管理、设计策划、研究开发、综合计划、融资理财、市场推广、售后服务等,当融合发生的时候,这些环节从原有的高技术企业的价值链中分离出来,并且跟相关服务业企业的价值链环节相重合,所有的这些环节不可能全都截取出来并整合到新的融合产业的价值链里。一般而言,企业应当根据自身的核心竞争力以及未来融合产业潜在的市场需求来进行价值链的截取或者舍弃,从而完成融合产业的价值链整合,具体可以通过强化价值链的上游服务环节、提供一体化的解决方案、发展多元服务、控制分销渠道等策略来进行。

其次,高技术产业与服务业重组方式下融合过程中的价值链截取与整合。在与服务业重组融合过程中,原来彼此独立的高技术产业与服务业中的一些行业,其价值链被解构为一个个的价值活动单位后,其中一些价值活动单位被截取,重新整合成为一条新的价值链。但是在价值链的重构过程中,并非原有产业价值链的所有环节都被截取并且简单地融合到新的产业里,而是必须根据现有产业的特性以及未来融合产业的潜在市场需求,截取原有产业的核心价值增值环节来进行重组,这个过程可以用如图6-5所示的媒体通信产业的融合来说明。比如在传媒产业和通信产业的融合过程中,原来通信产业价值链中"基础和增值服务"环节和传媒产业中的"内容创造"环节被摘取出来而整合成新的融合产业中的"内容/服务创造"环节和"增值服务"环节,而传媒产业中的"内容集成服务"环节则在新的产业价值链中重组成为"内容/服务集成"环节,通信产业中的"信息传输"环节则被改组成"信息接入/连通"环节,而且整合后各个价值创造环节的链接方式和关联关系都按照新的产业特性进行了相应的调整,使得原有各产业的核心价值创造环节都能集合到新的价值链里。

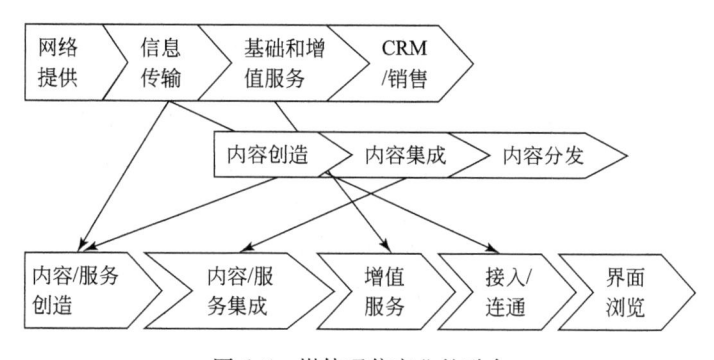

图6-5 媒体通信产业的融合

由于这条新的价值链融合了原有服务业的核心价值增值环节,原有服务业的核心能力和服务体系得以转移到了新的融合型产业中,从而原来各自分散提供给顾客的服务得以融合成为高效的有机服务系统,并为顾客提供了一体化的解决方案。而且在价值链的这一整合过程中存在 1+1>2 的融合效应，不但使得参与融合的企业强化了其在原有市场的地位，还会使得其在新的融合型市场上确立了战略地位。因此，在融合时代，服务企业新的核心战略就是把以前独立的相关服务业价值链的核心价值增值环节整合成为一条价值链。

Witz（2001）把不同产业的价值链整合过程叫做"价值增值环节的一体化"，他认为在整合新的价值增值环节的过程中，一般有两种一体化的方法：一种是通过联盟的方式；另一种是通过接管和持股的方式。但是从传媒和通信业的融合发展历程来看，联盟的方式渐渐地被接管所取代，因为联盟是具有独立法人地位的公司间的暂时性松散联结，难以确保一个企业会获得永久性的战略关键资源。在多媒体市场中，一个企业要想取得竞争优势，就必须整合所有的价值增值环节，而采取联盟的方式会使企业面临着联盟破裂时因为难以共享一些核心价值活动而被排除出多媒体市场的风险，而采用接管和持股的方式则可以避免这一风险。因此，在多媒体融合的过程中，接管和持股的方式是一种比较优的一体化价值增值环节的方式。为此，他分别以美国电话电报公司（AT&T Inc）来代表通信业、微软公司（Microsoft）来代表软件产业、时代华纳（Time Warner）来代表媒体产业说明了这三个不同产业的企业在融合过程中的一体化行为（李美云，2006）。

自 20 世纪 90 年代以来，AT&T 就已经将其核心业务（远距离通信）拓展到其他媒体和通信市场。最初是通过松散的联盟扩展其通信业务后，AT&T 于 1998 年开始就通过一体化的活动延伸其价值链。这一年，通过收购 TCL，AT&T 进入了一个全新的业务领域，比如有线电视和媒介产品。这一收购除了使 AT&T 能够接入重要的通信和媒体内容外，还被允许进入地方的有线电视市场。此外，通过参股@Home（一家通过有线电视网络来提供更快网络接入服务的互联网服务提供商），AT&T 获得了向互联网市场快速扩张的立足点。1999 年，随着 AT&T 完成了对 Excite（一个互联网的搜索门户）的收购，AT&T 的一体化行为还在进一步地深化。AT&T 宣称其目标就是要将以前彼此分割的各种传媒、通信产品和服务统一成为一体化的服务，创造出水平和垂直环节融为一体的联合系统。这样，通过 AT&T 拥有的通信网络，用户将被引导到公司自己的门户（例如，互联网门户或者数字电视节目指南、Excite 或者@Home），用户从那里可以接入一系列的多媒体产品和服务，比如互联网、网上银行、网上商店、电子出版物、电视、通信服务等。

作为软件公司的微软也在不断地拓展其价值链，将互联网服务（如收购企业电视网络）、媒体服务（如有线电视）和通信服务（在 AT&T 持股）同其传统的软件产品整合成一包系统解决方案。对微软来说，其中心战略是一手抓 Windows CE，另一手抓 MSN，希望其 MSN 成为移动电话、个人电脑、掌上设备、互动电视机等用户的第一选择。

此外，在媒体和通信业融合过程中最引人注目的案例是2000年美国在线（AOL）对时代华纳的并购。并购时代华纳之后，AOL为其在线业务确保了具有吸引力的内容，同时也为其互动服务准备了一个宽带平台。而时代华纳则可以通过互联网加速其产品的营销。这一融合事件对媒体产业的融合图景带来了相当深远的影响，堪称是互联网业和媒体内容业并购融合的典范。

6.2.3 融合的结果：产业快速成长

产业融合作为一种极具革命性的产业创新形式，其发生以及在高技术产业与服务业中的广泛展开，必将对整个社会经济结构带来非 深远的影响。尽管高技术产业与服务业产业融合的广泛发生只是近20年的事，尚没有展露出其全部的发展轨迹，对于我们判断其潜在的影响形成了一定的障碍，但是透过已经发生的融合现象，我们还是可以感受到其对融合后产业快速成长的巨大推动力。

1. 市场范围扩大，便于企业进入不同市场

高技术产业与服务业融合的发生，一方面，将原来分属于不同竞争领域的市场融合为一体，从而使得企业的市场空间空前扩大。另一方面，融合后的企业价值链融合了原来分属于不同产业的价值增值环节，借助于这些价值增值环节，企业便可以很轻易地进入这些原本分属于不同产业的全新市场领地，并将自己原来基于核心能力打造的产品或者服务沿着价值链的诸多环节不断地延伸，把每一环节都做深、做透，然后再卖透、卖遍，直至榨取这些产品或者服务的最后一点利润。这样，经由这些新市场领域的价值不断增值后，企业就可以将来自于各方位的利润全部都"吸进、吃光"，实现总体收益的最大化。

2. 通过融合型产品，建立多元化客户关系，分散经营风险

在高技术产业与服务业的融合过程中，相伴而生的是企业的合并以及价值链的重构。由于重构后的新价值链合并了以前各自独立、针对专门市场的价值链，原来各自形成的特定顾客群以及客户关系也就聚为一体了。当通过一体化的活动将这些价值链的环节重新连接起来构建成一条新的价值链后，原来分立产业的核心价值增值环节却依然保留，从而使融合产业能够提供一体化的"服务产品包"。通过这类融合型产品的提供，就可以将各个分立产业以前基于独立的产品或者服务，与不同的顾客群体所形成的各种客户关系加以集成，由此形成了基于重构价值链的多重顾客群以及多元化的客户关系。这种多元化的客户关系的建

立，一方面有利于企业保持顾客群的稳定，即使客户与企业终止了其中一种服务或者产品的购买关系，但是还可以通过其他的环节保持与同一顾客的联系；另一方面，这种通过服务产品包所建立起来的彼此相关的多元化的客户关系，对顾客而言，只与一家公司打交道就可以获得多元化的产品或者服务的需求，从而更有利于吸引更多的顾客购买，扩大顾客群体。对于企业而言，这种多元化的联系，便于企业更加密切客户关系，而且还可以通过锁定（lock – in）效应，提高顾客的退出壁垒，从而可以从同一顾客身上获取多元的收入来源。

3. 提高市场竞争力

通过高技术产业与服务业的融合，企业可以用一种标准化的定价将融合型的产品打包销售或者是提供一体化的解决方案。这种标准化的价格捆绑可以通过改变消费者的剩余、减少其需求的异质性，更加有效地激发顾客的购买意愿。一般情况下，可以把顾客购买意愿强弱不同的产品或者服务捆绑在一起定价，从而获取潜在的利润，也有利于企业竞争优势的发挥。比如电信服务商、互联网服务商可能会免费送电话机、电脑，而只收服务费等。

4. 促进产业的创新及其结构优化升级

高技术产业与服务业融合的发生，意味着不同产业之间的技术、产品、组织、管理、市场等一系列的融合，而这一系列融合发生的过程涵盖了弗里曼所提出的全方位多层面的产业系统创新，因而这一创新会推动现有的产业结构体系的优化升级，促进整个产业系统的高级化发展。从催生出的新产业类型来看，由于融合型的新产业价值链融合了两个或者多个产业的价值活动环节，因而比原有的产业具有更多的价值增值点、更多的利润空间，而且还能够为消费者创造更多、更方便、价值更高的产品或者服务，代表了需求发展的趋势和产业发展的方向，因而具有更广阔的发展潜力。更为突出的是，新的融合型产业所产生的扩散效应，还会影响和带动一大批相关产业的发展，从而带来巨大的直接与间接经济效益。

6.3 高技术服务业的形成：高技术产业与服务业的融合

6.3.1 高技术服务业的内涵

高技术服务业一词在我国最初出现在《2003 年度科技型中小企业技术创新

基金若干重点项目指南》中，在2007年国家发展和改革委员会发布的《高技术产业发展"十一五"规划》中，高技术服务业已被明确列入八大高新技术产业中。基于认识角度的不同，学术界和产业界对这一概念目前尚未有明确、完整和统一的界定。

高技术服务业，国外主要用"HTS"（high technology services）来简称，认为HTS是指具有高技术产业特征的服务业，是由高技术制造业的内涵延伸形成的新业态。HTS主要包括高技术制造业后向延伸形成的通信服务业、软件与计算机及相关服务业，也包括高技术制造业前向延伸形成的自然科学领域的研发与实验室测试，不包括为高技术产业发展提供服务的相关服务业（如专业技术服务业和商务服务业），也不包括用高技术改造提升传统服务业形成的新业态（如电子商务等）。

国内学者观点稍有不同，认为高技术服务业是以网络技术、信息通信等高新技术为支撑，以服务为表现形态，服务手段更先进、服务内容更新颖、科技含量和附加值高的新兴服务业。王仰东等（2011）综合各方观点提出，高技术服务业是指以网络技术、信息通信技术等高技术为支撑，且技术关连性强，以提供高科技含量和高附加值的技术（知识）密集型的产品、服务为主，兼顾了高技术产业和知识型服务业优势的一种高端服务业态，是现代服务业与高新技术产业在社会经济发展的过程中，相互渗透、相互交叉、相互融合，逐步发展形成的新兴产业，如图6-6所示。

高技术服务业是高技术产业与服务业融合形成的新业态，是高技术产业的重要组成部分和增长引擎，对于推进产业结构优化升级、提升产业竞争力具有重要支撑作用。大力发展高技术服务业，是促进高技术产业规模持续增长、提升高技术产业发展质量的必然选择，也是加快培育战略性新兴产业、实现"中国制造"向"中国创造"转变的迫切需要。

高技术特别是信息技术近年来的高速发展和广泛应用，极大地改变了高技术产业的价值形态，使得高技术产业在越来越激烈的市场竞争中不断地拓展自身的价值链条，从以制造业为主向着基于技术应用的整体解决方案延伸，包括了软件开发、系统设计、技术培训、技术咨询、售后服务等多种价值形态，即出现了高技术产业的服务化趋势。

从世界范围看，高技术服务业已成为发达国家高技术产业的主体及核心，并作为主要引擎驱动高技术产业持续快速发展，带动高技术产业及传统产业优化升级。从发展趋势看，发达国家处于高技术服务业发展的主导地位，正在抢占高技术服务业发展的战略制高点，许多跨国高技术制造企业正向高技术服务业转型，高技术服务业的国际产业转移正加快进行。高技术服务业新业态不断涌现，手机

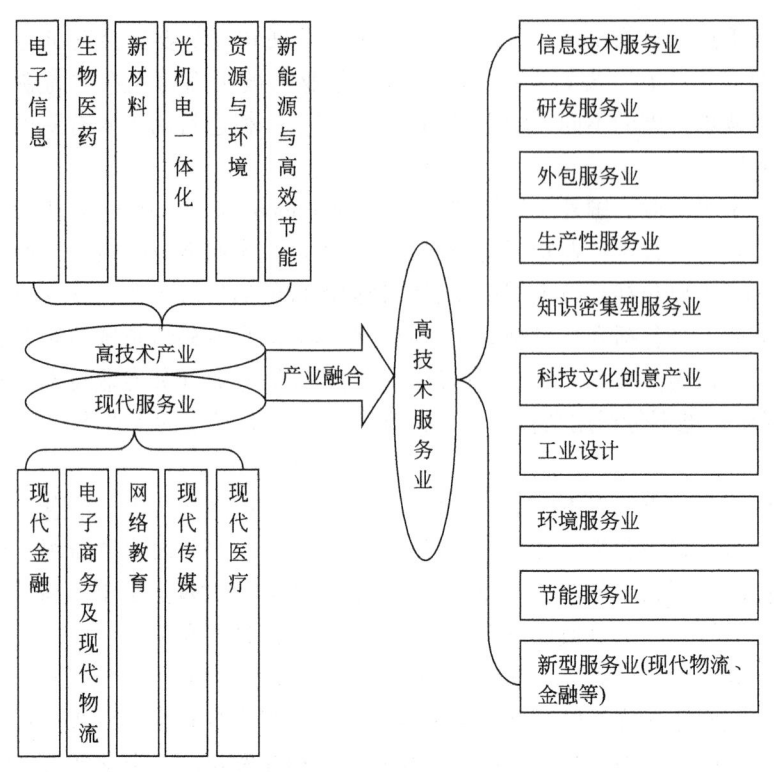

图 6-6　高技术服务业——高技术产业与现代服务业的融合
资料来源：王仰东等，2011

电视、移动即时通信、软件外包、网络教育、网络出版和网络数字内容等新业态不断涌现，传统产业价值链被逐一打破。IT 服务公司、消费电子设计公司、集成电路设计公司和生物医药研发外包公司等大量从传统产业价值链上分解出来的专业化技术服务公司，逐渐改变了传统产业价值链，成为经济发展新的增长点。随着高技术特别是信息技术的迅速发展和广泛应用，越来越多的高技术制造业企业呈现出明显的服务化趋势，大型软件企业逐渐从单纯的软件产品开发商向提供全方位解决方案和运营支持的信息服务提供商转变，国内以联想、北大方正和用友等为龙头的北京 IT 企业已开始向服务转型。

　　近年来，我国开始关注和加快推进高技术服务业的发展。在我国，"高技术服务业"一词最初出现在科学技术部《2003 年度科技型中小企业技术创新基金若干重点项目指南》中，2005 年首次得到正式描述。2007 年国家发展和改革委员会发布的《高技术产业发展"十一五"规划》中，将高技术服务业明确列入八大高新技术产业。2010 年 7 月，国家发展和改革委员会为推进高技术服务业发展，在实践中探索高技术服务业发展规律，选择北京市、天津市、河北省、辽宁省、上海市、江苏省、浙江省、广东省、四川省、湖北省、湖南省、重庆市、深圳市、大连市等14个省（市），先期开展高技术服务业创新发展工作，为今后全国全面部署高技术服务业工作奠定基础。2010年10月，《国务院关于加快培育和发展战略性新兴产业的决定》正式发布，明确提出要"发挥知识密集型服务业支撑作用，大力发展研发服务、信息技术服务、创业服务、技术贸易、知识产权和科技成果转化等高技术服务业"。2010年11月，国家发展和改革委员会授予上海、重庆、广州、沈阳、石家庄、苏州、郴州等15个城市为"国家高技术服务产业基地"。按照"十二五"发展规划，广州市高技术服务业总收入将达到6000亿元，实现增加值2500亿元，占全市GDP的15%。2015年，大连市高技术服务业对GDP的贡献率将从2009年的7.3%，增加到14%以上。大连市目前正在建设的生态科技创新城占地65平方千米，将承担大连高技术服务业基地核心区建设任务。在2011年3月发布的《中华人民共和国国民经济与社会发展第十二个五年规划纲要》中，明确提出要"培育壮大高技术服务业"，"以高技术的延伸服务和支持科技创新的专业化服务为重点，大力发展高技术服务业"。在这种背景下，我国各地已出现竞相发展高技术服务业的态势。

在我国，随着高技术产业和现代服务业的快速发展，软件产业、网络游戏、短信服务、电子商务、创意产业、研发设计服务业、集成电路设计、合同能源管理服务、医药研发外包等高技术服务业呈现出蓬勃发展态势。这些新型业态的产生不仅满足了人们对服务水平、质量、内容、方式的全方位需求，而且表现出极大的发展潜力。仅以中关村高新区为例，北大方正、书生、超星、中文在线四大公司，通过对全国570家图书出版社、120多万种图书资源的数字化整合，已占据国内电子图书领域90%以上的市场份额。下面重点介绍高技术服务业中的两个主要类别。

1. 高技术制造业衍生的生产性服务业

高技术产业是通过高技术的产业化发展起来的新兴产业。高技术制造业最核心的特点就是高R&D投入，高R&D投入势必带来高风险和高收益，而且高R&D投入要求高智力支撑。按照这一要求，电子信息制造业、生物产业、新材料制造业、航空航天制造业、光电子产业、新能源产业以及环保产业等都可以包括在高技术制造业范围之内。

关于生产性服务业，目前还没有公认的或者统一的定义。一般来说，生产性服务（也称为生产者服务，producer services）是指那些被其他商品和服务的生产者用做中间投入的服务。所谓生产性服务业，或者称生产者服务业、生产型服务业、生产和市场服务业，是指那些提供市场化的中间服务的产业部门，典型的如科技研究开发、金融保险、管理咨询、工程设计、物流、法律、会计、展览、市场营销、通信与信息服务、工程和产品维修、培训、房地产等（原小能，2005）。有学者从价值链的角度研究指出，生产性服务业是人力资本、知识和技术进入生产过程的一座桥梁，是产品价值增值的主要源泉。生产性服务业是指生产性服务企业的集合体。从外延的角度来看，生产性服务业包括布 Browning 和 Singelman (1975) 所谓的狭义生产性服务业（包括法律工商服务业、金融、保险、经纪等）以及大部分的分配性服务业（包括商业、通信、运输、仓储等）。也有学者认为，生产性服务业包括保险、银行、金融和其他商业服务业（如广告和市场研究），以及职业和科学服务（如法律服务、会计、研究与开发等为其他工商所提供的服务）。中国香港贸易发展局认为，生产者服务包括专业服务、金融保险服务、信息和中介服务以及与贸易相关的服务（吕政等，2006）。我国政府在《国民经济和社会发展第十一个五年规划纲要》中将生产性服务业分为交通运输业、现代物流业、信息服务业、金融服务业、中介与商务服务业等。

生产性服务业的分类问题影响到计量分析，也影响到生产性服务业与其他产业关系的认识。由于目前不同的经济组织和学者对于生产性服务业这个概念所包含内容的认识是不一致的，所以对生产性服务业的分类也有很大的区别。目前，世界各国和各类经济组织都有各自的统计口径和划分标准（表6-1）。

表 6-1 生产性服务业的分类

作者	范围
美国商务部（BEA）	商业及专门技术（如电脑、工程、法律、广告、会计等）；教育；金融；保险；电子传讯
美国统计局（BOC）	金融；保险；不动产；商业服务；法律服务；会员组织；其他专业服务
英国标准产业分类（SIC）	批发分配业；废弃物处理业；货运业；金融保险；广告；研究开发；贸易协会
香港贸易发展局	专业服务；信息和中介服务；金融服务；与贸易相关的服务
Browning 和 Singelman (1975)	金融；保险；法律及工商服务业
Howells 和 Green (1987)	金融；保险；商务服务业；职业和科学服务
Niles (1990)	金融；保险；运输；大众传播；会计；研究开发；资产服务业
Coffey 和 Polese (1991)	工程服务；企业管理咨询；会计；设计；广告
边泰明 (1997)	国际贸易；运输服务；仓储；通信；金融；保险；不动产；法律及会计；顾问服务；资讯服务；广告；设计业
段杰、阎小培 (2003)	金融保险业；房地产业；信息咨询服务业；计算机应用服务业；科学研究与综合技术服务业；邮电通信与交通服务业；教育、文艺和广播电视电影业；进出口贸易业

资料来源：李金勇，2005

由表 6-1 可以看出，不同经济组织和学者对生产性服务业的分类有很大的区别。总的来看，生产性服务业的核心范畴可以概括为金融保险业和工商服务业，其中，金融保险业包括银行、保险、期货、证券、外汇、风险投资、债务市场、基金管理等；工商服务业包括中介服务（设计、研发、广告、法律、咨询、会计、租赁、工程、经济等）与贸易服务业（物流、会展、代理、检测、仲裁等）

1958 年，联合国制定了第一种国际标准产业分类（ISIC），之后经过若干次修订，2004 年 5 月，联合国统计司发布了最新的产业分类，将产业分为 21 大类，其中涉及生产性服务业的有 H、K、L、M、N、P、S、U 等产业大类。对比我国的产业分类，在大类的统计口径上基本吻合，名称比较一致，能够做到一一对应，部分名称不同，但内容一致。

在综合以上关于生产性服务业的主要分类方法的基础上，依据国务院 7 号文件①对生产性服务业的界定，并结合相关统计年鉴的行业分类特点，综合考虑统计口径及数据的可获取情况，将本书定义的生产性服务业进行划分，具体行业范围限定见表 6-2。

表 6-2 按行业分类的生产性服务业

交通运输、仓储和邮政业	金融业
信息传输、计算机服务和软件业	租赁和商务服务业
批发和零售业	科学研究、技术服务和地质勘察业

从中国国家统计局中可以获得历年《中国统计年鉴》的数据，在年鉴的国民经济核算中，分别从第三产业增加值和分行业增加值及构成中获取生产性服务业以及第三产业增加值数据。增加值是生产活动所增加的价值，可以比较确切地反映生产的成果和速度。由于《中国统计年鉴》在历年第三产业增加值上的分类标准有所不一，2006 年后中国统计年鉴增加了分行业增加值及构成表，因此，2004~2008 年生产性服务业的增加值从分行业增加值及构成表中获取，1991~2003 年生产性服务业的增加值从 2005 年前统计年鉴中第三产业增加值获取。两者在行业分类上稍有不同，但不影响对生产性服务业增加值的统计（表 6-3）。

表 6-3 中国统计年鉴生产性服务业行业分类比较

2004~2008 年生产性服务业行业分类	1991~2003 年生产性服务业行业分类
交通运输、仓储和邮政业	交通运输和仓储业
信息传输、计算机服务和软件业	邮电通信业

---

① 国务院《关于加快发展服务业的若干意见》（国发〔2007〕7 号）的文件。

续表

2004~2008年生产性服务业行业分类	1991~2003年生产性服务业行业分类
批发和零售业	批发和零售贸易餐饮业
金融业	金融、保险业
租赁和商务服务业	社会服务业
科学研究、技术服务和地质勘察业	科学研究和综合技术服务业

资料来源：2004~2008分类参考《中国统计年鉴》分行业增加值及构成表；1991~2003分类参考《中国统计年鉴》第三产业增加值。

生产性服务业的突出特征就是广泛地应用现代的信息技术和先进的管理手段，是知识、技术密集型服务业，因此也被称做"新兴服务业"、"知识型服务业"等。生产性服务业的范围非 广泛，而与高技术制造业比较密切的主要是研究开发和综合技术服务，以信息处理、软件、咨询为代表的信息服务业，以风险投资、融资租赁为代表的金融服务业以及商务服务业等。生产性服务业主要是由于制造业企业将一系列以前由内部提供的生产性服务活动（研发、设计、内部运输、采购、融资等）进行垂直分解，并实施外部化的结果。高技术制造业衍生的生产性服务业不仅包括为高技术制造业服务的生产性服务业，而且还包括那些通过高技术制造业逐步演变而来的生产性服务业。

生产性服务业具有高科技含量、高附加值、高人力资本和高成长性的特点，对其他产业具有较强的带动性。离开了生产性服务业的支持与互动，制造业的发展规模和效率也会受到很大的制约，因为发达的生产性服务业可为高技术制造业提供高质量、低成本的中间投入，进行专业化的服务，提升其核心竞争力。许多现代生产性服务部门，如金融、保险、电信、会计、法律、技术服务、咨询、R&D、物流等，都是支持高技术制造业发展的重要部门。生产性服务业能够延长高技术制造业的产业链，提高其劳动生产率、产品附加值和产业竞争力。

2. 基于高技术产业的现代服务业

"现代服务业"是我国提出的一个新型的产业概念，目前被我国广泛地使用。它最早出现在1997年9月党的"十五大"报告中，此后又在"十六大"报告和《中共中央关于制定国民经济和社会发展第十一个五年规划的建议》中先后被使用过。随后，全国不少省市在制定地方"十一五"规划中，都把加快发展现代服务业放在一个突出的位置。"现代服务业"这个概念也在各媒体中频繁使用。与此同时，不少专家学者也对现代服务业的内涵提出了自己的解释。其实，海外学界很少有"现代服务业"这个提法，国外学者使用较多的是"知识密集型服务业（knowledge intensive business services，KIBS）"这个称谓，"现代服务业"是中国特有的概念。同时,国内学者对"现代服务业"概念的解释也是见仁见智,没有统一的说法,实际部门也没有规定统一的行业标准,国内对现代服务业的边界和外延仍存在较大的分歧。夏杰长等认为,现代服务业是工业化发展到较高阶段的产物,是依托高新技术和现代管理理念、经营方式以及组织形式发展起来的服务产业(夏杰长等,2008),包括为生产者提供中间投入的知识、技术、信息相对密集的服务业以及一部分由传统服务业通过技术改造升级和经营模式创新而形成的现代服务业。根据这一界定标准,"现代服务业"主要是包括金融服务业、商务服务业、信息技术与网络通信服务业、研发与工业设计服务业、物流服务业等众多服务行业。

高技术产业的发展,不仅拓展了自身的发展空间,而且又分蘖出了新的产业形态,基于高技术的现代服务业就是由高技术发展到高级阶段之后而产生的一种新业态。基于高技术产业的现代服务业不同于传统的服务业,也不同于一般意义上的现代服务业。现实中逐步呈现的这一产业形态要求对其进行概念界定和特征分析。基于高技术产业的现代服务业,或者称为高技术服务业,是现代服务业的一个子集。具体地说,它是指以网络技术、信息通信技术等高技术为支撑,技术关联性强,以服务作为表现形态,服务手段更加先进、服务内容更加新颖、科技含量和附加值更高,并且兼具高技术产业和现代服务业优势的一种高端服务行业或者服务业态。

高技术服务业是伴随着信息技术的发展而出现的高技术产业服务化和服务业高技术化,是两者相互融合交叉催生的产物。它兼有高技术产业和现代服务业的优势,是现代服务业中增长最快、最具发展潜力的产业。高技术服务业是现代服务业的核心内容和高端环节,有些学者把这种高技术产业和现代服务业融合的新型服务业称作创新性服务业,并据此来研究以高技术为支撑的现代服务业(王树林,2006)。但是,这种看法有一定的片面性,创新包括技术创新、制度创新、环境创新和经营方式创新等诸多方面,只有以高技术为依托或者支撑的现代服务业才能够叫做高技术服务业。换句话说,高技术服务业只是创新型服务业的一种类型而已,它的口径和范围要比创新型服务业更窄些。具体地说,应该主要包括以下几类:第一类是由于技术进步而从高技术产业分蘖而形成的新的服务业形态,比如网络游戏、软件产业、移动通信增值服务等。第二类是依托科技进步的生产性服务业形态,比如研发、技术交易、咨询、现代物流、系统集成、工业设计等新兴服务行业。第三类是科技、经济和文化融合而成的创意产业。第四类是其他服务行业通过高技术产业来提升能力、质量和效率而形成的相对独立的服务业态,这种服务业态只是在原来的服务业的基础上被赋予了新的发展内涵,比如电子商务、电子银行、远程医疗、远程教育等。

6.3.2 高技术服务业的主要特征

高技术服务业是围绕高新技术创新及其应用并提供高附加值服务的产业，是高技术产业价值链的延伸，是科技、经济和社会发展到一定阶段的必然产物。高技术服务业具有极强的产业关联性，是产业结构调整和产业升级的有效手段，也是高新技术服务于经济和社会众多领域的重要载体。高技术服务业具有高技术性、高增值性和高渗透性等特点，是知识密集型、技术密集型和智力密集型产业。相对于高技术制造业，尤其是传统制造业而言，高技术服务业更多是依靠人才资源、科技资源、文化资源和教育资源等，对不可再生自然资源的消耗较低，因而是名副其实的资源节约型和环境友好型产业。高技术服务业除了具有高技术产业和知识型服务业的特征外，还具有一些独特性。

1. 高技术性

高技术产业是经济发展中最具活力和创新能力的产业，依托科学技术的飞速发展，高技术产业不断地向着更高层次发展，并且分蘖出了许多带有服务业性质的新业态。高技术服务业主要是以知识和高技术服务为主要形式向社会、个人企业或者团体提供服务，它通 表现为一种操作方法、咨询报告、技术方案以及对工作、决策和对行动有用的判断、知识、计算机程序等。从产业演进来看，高技术在高技术服务业的形成中起着决定性的作用，只有通过高技术的不断渗透才会形成这种高科技型的现代服务业（王瑞丹，2006）。从价值贡献来看，技术、科技价值在其提供的服务价值中占有绝对优势。高技术为服务提供技术支持和发展平台，服务业赋予高技术产品新的价值。技术水平的优劣决定了服务的品质高低，而具有高技术含量的服务增值有助于形成技术壁垒，创造产品价值之外的新价值。

高技术服务业是以高技术为基础和手段的服务业，无论是其服务内容还是服务形式都具有高技术含量的特征。在服务内容上，高技术服务业包括计算机服务、电信服务、卫星传输服务、软件服务，以及海洋、气象和检测等专业技术服务，涵盖了计算机技术、软件技术以及其他专业技术；在服务形式上，高技术服务业通过互联网、卫星、移动终端设备提供服务，涵盖了互联网技术、多媒体技术、通信技术等。高技术服务业在传播和使用高新技术的同时也进一步促进了技术的突破和创新，以通信技术为例，基于应用的蓝牙技术、无线接入技术和光纤接入技术等新技术层出不穷。

2. 高增值性

传统的服务业主要是依靠人力资源、自然资源以及资本的投入，而高技术服务业主要是依靠高科技的投入。一般而言，高技术都具有高附加值的特性，高技术的渗透使得以高技术为基础的现代服务业的价值倍增。例如，银行存贷款是传统的银行服务，但是采用了计算机网络技术，建立起了电子银行和网上存贷款业务系统之后，传统的银行服务业就衍生成为高技术型现代银行服务业，其价值量也明显地增加。在知识经济时代，包含着大量高新技术的服务大大不同于传统服务业提供的服务，高技术服务的过程不仅是高新技术传播、使用的过程，同时也是高新技术增值的过程。计算机服务业、软件等新兴高技术服务业的增加值占销售收入的比重要明显高于其他制造行业和传统服务业。

3. 高产业集聚性

在空间分布上，高技术服务业通 与先进制造业尤其是信息科技产业高度相关，彼此渗透（吴欣望和夏杰长，2006）。在许多国家，先进制造业与信息科技产业都表现出了高度聚集的特征，由它们衍生出来的科技型服务业必然会形成区位的聚集。事实上，高技术服务业一般都会集聚在具有雄厚经济实力和知识储备的大城市，尤其是在大都市中央商务区（CBD）和高技术园区，出现了一系列的高科技型产业集群。在国际上，高技术服务业大量聚集在纽约、波士顿、芝加哥、洛杉矶、伦敦、法兰克福、东京、新加坡等国际性的大都市中，我国的高技术服务业主要聚集在北京、上海、广州、杭州、香港等大城市。这些城市里通拥有众多的信息传输和软件开发企业、会计师事务所、律师事务所、国际性咨询企业、网络服务商、传媒和出版以及教育培训企业等，同时现代服务业在这些城市中也占有极其重要的地位，通 现代服务业的经济总量达到该城市经济总量的50%，甚至60%~70%（高汝熹和张洁，2004）。

4. 高渗透辐射性

高渗透性是高技术服务业的外部特性。高技术服务业的产生发展依托于高新技术，因此也具有高技术产业的高渗透性特点。高技术产业发展的过程中，服务的渗透性将技术、服务融为一体，使产业链得以延伸，有利于拓展产业的发展空间。产业间的融合和服务的渗入，产生强大的生命力，在很大程度上促进既有产业的发展，大幅度提高传统产业的竞争力，提高产品的附加值，有利于促进传统产业的结构调整，进而推动传统产业向高增值产业升级。

由于高技术服务企业自身具备的核心技术、创新能力、人才优势、专业化的特点，量身定做的服务产品采纳了新的管理经营理念和商业模式，因此，高技术服务型企业是一种有技术整合能力的企业。服务过程所产生的规模效应和集聚效应，使高技术服务型企业拥有明显的技术优势、良好的客户关系、较强的市场竞争力，处于产业链的高端或相对高端，容易在产业链中形成牢固、稳定的客户关系，形成价值链紧密关联利益联盟以及较大的影响力、辐射力，快速地成长与发展。

高新技术尤其是信息技术广泛应用于国民经济的各个行业中，能够大大提升制造业、医疗、教育、金融、公共安全和城市管理等众多行业的效率。同时信息技术带来的远程医疗、远程教育、网络教育、电子银行和电子商务等新的服务形式，使服务范围能够突破地域限制而扩大到全国乃至全球，大大扩展了高技术服务业的辐射范围和深度，并带动其他地区各个行业的经济发展，提高居民的生活水平。

5. 高智力密集性

高技术服务业是以人的智力资源为基础的产业，高技术服务型企业具有知识密集、技术密集、人才密集的特点，智力劳动占据主导。高技术服务业具有广泛的产业关联性，其核心是为生产和市场发展提供专业化的增值服务，它集中在产业价值链的关键环节或高端环节，针对特定的服务对象、客户，提供高度专业化的服务。专业化有利于高技术服务型企业的服务产品具备深度、个性、高水平与高质量的特点，有利于占据产业价值链的高端，有利于结构更加合理的产业集中度的形成。专业化的服务能力需要具备专业的人才、专业的技能、有行业背景的资源整合条件与能力、有独特的核心技术和核心竞争力、有一般行业内的企业难以替代的地位与作用。

为了能够为客户提供高度专业化的服务，高技术服务型企业大多数都采纳最为先进有效的服务手段，运用现代化的管理思想、经营理念，设计创新的商业模式，通过系统集成的方式采集、消化吸收、转移、运用、推广前沿的信息、最新的研究成果、新技术、新工艺、新材料和新装备，以核心技术、网络化和信息化等高技术手段搭建创新平台、运营服务平台，为客户提供高质量的增值服务。

6.3.3 高技术服务业的范围和统计口径

1. 高技术服务业的范围

2008年4月，科技部与财政部、国家税务总局联合发布《高新技术企业认定管理办法》，将高技术服务业列入《国家重点支持的高新技术领域》之中，高技术服务业的范围得到明确。

高技术服务业范围包括以下 10 个方面。

1）共性技术。具有自主知识产权、面向行业特定需求的共性技术，包括行业共性技术标准研究、制定与推广业务以及专利分析等。

2）现代物流。具备自主知识产权的现代物流管理系统或平台技术，具备自主知识产权的供应链管理系统或平台技术等。

3）集成电路。基于具有自主知识产权的集成电路产品专有设计技术（含掩模版制作专有技术），包括芯片设计软件、IP 核、布图等，提供专业化的集成电路产品设计与掩模版制作服务；基于具有自主知识产权的集成电路产品测试软、硬件技术，为客户的集成电路产品（含对圆片和半成品）研发和生产提供测试；基于具有自主知识产权的集成电路芯片加工及封装技术与生产设备，为客户提供圆片加工和封装加工。双列直插（DIP）、金属封装、陶瓷封装技术除外。

4）业务流程外包（BPO）。依托行业，利用其自有技术，为行业内企业提供有一定规模的、高度知识和技术密集型的服务；面向行业、产业以及政府的特定业务，基于自主知识产权的服务平台，为客户提供高度知识和技术密集型的业务整体解决方案等。

5）文化创意产业支撑技术。具有自主知识产权的文化创意产业支撑技术，包括终端播放技术、后台服务和运营管理平台支撑技术、内容制作技术（虚拟现实、三维重构等）、移动通信服务技术等。仅仅对国外创意进行简单外包、简单模仿或简单离岸制造，既无知识产权，也无核心竞争力，产品内容涉及色情、暴力、意识形态、造成文化侵蚀、有害青少年身心健康的除外。

6）公共服务。有明显行业特色和广泛用户群基础的信息化共性服务，包括客户信息化规划咨询、信息化系统的运行维护、网络信息安全服务等。

7）技术咨询服务。信息化系统咨询服务、方案设计、集成性规划等。

8）精密复杂模具设计。具备一定的信息化、数字化高端技术条件，为中小企业提供先进精密复杂模具制造技术、设计服务（包括汽车等相关产品高精密模具设计等）。

9）生物医药技术。为生物、医药的研究提供符合国家新药研究规范的高水平的安全、有效、可控性评价服务，包括毒理、药理、药代、毒代、药物筛选与评价，以及药物质量标准的制定、杂质对照品的制备及标化；为研究药物缓、控释等新型制剂提供先进的技术服务，中试放大的技术服务等。

10）工业设计。能够创造和发展产品或系统的概念和规格，使其功能、价值和外观达到最优化，同时满足用户与生产商的要求。

2. 统计口径

高技术服务业如何统计,目前分歧较大,国家统计局也没有明确其统计口径。目前我国尚无关于高技术服务业的明确界定和统计分类。涉及高技术服务业的统计分类主要有以下三种。

1) 统计部门采用的分类。在国家统计局 2002 年 7 月制定的《高技术产业统计分类目录》中,高技术产业涉及 4 个门类,61 个小类。其中,公共软件服务又分为基础软件服务和应用软件服务 2 个小类,其余均为高技术制造业。

2) 科技部门采用的分类。科技部《2005 年度科技型中小企业技术创新基金若干重点项目指南》首次提出了高技术服务业的支持方向,其中重点支持的高技术服务业有六类:信息技术服务业,生物医药技术服务业,新材料技术服务业,光机电一体化技术服务业,资源、环境保护技术服务业,新能源与高效节能技术服务业。之后,科技部每年采用的高技术服务业分类不变,但针对各类别的重点支持领域会进行调整。科技部火炬高技术产业开发中心发布的《2006 年国家高新区高技术服务业发展态势》中的高技术服务业包括两大类:G 大类,即信息传输、计算机服务和软件业;M 大类,即科学研究、技术服务和地质勘察业。

3) 发改委采用的分类。国家发展和改革委员会强调高技术服务业主要包括信息技术服务、生物技术服务、数字内容服务、研发设计服务、知识产权服务和科技成果转化服务等。按照现行《国民经济行业分类》统计目录,高技术服务总量统计主要包括:一是第 G 类,信息传输、计算机服务和软件业;二是第 M 类,科学研究、技术服务和地质勘察业;三是第 L 类中的 7450 小类,即知识产权服务。

学术界对高技术服务业的分类不一而同。综合来看,判断服务业是否是高技术服务业的标准是技术水平和创新能力。高技术服务业主要包括研发设计、高技术生产服务、信息技术服务、科技成果转化服务、知识产权服务、节能环保服务以及文化创意等。高技术服务业是高技术产业的重要组成部分和增长引擎,高技术服务业的一些重要领域属于战略性新兴产业的范畴。由于高技术服务业是以高技术为支撑,其内涵外延随高技术发展日新月异而不断丰富和拓展,高技术服务业的产业分化和产业融合将进一步深化,对现代产业发展及产业结构的影响也将日益深刻。

高技术服务业是高技术产业和现代服务业融合的新型服务业,要界定清楚什么样的服务行业和服务业态属于高技术服务业的统计范围,如前所述,它基本可以分为三类,如表 6-4 所示。

表 6-4 高技术服务业的统计范围

高技术产业分蘖形成的服务业	移动通信增值服务、软件产品、网络游戏等
依托科技进步的生产性服务业	研发、咨询、技术交易、现代物流、系统集成、工业设计等
科技、经济、文化融合的创意产业	研究实验、广告广播、电视活动等
其他相对独立的服务业态	电子商务、电子银行、远程医疗、远程教育等

6.3.4 高技术服务业产品和业务融合对产业结构优化升级的影响

1. 生产性服务业产品与业务融合度测算

既然生产性服务业是服务业与制造业的融合后出现的新型产业，它的出现更多的是融入服务业与制造业产品与业务的融合中。因此，在测算服务业与制造业业务融合时，他们之间的业务融合系数应当是基于制造业的生产性服务业的产值（或增加值）与第三产业（或增加值）的比值，即

$$\text{服务业和制造业产品与业务融合系数} = \frac{\text{生产性服务业产值（或增加值）}}{\text{第三产业产值（或增加值）}}$$

将 1991~2008 年生产性服务业增加值、第三产业增加值数据整理后，并根据公式计算出两者比重，即制造业与服务业的业务融合系数，具体数据见表 6-5 和表 6-6。

表 6-5 1991~2003 年制造业与服务业的业务融合系数

年份	交通运输和仓储业/亿元	邮电通信业/亿元	批发和零售贸易餐饮业/亿元	金融、保险业/亿元	社会服务业/亿元	科学研究和综合技术服务业/亿元	生产性服务业增加值/亿元	第三产业增加值/亿元	制造业与服务业业务融合系数/亿元
1991	1 261.7	148.0	2 087.0	1 288.1	447.3	97.5	5 329.6	7 337.1	0.726
1992	1 488.0	193.8	2 735.0	1 601.0	599.7	125.0	6 742.5	9 357.4	0.721
1993	1 823.5	299.7	3 090.7	2 057.0	899.2	151.8	8 321.9	11 915.7	0.698
1994	2 204.3	481.6	4 050.4	2 767.2	1 200.5	213.4	10 917.4	16 179.8	0.675
1995	2 378.0	676.7	4 932.3	3 482.8	1 546.4	277.1	13 293.3	19 978.5	0.665
1996	2 626.6	867.4	5 560.3	4 017.6	1 717.7	335.7	15 125.1	23 326.2	0.648
1997	2 689.6	1 107.6	6 159.9	4 534.6	2 177.9	434.1	17 103.7	26 988.1	0.634
1998	2 886.2	1 235.1	6 579.1	4 672.6	2 649.3	470.8	18 493.1	30 580.5	0.605
1999	3 058.1	1 402.2	6 910.3	4 847.3	2 893.7	556.6	19 668.2	33 873.4	0.581
2000	3 413.2	1 995.3	7 316.0	5 217.0	3 249.6	626.1	21 817.5	38 714.0	0.564
2001	3 597.9	2 370.4	7 918.8	5 585.9	3 855.7	702.7	24 031.4	44 361.6	0.542
2002	3 705.5	2 714.8	8 476.7	5 948.9	4 366.4	802.1	26 014.3	49 898.9	0.521
2003	3 431.5	3 212.8	9 238.4	6 467.3	4 879.6	884.2	28 113.8	56 004.7	0.502

资料来源：根据《中国统计年鉴》、《中国高技术统计年鉴》以及《中国工业经济统计年鉴》整理

表 6-6　2004～2008 年制造业与服务业的业务融合系数

年份	交通运输、仓储和邮政业/亿元	信息传输、计算机服务和软件业/亿元	批发和零售业/亿元	金融业/亿元	租赁和商务服务业/亿元	科学研究、技术服务和地质勘察业/亿元	生产性服务业增加值/亿元	第三产业增加值/亿元	制造业与服务业业务融合系数
2004	9 304.4	4 236.3	12 453.8	5 393.0	2 627.5	1 759.5	35 774.5	64 561.3	0.554
2005	10 666.2	4 904.1	13 966.2	6 086.8	3 129.1	2 164.0	40 916.4	74 919.3	0.546
2006	12 183.0	5 683.5	16 530.7	8 099.1	3 790.8	2 684.8	48 971.8	88 554.9	0.553
2007	14 601.0	6 705.6	20 937.8	12 337.5	4 694.9	3 441.3	62 718.2	111 351.9	0.563
2008	16 362.5	7 859.7	26 182.3	14 863.3	5 608.2	3 993.4	74 869.2	131 340.0	0.570

资料来源：根据《中国统计年鉴》、《中国高技术统计年鉴》以及《中国工业经济统计年鉴》整理。

由表 6-5 和表 6-6 得出的两产业产品与业务融合系数我们可以看到，按照 2006 年前的统计年鉴对第三产业增加值分类统计的生产性服务业，1991～2003 年生产性服务业的增加值与第三产业增加值整体是上升趋势，业务融合系数呈下降趋势，是由于 2003 年后的分类对一些行业进行了融合，如交通运输与仓储，在 2006 年后的分类扩展了邮政业，邮电通信业也经过整合变为了信息传输、计算机服务和软件业，这些分类的变化导致了生产型服务业整体增加值的增加，2004 年较 2003 年比较增加值增长幅度明显加速。2006 年后新的分行业增加值标准统计的生产性服务业在 2004～2008 年时呈上升趋势，虽然增长的幅度很小，但仍能表明，在 2004～2008 年中服务业的制造业化以及制造业的服务化趋势较为明显。

2. 产品和业务融合度对产业结构优化升级的相关性分析

要实现产业结构优化升级，从以下三个方面进行衡量：一是高技术推动现代制造业的发展程度，即高技术产业增加值占制造业增加值比重，以此衡量制造业结构度；二是制造业增加值占工业增加值比重，以此衡量工业结构度；三是第三产业增加值占 GDP 比重，三次产业结构度是促进经济增长和产业结构优化的主要推动力之一。

根据以上产业结构优化升级的三个指标并结合《高技术统计年鉴》、《工业经济统计年鉴》、《中国统计年鉴》可查数据，整理见表 6-7。

表 6-7　1999～2008 年产业结构优化升级三指标统计

年份	指标一：高技术产业增加值占制造业增加值比重（当年价计算）	指标二：制造业增加值占工业增加值比重（当年价计算）	指标三：第三产业增加值占 GDP 比重（当年价计算）
1999	0.125	0.781	0.302
2000	0.140	0.776	0.301
2001	0.139	0.788	0.302
2002	0.143	0.797	0.343
2003	0.148	0.792	0.334
2004	0.139	0.794	0.404
2005	0.145	0.778	0.405
2006	0.145	0.78	0.409
2007	0.135	0.791	0.419
2008	0.132	0.787	0.418

资料来源：根据 2000～2010 年《中国高技术统计年鉴》、《中国工业经济统计年鉴》以及《中国统计年鉴》整理。

将服务业与制造业业务融合度和产业结构优化升级三个指标的相应年份（1999～2008 年）数值进行曲线对比，如图 6-7 所示。

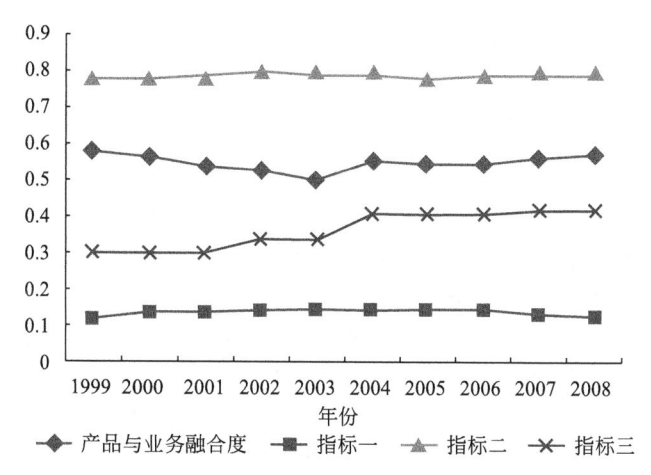

图 6-7　服务业与制造业产品与业务融合和产业结构优化升级指标曲线图

注：指标一为制造业结构度（高技术产业增加值/制造业增加值）；指标二为工业结构度（制造业增加值/工业增加值）；指标三为三次产业结构度（第三产业增加值/GDP）

由图 6-7 所示，1999～2008 年制造业结构升级趋势与工业结构升级呈现趋势大体相似，制造业结构度在 0.1 左右，工业结构度在 0.8 左右，均没有明显的增长和下降，发展基本平缓；三次产业结构度由 1999 年的 0.3 左右增长到 2008 年的 0.4，有小幅度增长。产品与业务融合度的趋势相比较与三次结构度趋势较一致，说明了生产性服务业的发展对三次产业结构升级有着较明显的影响。

3. 结果分析

（1）生产性服务业通过向价值链高端的攀升推进三次产业结构升级

生产性服务业通过向价值链高端的攀升推进产业结构的优化升级。产业结构的升级就是产业结构由低附加值向高附加值演变的过程，根据迈克尔·波特的价值链理论，企业的价值增值活动可分为上、中、下三个环节，其中上游环节（包括研发、设计、采购等）以及下游环节（包括市场营销、服务等）主要属于生产性服务活动。波特认为"企业所创造的价值实际上来自价值链上的某些特定活动，这些创造较高价值的活动就是企业价值链的战略环节"随着经济的发展，生产性服务活动越来越成为企业获得核心竞争优势的关键。因此，发展生产性服务业，通过价值链向"微笑曲线"的两头攀升，将有效实现由低级产业向高级产业的升级，从而推进三次产业结构升级。

（2）服务业和制造业的融合发展促进产业结构向技术密集型和知识密集型转变

服务业与制造业的融合新兴产业——生产性服务业所具有的知识密集的特性决定了其主要以人力资本和知识资本作为主要的投入要素，正如 Gruble 和 Walker 指出的"生产性服务业的产出中包含大量的人力资本和知识资本的服务，因而能够促进生产专业化，扩大资本和知识密集型生产，进而提高劳动与其他生产要素的生产率"。随着 R&D、市场营销、物流、金融、软件、咨询等知识密集型生产性服务业的专业化发展，生产性服务业为其他产业提供了高级生产要素的投入，提高了其他产业的产品附加价值，进而推进了产业结构逐步由劳动密集型向技术密集型和知识密集型的演变。

（3）服务业和制造业的融合形成新型产业部门，促进产业结构升级

服务业与制造业的产品与业务融合使得当制造业提供的产品只是一个待发生的服务，而服务则是实际上的产品时，其业务模式就发生了根本性的转变，即从制造一种产品转向提供一种服务。这样，它们就不再是传统意义上的生产物质产品的产业部门，而是具有大量服务性特征的新型产业部门。新型产业部门的出现说明了传统意义的三次产业分类不再适应产品业务融合后的需求，而是要在此基础上，重新建立新的产业体系。

6.3.5 高技术服务业市场融合对产业结构优化升级的影响

信息技术在产业领域内的广泛应用，通过对产品功能重组和业务流程重组，构建起了互联互通的数字化信息流和服务流平台，传统市场得以重新定义，促进了市场融合，原先由不同行业分割的产品市场融合成了一种综合性融合市场，如电信、广播电视、出版业的三大产业的融合就是一个典型的例子。

1. 电信、广播电视和出版业市场融合分析

市场融合不是简单的"市场合并"、"市场整合"、"市场重组"，而是因技术融合和需求融合导致市场边界模糊、不同市场产生聚合和创新，形成新的市场的过程。在这一过程中，不仅市场规模和范围发生了明显变化，而且市场形势也发生了根本性变化。由于市场融合是以信息化为基础，因而市场融合主要发生在那些信息集约程度较高的领域。各个部门的技术经济特性不同，信息集约程度也不同，导致市场融合的非均衡发展，一部分信息集约程度较高的市场首先产生融合，并规定和影响其他市场融合的发生和发展。20世纪90年代以来，信息技术的迅速发展为电信、广播电视和出版业三大产业部门的融合奠定了技术基础，使得三大产业在技术、业务融合之后迅速地形成了市场融合。

数字化技术把语音、数据和视像等不同信息形式转化为同一"比特"，"比特"与网络技术相互融合而发展为IP（互联网通信）技术，使得计算机技术和网络技术融合。通过这一技术融合，电信业、电视业可以经营网络业务，如有线电视及电话线上网；网络业也可以经营电话业务、影视业务，如通过互联网打电话、收看卫星电视节目等。新的产品在此条件下孕育而生，即三大产业使原先各自独立的产品功能融合成新产品，如电子图书等。三大产业在技术和业务上产生融合必然会导致在市场上的融合，电信、广播电视和出版业将面临同一市场，以横向市场结构取代纵向一体化的市场结构，形成新的价值链，改变原有市场边界，形成新的交叉竞争及合作的格局关系。

在电信、广播电视和出版业三大产业融合过程中，不仅是语音、数据和视像可以融合，而且通过统一的实现技术使不同形式的媒体彼此之间的互换性和互联性得到加强。这样，不论是照片、文件、音乐、视像还是对话，都能通过同一终端机网络传送及显示，从而使语音广播、电话、电视、电影、照片、印刷出版以及电子货币等信息内容融合为一种应用或服务方式。这样，原有三大产业的纵向一体化环节转变为5个很大程度上独立的水平行业细分市场，形成了新型的融合产业结构，见图6-8。

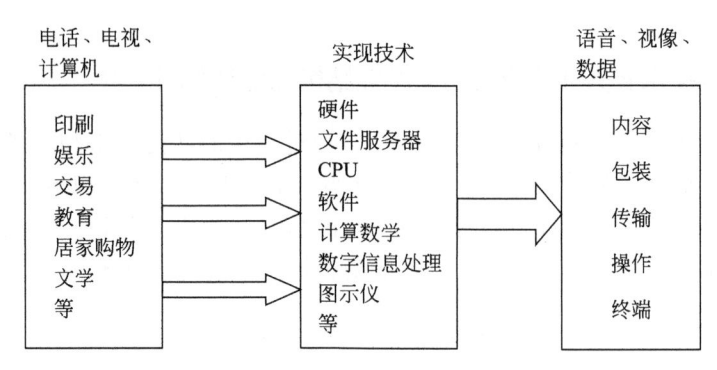

```
电话、电视、              实现技术              语音、视像、
计算机                                        数据

  印刷                    硬件                   内容
  娱乐                   文件服务器                包装
  交易         →          CPU          →        传输
  教育                    软件                   操作
  居家购物                 计算数学                 终端
  文学                   数字信息处理
  等                     图示仪
                         等
```

图 6-8　电信、广播电视、出版业新型融合产业结构

资料来源：周振华，2003a

这种融合不仅打破了传统电信、出版和广播电视部门的产业边界，形成了新型的融合产业结构，而且还继续在某些新领域内深化发展，演变着新的重叠与融合。戴维·莫谢拉（2002）曾详细描述了硬件、软件、传输服务、专业服务以及服务内容业务等方面有可能进一步发生融合的情景，整理见表6-8。

表 6-8　电信、广播电视、出版业融合后的新市场种类

市场种类	融合形式
硬件市场	有两个可能融合的领域，即端点用户设施与骨干网络设备。互联网广播能力以及其他重要新技术的出现，电脑与电话网络装置之间的区别将逐步消失
软件市场	在互联网上程序指令与信息内容将越来越多，尤其在交互应用中，将充分交织、合二为一
传输服务市场	互联网访问承办商、线上服务公司、电缆公司，更为重要的是地区和长途电话公司已经分别成长壮大，都为特定的用户集团提供不同的服务。随着这些厂商都开始提供以音、像、图和文本为基础的信息，它们之间业务的重叠将大大增加。其中，竞争、合并和收购都将是合理化进程的一部分
专业服务市场	因最少依赖特定技术，这个部分往往是产业中最稳定的。大部分当前的商务服务业模式将不受触动。但传统意义上的"专业服务"（咨询、程序设计、系统集成）与"通信服务"（主要是模拟和数字传输）之间会发生一些融合
服务内容与应用市场	电视、音乐、报纸、杂志、体育以及所有其他娱乐形式都使用同样的混合多媒体技术进入互联网

总之，传统的电信、广播电视和出版在信息化进程中，随着信息传送的平台与带宽要求方面发生的重大转换，这三大产业有可能都在同一个新媒体操作系统中运作，形成了新型的融合产业结构以及同一的融合市场。这种融合将导致现存

的电信、传媒和信息技术服务快速而彻底的改变，当前互相分离的服务体系将互相合并，实质性地使先前它们之间分明的界限变得更为模糊。

2. 电信、广播电视和出版业市场融合度的测算

通过对电信、广播电视和出版业三大产业从分立走向融合的案例分析，我们可以清楚地看到，产业融合并不是原先就已存在或与产业分立同时产生与并列存在的，而是从产业分立中演变过来的，是产业边界固化走向产业边界模糊化的过程。同时，我们也可以发现，三大产业融合后面临的是众多同一市场，如同一的硬件市场、软件市场、传输服务市场、专业服务市场以及服务内容与应用市场等。因而，每一个产业在原有市场上的需求量在融合后的同一的市场上发生了根本的变化。如何去测算三大产业融合后的市场融合程度，我们可以通过三大产业各自在同一市场的市场需求量来测算他们的市场融合程度。

例如，在传输服务市场中，消费者可以通过多种方式的选择去满足自己对获取信息和传递信息的需求。电信业、电视业可以经营网络业务，消费者可以通过有线电视端口或电话线上网进行信息的传递，网络业也可以经营电话业务、影视业务，消费者可通过互联网打电话，还可以通过互联网收看卫星电视节目。另外，消费者还可以通过购买相关出版的书籍，订阅杂志、报纸等来获取信息。由此可见，面对信息传输服务市场，不同消费者的需求各不同，因而对于三大产业涉及的各种形式的需求量进行分类统计后，可计算出各自产业需求量占该市场总需求量比重，即分别是它们的市场融合程度。由于市场需求量的数据无法完整获取，因而参照表6-9的方法进行测算。

表6-9 电信、广播电视和出版业市场融合度测算方法

产业	融合后市场分类				
	硬件市场总需求量（$Y1$）	软件市场总需求量（$Y2$）	传输服务市场总需求量（$Y3$）	专业服务市场总需求量（$Y4$）	服务内容与应用市场总需求量（$Y5$）
电信业需求量（$X1$）	$X1/Y1$	$X1/Y2$	$X1/Y3$	$X1/Y4$	$X1/Y5$
广播电视需求量（$X2$）	$X2/Y1$	$X2/Y2$	$X2/Y3$	$X2/Y4$	$X2/Y5$
出版业需求量（$X3$）	$X3/Y1$	$X3/Y2$	$X3/3$	$X3/Y4$	$X3/Y5$

3. 市场融合对产业结构优化升级的理论分析

(1) 市场融合促进技术进步，推动产业结构升级

一方面，市场融合提供了新的技术机会。在传统市场，技术和产品概念已定型，再加上技术垄断和专利保护制度的影响，企业创新空间有限，大多是一些局部性的功能和质量改良。在市场融合条件下，技术融合将创新成果扩散到众多领域，引发了一系列连锁创新，大大拓展了技术发展空间。一些传统技术由于融入了新的技术概念和原理，有可能突破原有的技术极限，获得新的发展机会。例如，超导技术的发展有可能改变现有强电、弱电、微电和光电等领域的若干技术概念和原理，形成超导电机、超导输电设备、超导储能装置、超导磁浮列车、超导计算机和超导电子器件等一系列新的技术领域。又如，将太阳能和燃料电池等新的动力技术融入汽车产业，替代传统的内燃机技术，这不但能改善全球性的能源危机和环境污染，而且能使汽车产业获得新的技术机会。由此可见。市场融合既是技术进步的结果，又对技术进步产生巨大的推动作用。

另一方面，市场融合提供了新的市场机会。成功的技术必然是有商业价值的技术，而有商业价值的技术必然有市场支持的技术。市场融合往往导致大规模的市场创新、拓展甚至创造新的消费领域。这种创新　　超越了人们的消费意识，产生大量的、充分体现人性的、引导需求发展的创新产品，从而大大激活了潜在需求。例如，在网络外部性的作用下，当用户数量超过某一临界点时，网络市场呈现出一种爆炸性增长的态势。这种潜在的、规模巨大的融合市场为技术进步提供创造了广阔的空间。

技术进步导致市场融合，市场融合为技术进步提供了新的市场环境。两者之间相互作用、相互促进。市场融合下的技术进步也是推进产业结构升级的动力之一，技术进步使生产力提高，促进社会分工的发展，形成新的产业分工；技术进步使劳动生产力提高，劳动力发生转移，使产业结构产生变化。所有这些作用和影响会使产业内部的生产要素构成不断高级化，使产业结构不断高级化。

(2) 市场融合导致产业结构转换转换，促进产业结构优化升级

市场融合导致产业结构由纵向一体化结构转变为横向融合结构。基于技术融合和需求融合，一些企业通过跨产业并购和联盟的融合行为，沿价值链向相关领域延伸，对市场进行垂直整合，控制从研发、制造到销售的整个价值链，竞争优势也主要体现为价值链优势。在市场融合中，企业不再追求纵向整合关系，而是追求不同功能企业间的横向整合关系。竞争从对价值链整体控制转变为对价值链某一环节市场占有率的争取，争取优势也主要体现在某一价值链环节上，从而导致产业结构由传统的纵向一体化结构转变为横向融合结构。导致纵向结构瓦解的

主要原因在于，技术融合特别是数字融合的发展形成了共同标准簇和界面标准化的价值模块，从而引发产业内价值链和业务流程重组，促使结构转换。市场融合改变了传统的三次产业自下而上、以自然资源为劳动对象的产业发展规律的分类方式，传统的三次产业面临的各自市场的分立状态也由于市场融合而不得不作出的新的调整。产业结构向横向融合转变，突破传统三次产业边界，促成不同行业、不同领域的重组与合作，对传统三次产业价值链进行区段分割，然后再横向融合，以适应市场融合及产业结构发展的需要。

6.4 国外高技术服务业的发展概况[①]

6.4.1 美国高技术服务业的发展

美国现代服务业增长快、总量高，居世界领先地位。目前美国现代服务业中的信息服务业、金融服务业、教育培训业、专业服务业、商务支持产业的总量已经超过4万亿美元，占美国经济总量的32%，接近服务业总体规模的一半。形成良性循环的区域产业链是美国现代服务业得以发展的重要因素。纽约服装产业、好莱坞电影业、硅谷电子产业都在区域内形成了良好运转的产业链结构，研发、设计与制造形成一体化运作，保障了产业的稳定发展。纽约服装产业注重人才培养、服装设计、服装生产、商业运作等各个环节，服装设计和服装制造紧密协作，形成服装设计、生产、销售的产业链；好莱坞电影业是集制片、后期制作、院线发行及动漫、游戏、小说、音像制品等周边产品为一体的产业集群；硅谷区域内的创新环境，形成了高端电子产业环节与以风险投资、软件开发、研发设计为主的现代服务业紧密结合的产业链结构。

都市区成为美国现代高技术服务业的核心载体，是美国的产业核心区和人口聚集区。都市区在地区内形成劳动力、资金、信息的集聚，还拥有较好的交通网络系统，为各产业的发展提供了基础。随着城市化进程的发展，都市中心区中的一些制造业开始向外围转移，中心城区形成的"空腹地带"吸引了金融商务、信息传输和创意产业等高技术服务业的集中发展。

---

① 该部分内容摘自王仰东等的《服务创新与高技术服务业》。

1. 纽约高技术服务业

曼哈顿是纽约市的中心区，曼哈顿中央商务区主要分布在曼哈顿岛上的老城（downtown）、中城（mid-town）。老城的华尔街 CBD 金融区，集中了大银行、保险公司、交易所及上百家大公司总部和几十万就业人口，是世界上就业密度最高的地区。中城是豪华居住区，帝国大厦、克莱斯勒大厦和洛克菲勒中心等著名建筑都坐落于此，许多非营利的办公机构如研究部门、专业团体和政府机构等都集中在中城。相关的专职事务所（如房地产、广告业等）以及商业服务业也迅速集聚发展起来。

纽约高技术服务业是以金融商务服务业为主导产业的集群发展模式。纽约市服务业的快速发展，有效地提高了服务产品的供给能力，也刺激了面向全球的市场需求，从而诱导了曼哈顿金融商务服务业集群的形成，以华尔街为中心的金融贸易集群，是大银行、金融、保险、贸易公司的云集之地。

金融商务服务业集群发展源于良好的外部环境和要素支撑。金融商务服务业在曼哈顿集聚发展受多方面因素影响。一方面，曼哈顿的中心地位由来已久，经济集聚是曼哈顿不断向前的动力，这使得曼哈顿一直保持先进和现代的设施，为现代金融商务服务业集群创造了良好的外部条件。另一方面，曼哈顿存在大量提供金融服务和消费金融服务的人群。就业人口向金融服务业及相关产业集中，反过来又推动着金融服务业不断发展，从而吸引了更多的金融服务消费企业在曼哈顿集聚。

政府的积极规划和适时调控起着关键性的作用。金融商务服务业产业集群的发展需要构建外在形态，形成有效载体。城市政府的作用就在于规划和引导产业集群的发展，为企业主体营造良好的环境。

2. 芝加哥高技术服务业

芝加哥地处北美大陆的中心地带，是美国主要的铁路、航空枢纽，同时芝加哥也是美国主要的金融、文化、制造业、期货和商品交易中心之一。作为曾经的五大湖地区传统工业重镇，芝加哥经历了长时间从被动到主动的产业转型后，实现了从制造业基地到国际大都市的转变，从单一制造业中心转型成为多元化经济体。在保留原有的制造业优势的同时，充分挖掘整合在商业、金融服务业、运输物流业的发展潜力，发展现代高技术服务业。在其高技术服务业发展过程中，逐渐形成了具有自身经济特征的商业经济体。

芝加哥高技术服务业总量规模增大。20 世纪 90 年代开始，芝加哥充分发挥并加强了传统金融贸易中心的地位，大力发展商业贸易、金融业等服务业，成为城市经济的主要支柱。

芝加哥这座老工业城市在经济转型中逐渐形成了多元化的产业结构,产业门类齐全,其中在服务业中最具优势的是金融服务业、商务服务业、运输物流业等融入较多高新技术含量的现代高技术服务业。

从就业的结构看,芝加哥劳动力在各个行业就业的情况与整个美国的就业结构状况基本相似,但是随着从制造经济向服务经济的转型,制造业领域的就业比例略低于全国平均水平,而在金融业、计算机系统设计和管理、软件编程等商务服务业、交通运输等领域却高于全国的就业创造水平,高水平人才的就业需求和就业率显著增加。

3. 信息服务业

美国是目前世界信息产业最发达的国家,其强大的计算机技术、通信技术以及网络技术构成了美国信息技术产业的基础架构,从而带动了美国信息服务产业的快速发展,形成了完备的信息服务产业体系。信息服务产业的发展对于促进美国经济的发展和市场经济的成熟发挥了不可替代的重要作用。

美国政府十分重视信息服务业的发展,注重以法律手段保证和促进信息服务业的健康发展,美国有完善的制度法规促进信息服务业健康发展,投融资体制较为健全为信息服务业发展提供保障。行业组织为信息服务业发展提供全方位服务,信息服务产业向全方位发展。美国信息服务业也重视数据库资源建设。

4. 创意产业

创意产业作为一个新兴的独立产业,不同国家及地区对它的内涵及其涵盖的范围有着不同的理解和划分。创意产业又叫创意工业、创造性产业、文化产业等,不同国家有着不同的名称。根据国内外有关创意产业的研究结果,目前关于创意产业比较权威的内涵界定有以下两种:一种是联合国教科文组织在蒙特利尔会议上提出的内涵界定:"按照工业标准生产、再生产、储存以及分配文化产品和服务的一系列活动。"但目前被普遍接受的创意产业的定义是在1998年出台的《英国创意产业路径文件》中明确提出的,其内涵界定如下:"所谓的创意产业是指那些从个人的创造力、技能和天分中获取发展动力的企业,以及那些通过知识产权的开发可创造潜在财富和就业机会的活动。"

在美国,Robert Atkinson 和 Ranolph Court 于 1998 年明确指出,新经济就是知识经济,而创意经济则是知识经济的核心和动力。美国人发出了"资本的时代已经过去,创意的时代已经来临"的宣言。美国是全球创意产业最为发达的国家。从 1996 年开始,文化创意产品超过其他所有传统产业产品,成为美国最大宗的出口产品。到2002年,美国文化创意产业产值达5351亿美元,占GDP的比重达到5.24%。创造就业岗位800万个,人数接近全国总就业人数的6%。美国版权产业出口超过了传统产业,从1996年开始,版权产品首次超过汽车、农业与航天业等其他传统产业,成为美国最大宗的出口产品,其中核心版权产业的出口额已达601.8亿美元。2002年美国版权产业产值达到12 500亿美元,约占美国GDP的12%,特别是美国的影视业和软件业发展迅速,在国际市场中占据主要优势。

6.4.2 欧洲高技术服务业的发展

在西方,高技术服务业和高附加值产业在其国民经济中已占主导地位。以英国这样的老牌资本主义国家为例,其国家的GDP构成中,金融、保险、通信、咨询等高新技术的现代服务业占了70%以上。2011年年初,我国国务院副总理李克强在中英工商界晚宴上也提出,英国在高新技术和服务业领域具有较大优势,中国拥有广阔的市场,双方可以开拓创新、互利共赢。

1. 欧洲大陆的创意产业

就工业设计而言,欧洲国家有着自己独特的优势。欧洲悠久、灿烂的文化底蕴使设计师们在信息时代能充分展示自己的才华,使高技术以一种充满人文和艺术情调,有时甚至是令人激动的形式表现出来。正是由于这个原因,欧洲在从美国输入先进技术的同时,也向美国输出优秀的工业设计。正如20世纪30~40年代以包豪斯为代表的欧洲现代主义设计思潮深刻影响了美国的设计界一样,今天的欧洲设计也在美国设计界,特别是高技术产品设计方面产生了重要影响。在国际设计界最负盛名的欧洲设计公司当数德国的青蛙设计公司(Frog Design),作为一家大型的综合性国际设计公司,青蛙设计公司以其前卫甚至未来派的风格不断创造出新颖、奇特、充满情趣的产品。公司的业务遍及世界各地及各行业,包括AEG、苹果、柯达、索尼、奥林巴斯、AT&T等跨国公司。青蛙设计公司的设计范围非 广泛,包括家具、交通工具、玩具、家用电器、展览、广告等。但20世纪90年代以来,该公司最重要的领域是计算机及相关的电子产品,并取得了极大的成功,特别是青蛙的美国事务所已成为美国高技术产品设计最有影响的设计机构。

欧洲的一些大型电气公司非 关注新兴高科技产品的开发与设计,荷兰的飞利浦公司、意大利的奥利维蒂公司、德国的西门子和AEG公司都在这方面成就不凡。为了探索数字化办公环境的特点,飞利浦与奥利维蒂两家公司的设计部合作，设计了一系列的未来产品概念，并公开向用户、传媒、有关专家及普通大众展出，以求得有价值的信息反馈。飞利浦公司还设计了一系列的家庭数字化设备，使科技与居家生活融为一体。

瑞典的爱立信和芬兰的诺基亚是两家在高科技人性化方面颇有建树的通信技术公司，它们将北欧设计独有的简洁、实用和自然的特点与先进的信息技术结合起来，创造了众多充满人情味和个性的产品。诺基亚公司以"科技以人为本"的设计理念，率先推出了弧面机体滑盖通话设计，满足了使用者握机更舒适的需要。1998年，诺基亚推出了极具特色5110"随心换"手机，为追求个性化的现代人提供了多种色彩的外壳，可以方便迅速地随时换装，使高精尖的技术成为一种流行的时尚，与五彩的iMac有异曲同工之妙。

2. 英国创意产业

18世纪下半叶欧洲国家掀起工业革命浪潮以来，西方工业国家经历了批量产品制造技术从简单到复杂、从低级到高级的发展变革，包豪斯学校就是这场革命在设计领域的先驱。它们将科学理性思维与艺术想象力相结合，开创了"现代设计"的教学实践模式，极大地推动了艺术设计与产品营销、市场竞争的结合，给企业带来巨大经济收益。第二次世界大战后的半个多世纪，是西方工业国家走出经济低谷转向高度繁荣的过程，也是全球设计产业发展最重要、最辉煌的时期。

按照英国的划分，创意产业包括13个领域，分别是广告、建筑、艺术与古玩、工艺、设计、时尚设计、电影录像、互动休闲软件、音乐、表演艺术、出版、软件设计、电视广播等。就创意产业的内涵而言，事实上，随着现代科技与信息的发展，其领域也不断在延展，如近年来在各国方兴未艾的动漫产业及其衍生品等。

英国创意产业的发展对其经济产生了重大的影响。英国政府从1991年开始重视创意产业的发展，1997年5月，布莱尔任英国首相的首要任务就是成立了创意产业工作小组，推动英国文化创意产业，英国贸易及产业局从20世纪90年代开始对文化创意产业提供服务。采用部门途径已经让英国发展出一套系统化的方式来发展其创意事业。英国政府在政策上为创意产业提供了更大的发展空间。其政策要点主要有以下五个。

1）强调文化艺术产品面向大众，鼓励广大民众尤其是青少年积极参加各种文化活动，并为广大民众提供尽可能多的参与机会。这能够为文化艺术产品培养潜在的文化消费市场。

2）支持文化艺术种类的产业发展，特别是对那些优秀的、具有创造性的文化艺术门类提供帮助。经费也向与公众文化生活密切相关的重点文化单位和艺术品种倾斜，并提高对文化艺术经济价值的认识，积极鼓励文化创意产业发展。

3）保证文化艺术成为教育服务体系的组成部分。政府认为艺术教育是启发人的思维的教育，是提高个人综合素质和创造力的教育。创造力和创新精神是新一代高科技产业、高职业技能的基础。思维是发明的组成部分，而发明却能创造新的产业。

4）教育体系的支持。英国政府一般不采用兴建基地的方式来鼓励发展创意产业，而是把关注点集中在创意产业中的"软件"部分。

5）知识产权的保护。2004年，英国创立了知识产权服务新方式，即首次实现专利商标事务所与一般的法律事务所的跨领域合作，并在同一品牌下向客户提供知识产权服务。英国主导"创意经济计划"，其目的是创造最好的框架来支持创新、增长和生产率，也带领公众投资的企业，使其成为先锋项目。这个计划关注七个关键领域。①技能教育：更好地培育创造性思维，为创意产业的产生创造条件。②竞争和知识产权：创造世界一流的商业竞争环境。③技术：抓住现今网络化和数字化技术的机会。④商业支持和财政支持：帮助培育新的商业，使其繁荣与增长，并给予足够的财政支持。⑤多样性：减少对有创新能力的创造者的障碍。⑥基础设施：利用独特性构建创意产业。⑦论证：明确创意产业对经济的重要性。

3. 欧洲第三方物流以及金融服务业

欧洲在第三方物流以及金融服务业上也有着较好的发展。在第三方物流（3PL）领域，欧洲经营3PL的领头企业主要有Exel、Maersk、Schenker、Kuehne & Nagel等几家大公司，所涉及的行业领域主要集中在汽车、高科技、制造业等。欧洲第三方物流快速发展的原因，一方面在于企业对物流服务的需要，另一方面在于欧洲目前较高的物流管理水平与成本的优势。欧洲的3PL提供商正通过并购、网络联盟的形式拓展服务范围，提高服务能力。

以金融服务业为例，2001~2006年的六年来，金融部门的经济产出增长率大大高于欧盟的整体增长速度，最引人注目是批发金融业的增长速度是欧盟经济增长速度的3倍。欧盟内部金融服务交易的年增长率是对一体化的反映，2000~2005年，这个增长率在14%左右。批发市场一体化的程度较高，而零售市场一体化程度仍比较欠缺。一体化进程也在跨国界的兼并和收购上得到一定的反映。例如，2001~2006年，在欧盟内部跨国界的欧盟银行界的并购占总数的30%，金融一体化为融资和分散风险提供了更好的机会。

6.4.3 日本高技术服务业的发展

软件服务是信息服务业的重要方面。软件业是日本信息服务产业的重点产业，尤其软件服务在信息服务产业中占有重要地位。法律法规建设战略性地保障信息服务业发展。日本在 2000 年提出的《IT 基本法》的政策基础上，先后颁布了"e-Japan战略"、"e-Japan II 战略"和"u-Japan 战略"，积极推进 IT 立国战略。"e-Japan战略"以宽带化为突破口大力开展信息基础设施建设；"e-Japan II 战略"以促进信息技术的应用为主旨；"u-Japan 战略"前瞻性地抓住信息、通信技术发展的制高点，力图通过实现"无所不在"的网络社会，在更深的程度上和更广的范围内拓展信息技术的应用。这三大战略紧密围绕日本信息服务产业、信息产业乃至整个国民经济在不同时期的发展方针和重点，形成一个前后衔接、循序渐进的战略体系，同时也显现出日本以信息技术应用为导向的新的发展思路。

信息服务产业链各环节紧密协同，全方位发展。从行业分布来看，制造业、金融与保险业、政府机关是行业销售额最大的三个行业，日本软件与信息服务其他产业形成了紧密的产业链条，上下游企业之间的合作与协同发展有助于整个产业的良性增长。

1. 产业龙头之东京

东京是国际大都市中的后起之秀，中央商务区除丸之内金融区、新宿商务办公型副中心区和临海商务信息区三个梯次外延的层次外，还在东京大都市圈和东京湾开发区域整体规划中，进一步把东京市外的幕张副中心和横滨纳入了 MM21 规划。由此，东京的商务区便成为网络结构，现代服务业集群也就具有网络化的发展模式。

高端要素的高度集聚造就了东京高技术服务业的强势地位，城市化发展模式为东京高技术服务业发展提供了广阔的空间。东京城市中心区的发展既不同于以美国纽约为代表的中心区的就地膨胀发展模式，也不同于伦敦城市为代表的中心区抑制发展模式，是形成了市中心区膨胀化发展和外围地区多点截留双元战略。城市的不同发展模式影响了现代服务业集群的发展方向，同时也影响了高技术服务业的发展。东京的每个区并不是在城市的每个功能上都居于主导地位，它们的主导地位分别集中于某些行业，即金融、动漫、信息相关产业和专业服务产业，这些服务行业已经成为东京大都市区城市功能转型和集群的重要特征，从而使东京的现代服务业集群呈现多样化、多层次、网络化的结构特征，为东京高技术服务业的发展提供了巨大的空间。

东京政府从政策上强调核心区商业功能聚集的重要性，提倡功能混合，并采取具体的措施来扶持东京商务功能的发展。东京都市区政府在规划中采取了区域方法控制政策，扶持具有高附加值的金融服务业的发展。政府的政策信息源作用和拥有的审批权，也促进了各种政府办公功能和大公司总部集中于东京。东京良好的信息技术基础设施为金融、银行、保险、物流、知识密集型制造业的发展提供了重要条件，从而促进生产性服务业的迅速发展。同时，东京集中了日本17%的高等院校、短期大学和27%的大学生，东京还拥有占全国1/3的研究和文化机构，其中大部分是国家级的。而且，东京吸引着大量的科研机构在此聚集，尤其是那些与首都活动和产品研发关系密切的科学、工程研究部门。在东京，受过大学高等教育的人占总人数的34.27%。这些人才储备，为东京高技术服务业集群的发展提供了智力支持。

发达的物流业也为东京高技术服务业的发展提供有利条件。东京物流产业的发展已有较长历史，在世界范围内处于领先水平。包括高速公路、新干线铁路运输、沿海港湾设施、航空枢纽港以及流通聚集地在内的基础设施建设网络，遍布日本全国，为其扩大物流市场与投资物流运营提供了坚实的保证。同时，通过建立和完善各项物流相关领域的法律和政策，物流产业的快速和良性发展也获得了较大程度的保障。

2. 后起之秀的大阪

东京的现代高技术服务业发展令人瞩目，同时大阪的服务业特别是高技术服务业的发展也不可小觑，它的发展已成为整个日本经济新的增长点。大阪借举办1970年世博会的机会，将城市打造成为关西地区的经济中心，在产业、经济、文化、艺术等各个领域进行"关西一体化"的尝试。大阪是日本重要的制造业中心，更是日本经济发展的重要引擎。高效的经济要求高速发展的现代高技术服务业与之相适应。同时，大阪的崛起也催生了关西地区的产业化结构大调整。由原先的重工业产业为中心转变为高科技产业、信息产业、物流产业、商贸产业、会展产业、金融服务产业、环保产业和中介产业，加快现代服务业的国际化步伐。目前，大阪已经成为仅次于东京的商务交易、金融、信息交流中枢。

大阪的高技术服务业发展稳定，制造业的发展带动服务业向高端现代化推进，与制造业发展相协调，特色明显。航运服务业是大阪服务业的一大特色。

大阪高技术服务业的发展也促进了当地大量的就业，大阪府的就业状况从另一个角度反映了城市的经济结构状况。作为一个从制造业中心逐渐转型的城市，虽然其制造业吸收的就业人数仍然占据较大的比例，但是从总体就业规模角度来看，服务业的就业人数占据主导地位。

6.5

现代物流产业的融合成长

随着世界经济的快速发展和现代科学技术的进步，物流产业作为国民经济中一个新兴的产业部门,正在全球范围内迅速地发展。物流产业被认为是国民经济发展的动脉和基础性产业,其发展程度已经成为了衡量一个国家现代化程度和综合国力的重要标志之一,被喻为促进经济发展的"加速器"。

简单地说,"物流"即"物的流通"。"物流"的概念最早在美国形成,由"管理学之父"P. F. 德鲁克提出,当初称为PD (physical distribution),汉语意思是"实物分配"或"货物配送"。它是为了计划、执行和控制原材料、在制品库存及制成品从起源地到消费地的有效率的流动而进行的两种或多种活动的集成,后被日本引进,并结合当时日本的国内经济建设和管理而得到发展。日本日通综合研究所的物流定义是:物流是物理性流通的省略,是把物资从供给者手里物理性地移动到需要者手里,是创造时间性、场所性价值的经济活动。我国关于物流的定义是:物流是物品从供应地向接收地的实体移动过程。根据实际需要,将运输、储存、装卸、搬运、包装、流通加工过程有机结合。然而,最具有代表性、最流行的定义是美国管理协会的定义:物流是供应链过程的一部分,是以满足客户需求为目的的,以高效和经济的手段来组织产品、服务以及相关信息,从供应到消费的运动和存储的计划、执行和控制的过程。

传统意义上的物流主要是作为生产销售活动的一个附属行为,着重于物质商品的传递,其本身并不创造利润,还需要支出一定的费用,物流管理的目标就是将费用降到最低。随着经济的发展、科技的进步、大规模的生产和大批量的消费,分离的物流企业已经不能够适应经济发展的要求,物流服务的低效益和高成本,也制约了经济运行的效率。信息和通信技术的广泛应用,不但提高了物流业务的效率,而且使作为决策支持的信息系统的构建成为可能,进而使物流的含义发生了重大变化。1984年,美国物流管理协会正式以起源于第二次世界大战时美军使用的"logistics"代替了"physical distribution"来表达物流概念。自20世纪90年代开始,传统物流概念已向现代物流概念转变,运输业和仓储业开始呈现出了技术融合、业务融合、产业融合的大趋势,一些发达国家也已经在产业融合的影响下发展了现代物流产业。现代物流(modern logistics)包括运输合理化、仓储自动化、包装标准化、装卸机械化、加工配送一体化、信息管理网络化等。现代物流是以追求企业效益为目标,以现代化的手段与设备,以先进的管理与运作,实现商品与服务的实体从供应者向需求者转移的经济活动过程。现代物流作为一种先进的组织方式和管理技术,已经被认为是企业在降低物资消耗、提高劳动生产率以外重要的"第三利润源",它通过降低物流费用、缩短流通时间、加快企业资金周转为企业创造了新的利润。

现代物流产业(mofern logistics industry)属于高技术服务业,是指产品从生产地到消费地之间的整个供应链,运用先进的组织方式和管理技术,进行高效率计划、管理、配送的新型服务业，它是涵盖了交通运输、仓储、信息、物流加工、包装、搬运装卸、区域分拨和配送等行业在内的新的服务业产业形态。目前，广泛采用信息和通信技术是现代物流产业的一个主要特征，诸如电子信息交换（EDI）、射频技术（RF）、销售点信息系统（POS）、电子自动订货系统（EOS）、条码技术、全球卫星定位系统（GPS）、地理信息系统（GIS）等信息技术手段的应用，使人们能够及时准确地掌握物质商品的时间、空间和状态信息，提供了物流服务的准确性和效率。

6.5.1 现代物流产业融合发展的路径

自20世纪90年代起，在发达国家，物流产业开始出现融合趋势。原来相互独立的仓储业、运输业、邮政业相互融合形成现代物流产业，这是物流产业内的融合。同时物流业内部仓储、运输、配送、信息处理、流通加工、系统设计等不同类型的企业之间也发生了融合，融合后的企业成为具有综合服务能力的专业物流服务提供商。同时，物流业还和第一产业、第二产业以及第三产业的其他行业之间相互渗透、相互融合。物流产业融合就是通过产业内和产业外的融合来整合分散的物流资源，扩大了物流产业的外延，全面集成了顾客型企业以及全社会的物流服务，从而逐步地改造传统物流业，形成了兼具多个行业特征的现代物流业的动态发展过程，是社会经济发展到了一定阶段的必然产物。

随着运输业与邮政业的政策性进入壁垒的降低，一些传统的快递企业、航运企业、仓储企业为了获得范围经济和竞争优势，开始了跨产业并购，进入对方的经营领域，在原有传统业务的基础上开发出新业务，扩展和延伸其产业链，提供一体化的物流服务。这些传统物流业务的扩展使得原来独立的仓储业务、运输业务出现了交叉、融合，出现了业务融合现象。业务融合不仅使得快递企业、运输企业、仓储企业能够提供一体化的物流服务，满足消费者的不同需求，还使得这些传统的物流企业所提供的服务具有紧密的替代性，成为竞争对手。通过跨产业的并购，传统的快递企业、运输企业、仓储企业转变成为现代物流企业，进行多元化经营，降低成本，获得了学习效应，提高了服务质量。运输业、仓储业之间的传统边界趋于模糊，从而加快了物流产业的融合趋势。

现代物流产业是产业内融合和产业外融合的共同产物，信息技术产业与传统物流产业的融合发展路径如下所述。

1. 优化产品性能，提升企业竞争力

信息技术产业与物流业的融合，为物流企业的产品或者服务增加了技术含

量,尤其是关键性信息技术在物流企业的运用成为物流企业无形的知识和技能,使物流企业能够更好的满足顾客的需求,根据不同客户的不同需求而提供个性化和差异化的服务。

随着现代信息通信技术和互联网技术对传统物流业的不断渗透,使得"物"在运输、仓储、装卸搬运和流通加工等过程中的信息得以及时地掌握和反馈,企业有能力通过信息的获取、处理和控制等来对各种分立的物流资源进行整合,形成了物流企业专业性的物流服务能力。物流产业与信息技术产业的融合促进了对物流中大量的、多变的数据的快速、及时、准确的采集、分析和处理的功能,大大提高了信息反应的速度以及对客户的服务水平。与信息技术的融合使得物流企业不但可以对客户资源进行信息掌握和整合,也包括对构成了现代物流供给基础的运输、仓储等环节的信息资源的整合。物流信息技术实现了数据的快速和准确传递,提高了装卸运输、仓库管理、采购、订货、配送发运等环节的自动化水平,将传统上分立的运输、仓储、包装、配送、加工等物流服务整合成为了一体化的物流服务。而对于物流企业来说,一旦拥有了这种基于技术融合基础上的资源整合能力,企业提供的服务就会完全不同于单一功能性的运输服务或者仓储服务,从而成为具有现代意义上的物流服务。

2. 扩大资源利用范围,提高效率,降低成本

由于产业融合本质上是一种基于融合性技术创新的产业创新模式,其根本魅力就在于通过融合性的创新技术,可以有效地拓展可资利用的产业资源范围,改善资源的利用方式,提升产业的产品竞争力,从而赋予原有产业以新的活力。无论是物流业的产业内融合还是物流业的产业外融合,都使得同一种资源或者技术平台有了更多的企业在共同使用,与企业单独使用一个系统相比较,有更多的企业可以分担建立技术平台的成本,节约了企业的投入,也就减少了企业的生产成本,降低了企业产品或者服务的价格,从而提高了企业的市场竞争力。

此外,产业融合的环境下,由于融合性技术创新所导致的良好的经济效应,将会诱导更多的企业在竞争中加强对技术创新和管理创新的关注,这将有利于促进产业内良好的创新氛围的形成,这一趋势将会对提升产业资源利用效率以及产业竞争力具有积极的影响。

3. 扩展物流产业经营范围,提高物流产业范围经济性

物流产业的互补型融合特点是增强其范围经济性的主要推动力量。存在范围经济性是因为生产经营活动中存在着"可共享的投入(shared inputs)"或者一定的"不可任意分割性(次可加性)"。传统产业与现代信息技术、知识服务等产业

相融合而成的现代物流产业，赋予了该产业新的服务内涵。当前作为物流产业构成主体的物流企业，已经鲜见只是提供一项服务内容，其目的就是为了追求范围经济性。范围经济性的增强为培育全能型的大规模企业创造了条件，推动了企业间的横向或者混合并购，导致了竞争性的企业数量的减少，从而将提高物流产业的市场集中度。这一点从物流产业发展较早、融合较充分的发达国家与中国的市场结构差异上就可以体现。现代物流产业融合成长的路径如图6-9所示。

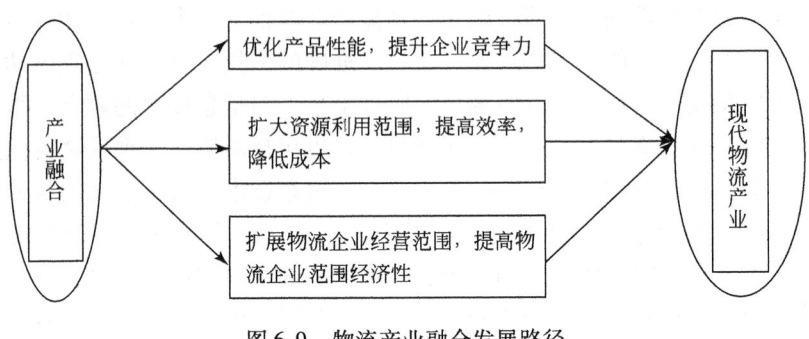

图 6-9　物流产业融合发展路径

6.5.2　案例分析：UPS 企业的融合成长

通过前面的分析可以看出，产业融合对物流产业成长的影响是既成的事实，但是产业融合到底是如何影响物流产业发展的，即是通过什么样的路径影响物流产业发展的，这对于物流企业到底应该如何走好自己的发展之路有现实的指导意义。下面将以"UPS 企业的融合成长"为案例进行产业融合影响物流产业发展的路径分析。

1. UPS 成长之路

目前全球每五家企业中就有一家会由于各种形式的供应链中断而受到影响，其中，60%会以倒闭而告终。碰上此类问题的公司，它们的年平均营业收入下降幅度高达107%，销售利润率将减少114%，资产收益率也下降93%。供应链管理越来越成为企业关注的重要问题。作为全球四大快递公司之一的UPS，1999年已将服务范围由最初的包裹陆运延伸到了陆运、空运、技术支持和信息咨询。2002年，UPS供应链解决方案公司正式成立运作，进一步将业务扩展到了以物流、快递、金融、供应链咨询为核心的全方位第四方物流管理，正式开始由单纯的包裹递送商向着综合供应链服务提供商转型。转型是从2003年更换公司标志开始的，UPS追求把过去运输环节上供应链管理的优势逐步渗透到企业供应链服务的各个环节，从而获得了更多的发展空间，现在的 UPS 除了传统的核心业务包裹递送外，还提供包括物流管理、全球货运代理、在线工具以及金融服务等业务项目，进行了产业内外的融合。

2. UPS 融合成长效果分析

在过去的十几年里，UPS 在新技术上的投资已经超过了 110 亿美元，并且还在以每年 10 亿美元的速度继续增加，包括信息主干网的建设、无线通信、PC 机和手提电脑以及移动数据交换系统的建设等。UPS 不断地加快与信息技术产业的融合，而这些投资不仅使得运件的实时跟踪变得轻而易举，而且还带动了全球范围内新一轮商业模式改变的浪潮。而且，现在 UPS 递送的所有商品和提供的服务中有 50% 是在因特网上交易的。UPS 还被《财富》戏称为是一个有卡车的技术型公司（a technology company with trucks）。目前，UPS 网罗了 4000 名程序编制员和技术人员。它在 Mahwah 和亚特兰大设有两个大型的数据中心，拥有 14 台主机，每秒钟可以运行 11.34 亿条指令。UPS 还拥有 713 个中型机（mid-range computer）和 245 000 台 PC 机，以及 3500 个局域网和 130 000 个连接工作站。UPS 的全球网络遍布了 100 多个国家，为超过 90 万的用户提供着服务。目前 UPS 的网站每天平均处理 250 万条网上货物追踪指令，通过移动无线电通信传输的货物追踪指令达 170 万条。

（1）UPS 实现产业融合后，业务迅速扩展

UPS 在 1907 年刚成立时，只是一个小小的信使公司，公司从成立开始业务也一直在不间断地扩展，从信使公司发展成为普通承运人；1975 年形成了著名的"黄金链接"；1988 年与航空业融合成立了自己的航空公司，开始了国际空运服务；1993 年，UPS 进行物流产业内部融合成立了物流集团，提供全球供应链管理的解决方案；1999 年，公司发展成为集团，服务的范围也由原来的包裹陆运延伸到了陆运、空运、技术支持和信息咨询；2002 年，又成立了 UPS 供应链解决方案公司，将 UPS 的业务扩展到了以物流、快递、金融、供应链咨询为核心的全方位第四方物流管理（图 6-10）。

UPS 供应链集团包括了 UPS 邮件创新公司、UPS 供应链解决方案公司、UPS 财务公司和 UPS 咨询公司，该集团的成立标志着 UPS 从快递巨头向着供应链集团的转变，在全球范围内真正地做到了物流、信息流和资金流的三流合一。

（2）UPS 的融合满足了消费者的需求，营业收入增加十分迅速

UPS 在 2003 年正式开始由单纯的包裹递送商向综合供应链服务的转型，转型后的 UPS 扩展了业务范围，有了更广阔的发展空间，其营业收入在 2005 年有了显著地提高，增长率由 2004 年的 9.25% 增加到 2005 年的 16.39%，营业收入

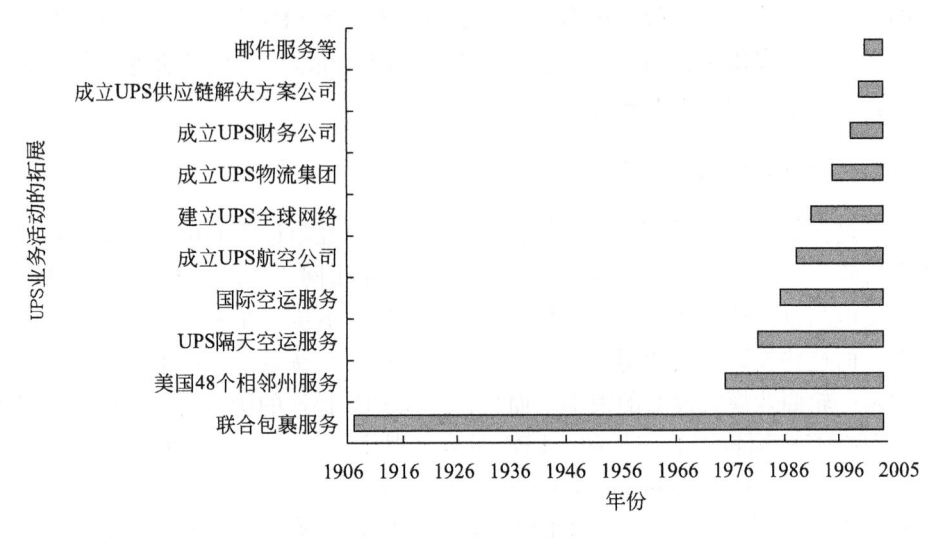

图 6-10 UPS 业务活动的拓展

增长率的迅速提高（图 6-11），说明了 UPS 的融合扩展了其发展空间，迎合了消费者的需求，其本身对 UPS 的发展具有重要的意义。

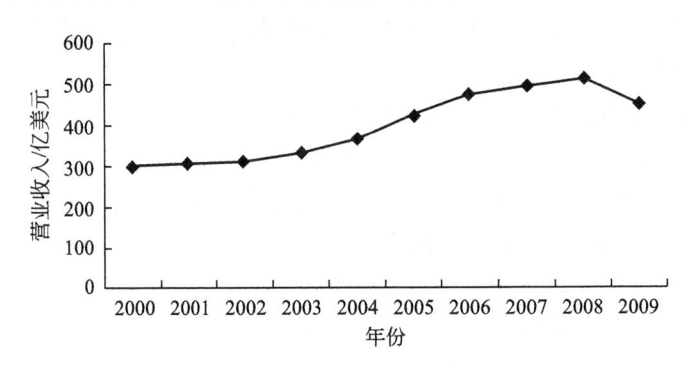

图 6-11 UPS 的营业收入

3. UPS 融合成长的路径

（1）提高服务质量

通过与技术的融合以及 UPS 产业内的融合，UPS 的服务给客户带来了更高级、更全面的服务，能够更好地满足顾客的需求，为顾客带来了方便，从而吸引了更多的客户，提升了 UPS 的企业竞争力。比如 UPS 的 DIAD（delivery information acquisition device, DIAD）使 UPS 能够迅速回答客户提出的有关在途中包裹的问题；UPS 还推出了一套基于互联网的运输"应用程序界面"（API），名为

"UPS 在线工具"（UPS online tools）。这套工具是一个独立的应用程序模块，可以直接地嵌入电子商务网站，完成网站的运输派送功能。该工具可以为用户提供各种服务，包括运输服务种类的选择、运费和处理费的计算、UPS 收货点的选择、运输时间的计算、运输标签的打印、运件的追踪等；UPS 组建了自己的航空公司，建立了全国性网络，保证了隔夜快递服务的实施。

UPS 还推出了 UPS Worldwide Express Saver®（UPS 全球速快）以及 UPS Worldwide Expedited®（UPS 全球快捷）（图 6-12）。作为 UPS 全球限时快递的一项经济实惠型的服务，UPS 全球速快保证了货件在工作日结束之前送达。涵盖的范围遍及全球 200 多个国家和地区，此服务享有准时送达的保证。对于进口的货件，UPS 全球速快可以保证在日终前将货件送达指定的地区，对于不是非紧急的重要货件，则可以选择 UPS 全球快捷。这一递送服务将为顾客提供门到门的递送与清关服务。货件在亚洲境内递送或者从亚太地区送至欧洲、南北美洲的主要商业中心，最快仅需要三个工作日。

递送承诺（出口和进口，如果可用）	服务
1~3 个工作日	保证在日终前递送	UPS Worldwide Express Saver
3~5 个工作日	一天结束前递送	UPS Worldwide Expedited

图 6-12　UPS 国际运输服务

（2）扩展 UPS 的业务

在 19 世纪 80 年代中期，UPS 将其重点从高效率和可靠的经营转移到了面向客户上，主要是注重客户的需求。今天，UPS 提供了许多客户信息服务，比如 TotalTrack 和 MaxiShip。TotalTrack 是基于全国性的蜂窝移动数据系统，可以为客户即时地提供所有具有条形码的空中和地面包裹的追踪信息。MaxiShip 是基于计算机的系统，可以让客户自己管理全部的分发处理，从包裹的定价和分区到用户定义的管理报表的准备。同时，UPS 也继续扩展其基本服务，从定价和服务付款方式到整个业务的新分类。例如，存货特快专递是一种合约式物流管理服务，在其中，UPS 存储客户的商品，并在需要时运送。"适时"甚至更加深远，就是 UPS 的全球物流服务，一种全面的咨询服务，其中 UPS 依靠客户的个人需要来装配服务。这些个人需要包含运费付款方式、仓储、货运公司的选择、海关通关、价格商议、追踪、电子数据交换、信息系统、机队管理、订单处理和存货控制等。

6.5.3 我国物流产业融合发展现状

由于中国长期以来的"重生产,轻物流",对生产领域以外的采购、仓储、包装、加工、代理、配送等环节顾及甚少,所以目前为止我国物流产业融合仍然只是停留在初级阶段。2009年2月,国务院通过了物流产业振兴规划,意味着物流产业将会迎来更大的发展机遇。目前,我国各地的物流产业发展存在着较大的差异。

1. 从企业数量来看

根据2009中国经济热点分析报告,广东、江苏、上海等发达东部沿海地区物流企业数量较多,分别为2918家、2367家和1926家,青海、贵州、宁夏等西部省份企业数量较少,分别为150家、140家和42家;从全国百强物流企业数量看,大多数百强企业集中在广东、江苏等东部地区,内陆省份相对较少(表6-10)。

表6-10 各省份物流企业数量及百强数量

省份	物流企业数/个	百强企业/个
广东	2 918	11
江苏	2 367	11
上海	1 926	6
辽宁	1 624	2
北京	1 515	15
山东	1 097	16
河南	998	11
天津	992	1
安徽	929	1
福建	916	11
广西	802	0
湖北	795	0
湖南	753	2
河北	744	4
四川	694	2
江西	616	0

续表

省份	物流企业数/个	百强企业/个
重庆	536	1
内蒙古	511	0
新疆	476	1
云南	473	0
黑龙江	447	0
浙江	438	5
青海	167	0
宁夏	150	0
贵州	140	0
西藏	42	0

资料来源：《中国经济热点分析报告》(2009)

我国物流企业还存在数量较多，但规模较小的问题。我国具有物流服务性质的企业，包括小型货代和专线公司，有300万家以上，与世界知名物流企业还存在着很大的差距。我国加入WTO后，众多实力雄厚的国外物流企业逐步进入了我国的物流市场，这也给我国的物流企业带来了更加激烈的多元竞争。

2. 从信息化和新技术开发及分布来看

各地区物流信息服务企业与技术开发企业分布的差异明显，部分地区发展较快，在信息化与新技术开发已经具备了一定的基础条件（表6-11）。

表6-11 各地物流信息服务企业与IT设备及服务企业数量

省份	物流信息服务企业数量	IT设备及服务企业数量
福建	9	0
江苏	25	89
甘肃	0	7
广东	7	36
河南	1	0
广西	1	0
湖南	7	0
湖北	10	41
辽宁	7	0
北京	101	98

续表

省份	物流信息服务企业数量	IT设备及服务企业数量
上海	27	84
四川	9	21
天津	2	0
云南	3	13
浙江	0	2
重庆	1	3

资料来源：《中国经济热点分析报告》(2009)

从企业分布的情况来看，北京、上海、江苏物流信息化走在了前列，将给这些地区带来更大的发展空间，而新技术开发利用方面，江苏、广东、上海、北京、湖北、四川已经具备了发展基础，技术研发利用将会首先受益。

6.5.4 加快我国物流产业融合成长的对策建议

1. 支持和鼓励物流领域技术进步与创新，推动产业融合的进程

在市场经济的条件下，企业是技术创新和产业融合的主体，政府应当创造良好的技术创新环境，激励企业进行技术创新，提高企业的研发和应用新技术的积极性。

（1）鼓励物流信息技术的开发和应用

一是要快速提高物流领域的信息化应用水平；二是要不断地加快物流设施与装备的现代化步伐；三是要广泛地吸收和应用各种国际先进的新型经营管理技术和方法，推进物流领域经营管理的科学化和现代化。

为了支持物流企业技术进步和产业升级，政府可以加大技术改造的投入，实行税收鼓励政策、贷款贴息、培育和发展产业投资基金以及促进科技成果转化的鼓励政策；政府应当支持大学和科研机构对于物流技术开展的研究和创新活动，提高我国物流理论和技术的整体水平；鼓励物流企业与大学和研究机构合作，以加强应用性物流技术的开发和应用，走产、学、研一体化的路子，充分地发挥研究咨询机构在理论研究以及应用技术研究方面的优势，使其与物流企业紧密的结合，提高物流企业的技术开发与经营管理能力。

（2）大力推进物流信息标准化体系建设

在信息化的产业融合中，特别是需要那些互用性、互联性的标准，从而可以使那些具有互用性的产品或者服务能够在市场中传递，以实现任何用户之间都可以互相联系的目标，物流产业的融合进程依赖于物流标准化的实施。物流信息标准化直接影响着物流的规范化和高效化。物流信息的标准化主要涉及物流信息基础、物流信息系统、物流信息管理、物流信息安全、物流信息应用等领域的标准化工作，是物流信息化的基础和前提。体系建设要从国情出发，借鉴国外的经验，采取引进消化、先难后易、分步实施的办法，尽快地形成一套既适合中国物流发展需要，又和国际惯例接轨的国家物流信息标准化体系，以谋求物流系统和社会经济大系统的和谐融合。

（3）建立全国性的公共物流信息平台

公共物流信息平台是一体化的物流资源信息平台，能够实时、准确、透明地获取整个社会的物流需求、物流资源、物流状态等数字化信息，是社会物流资源信息化配置的重要基础。国际经验表明，物流服务水平和服务效率的提高、服务网络和服务内容的扩大、延伸、市场竞争力的提高，都有赖于建立资源共享的信息管理系统。建设公共物流信息平台，就是要利用网络技术将物流企业散布在不同区域的服务网点联结起来，改变有点无网、有网无流的状况，在区域性的物流信息平台的基础上，通过整合形成适合中国特点的全国性的现代物流信息处理通用平台。作为信息门户，能承担起汇集市场物流资源的门户网站以及电子商务交易中心的职能，实现现代物流的电子商务；要能够支撑港口、航运、空运、海关等与物流企业的业务运行密切相关部门的 EDI 应用系统的运行，提高供应链的管理水平。目前，物流方面的网络企业很多，但是能够整合一定社会资源的和具有一定社会影响的并不多，目前，应该重点培育已经具有第四方物流的雏形，整合物流资源已有一定基础的物流信息平台，使其发展成为第四方物流。

2. 鼓励物流企业跨行业并购和联盟

我国物流企业数量多、规模小，企业可以通过跨行业的企业集团、战略联盟、合资企业以及其他企业协议等准企业（或者准市场）的组织形式实现融合。通过混合兼并、战略联盟等形式实现资源的合理流动，在技术和市场开发方面共担风险。能够抓住信息技术革命的有利机会，通过信息技术产业与传统产业的融合而创造出的全新产业，是企业持续保持竞争优势的重要源泉之一。

在物流业融合发展的进程加速之际，中国的物流企业必须抓住机会，走融合成长之路，加强跨行业的并购和联盟，增强自身的实力，而政府也应该支持和鼓励物流领域的技术进步与创新，为物流产业的融合成长之路提供平台。

结 束 语

本书依托国家自然科学基金项目"主导性高技术产业成长机制研究"（编号：70773090），对高技术产业融合展开研究，运用产业经济学理论、管理学理论等相关理论和方法，构建了高技术产业融合研究的分析框架，从产业融合的视角对高技术产业成长问题进行了深入系统的研究，揭示了在产业融合发展趋势下高技术产业融合的作用机制和融合成长的路径，为加快高技术产业成长提供了新的思路，这一研究无疑具有重要的理论和现实意义。

结 束 语

1. 全书的主要研究内容和观点

1) 产业融合是现代产业发展的一种新趋势,是在一定的历史条件下产生并且与特定的社会经济形态相关联。产业融合的本质特征是产业创新,产业融合的前提是产业边界清晰,产业融合的实质是产业间分工的内部化,产业融合的发生有其特定的历史规定性。产业融合要经过技术融合、产品与业务融合、和市场融合三个阶段,这几个阶段前后相互衔接、相互促进。产业融合发展的方式可以分为产业渗透、产业延伸交叉、产业重组三种形式。按照产业融合的方式,可以将产业融合分为高技术产业间的交叉融合、传统三次产业之间的延伸融合、传统产业内部的重组融合、高技术产业对传统产业的渗透融合;根据产业融合的程度和市场效果,可以分为完全融合和部分融合两种类型;根据产品或产业的性质来进行分类,则可以分为替代型融合、互补型融合、结合型融合和创新型融合四种类型;根据现有技术新奇性程度划分,可以分为应用融合、横向融合和潜在融合三种不同类型。产业融合度是指产业融合发展的程度。产业融合过程的阶段性和产业融合发展引起的产业界限模糊性,决定了产业融合度测算必须考虑分阶段测算。衡量产业技术融合的典型方法主要有专利系数法和赫芬达尔指数法。

2) 高技术产业融合机制有激励机制、动力机制和过程机制。信息技术变革、模块化分工形成了激励机制;经济管制放松的支撑、市场需求的拉动以及不同产业企业主体之间的竞争与协同所推动形成了动力机制;产业价值链的解构与重构形成了过程机制。高技术产业融合产生复合经济效应,使产业结构升级,提高了产业竞争力;使产业组织发生变化,形成新型竞争关系;优化市场结构、影响市场行为、提升市场绩效;融合形成新产业,成为经济增长点,促进资源优化配置、促进就业增加、促进技术扩散、带动融合部门收入增长。高技术产业融合促进了许多新产业的出现和成长,拓宽了产业发展的空间。对高技术产业而言,其本身具备的高成长性、高创新性和高关联性的特性,加上产业融合形成的复合经济效应,使得以融合方式成长成为高技术产业成长的重要路径之一。高技术产业融合形成的复合经济效应使得产业形态创新、产业组织创新和产业结构创新,由此高技术产业可以获得巨大的增值潜力,派生出极高的产业成长速度。我国电子信息产业与制造业的技术融合度基本处于中等融合程度。通过专利系数法和相关系数法实证研究发现,电子信息产业的正向技术融合系数与反向技术融合系数均处于 0.7~0.8,而两大产业间的技术融合程度属于中等融合阶段,技术融合系数处于 0.4~0.6。由此推断中国电子信息产业与制造业融合整体上处于中度融合阶段。这是受到近年来我国推进信息化与工业化的融合的相关政策影响的结果。电子信息产业与制造业的技术融合对产业结构优化升级有较大的影响。将 2002~

2010 年电子信息产业与制造业技术融合度与产业结构优化升级的三个指标进行灰色关联分析发现，电子信息产业与制造业技术融合度与制造业结构度关联最高，其次是工业结构度，关联最弱的是与三次产业结构度。这是由于电子信息技术渗透融合于制造业，一方面有利于制造业相关行业产品升级换代和技术升级，另一方面制造业中融入电子信息产业的先进技术，集中信息技术的研发才能适应制造业的发展需要。电子信息业与制造业技术融合后的新产品以及新业务能够带动相配套的产品与业务服务的产生，促使电子信息技术制造业和服务业的产品与业务融合，进而拉动第三产业产值增长，提高三次产业结构优化升级。

3）生物农业是生物技术产业与农业的渗透融合产生的新业态。生物农业是指运用基因工程、发酵工程、酶工程以及分子育种等生物技术，培育出动植物的新品种，生产生物农药、生物肥料、生物饲料、生物农用材料、兽药、疫苗以及功能食品、生物质能源等所形成的产业。发展生物农业将推进农业生产方式转型升级，构筑现代经济发展新的增长极，能够抢占生物技术产业与农业发展的制高点。我国生物农业的整体水平在发展中国家处于领先地位，在基因工程、作物育种、克隆技术等方面都拥有了世界领先技术。为了促进我国生物农业的成长，政府应大力加强对生物农业的组织领导，积极推进生物农业科技创新体系建设，重点支持基础性、前沿性和战略性生物技术的研发和应用，制定鼓励生物农业发展的优惠政策，健全促进生物农业发展的法规制度。

4）汽车电子产业是指那些从事汽车电子技术和产品研发、生产、销售及服务的企业集合，是电子信息产业和汽车产业的交叉和融合。电子信息产业与汽车产业融合后逐步形成了一个集传感器、半导体芯片、软件、计算机、网络、通信技术于一体的相对独立的新兴汽车电子产业。模块化分工是产业融合产生的前提与动力，汽车产业的模块化是一个不完全开放的模块化系统，它至少包含开发设计的模块化、生产组装的模块化以及组织模块化。汽车产业的模块化，使得汽车零部件创新速度加快，促进电子信息技术在汽车产业的扩散和应用，模糊了电子信息产业和汽车产业的边界，导致产业融合现象发生。汽车电子产业将成为新的经济增长点，是建设节约型社会、实现可持续发展的需要。我国汽车电子产业发展近年来稳步增长，市场、需求和政策扶持刺激汽车电子产业发展，汽车产业集群带动汽车电子产业发展，但是当前总体上处于起步发展阶段。我国汽车电子产业发展的问题在于：企业规模小制约汽车电子产业的生产能力，合资模式的特点制约企业的自主研发能力，外商占有技术和配套体系的优势，国产化政策偏好制约企业的技术学习方式的提升。为了加快发展我国汽车电子产业，国家应制定鼓励政策，进一步增强技术开发能力，选择合理的发展策略，制定好汽车的标准和法规，培育良好的市场竞争环境，树立企业间竞争与合作的观念，推进汽车电子企业的战略重组。

5）高技术产业服务化与服务业高技术化是现代产业发展的一大趋势。高技术产业与服务业互相渗透、融合发展是增加高技术产业与服务业的附加值、提高产业效率的重要途径。高技术产业与服务业融合的过程，实际上就是融合型新产业的价值链形成的过程，也就是原有产业的价值链的解构与重构的过程。在这一过程中，新的产业价值链由于综合了原有产业的价值链的优势，具有更加丰富的内涵和更加多样的价值增值环节，因而具有了更强大的竞争优势，代表了产业的发展方向。高技术产业与服务业融合的结果是促进了产业快速成长。市场范围扩大，便于企业进入不同市场；通过融合型产品，建立了多元化客户关系，分散了经营风险，提高了市场竞争力，促进产业的创新及其结构优化升级。高技术服务业是高技术产业和服务业融合形成的新业态，是指以网络技术、信息通信技术等高技术为支撑，技术关联性强，以服务作为表现形态，服务手段更加先进、服务内容更加新颖、科技含量和附加值更高，并且兼具高技术产业和现代服务业优势的一种高端服务行业或者服务业态。高技术服务业的主要特征是：高技术性、高增值性、高产业集聚性、高渗透辐射性和高智力密集性。通过高技术服务业中代表性的生产性服务业与第三产业增加值比值衡量了服务业和制造业的产品与业务融合系数。服务业和制造业的产品与业务融合度对产业结构升级有一定的影响。将1999~2008年服务业和制造业的产品与业务融合度与制造业结构度、工业结构度、三次产业结构度进行曲线图比较发现，服务业和制造业的产品与业务融合度与产业结构优化升级的三个指标走势大体一致，尤其是与三次产业结构度。这是由于生产性服务业通过向价值链高端的攀升推进了三次产业结构优化升级；服务业和制造业的融合的发展促进了产业结构向技术密集型和知识密集型结构的转变；服务业和制造业的融合形成新型产业部门，促进了产业结构优化升级。市场融合程度的测算由于数据可得的有限性，仅通过以电信、广播电视和出版业三大产业市场融合为案例，提出了测算市场融合程度的具体方法。现代物流产业是高技术服务业的代表性产业，其融合发展是通过优化产品性能，提升企业竞争力；扩大资源利用范围，提高效率，降低成本；扩展物流产业经营范围，提高物流产业范围经济性的路径进行的。为了促进我国物流产业融合成长，国家应支持和鼓励物流领域技术进步与创新，推动产业融合的进程，鼓励物流企业跨行业并购和联盟。

6）高技术产业的融合成长作为超越传统工业经济时代产业分化发展的一种新的产业发展范式，必须具备相应的条件，这就要求全社会共同努力来营造出有利于高技术产业融合成长的条件，并且通过一些行之有效的举措来推动促进高技术产业的融合成长。产业融合各有关利益方必须充分地认识到产业融合作为一种新的产业范式所带来的巨大发展机会及其挑战,以便把握机会主动地参与融合,寻找自己的发展空间。在这一过程中,不同的产业应从自身的产业特点出发,寻找与自己的产业价值链对接的产业,通过产业链的延伸或者渗透进入对方的产业领域,获取融合的价值,增强产业的竞争力。当利益各方都能够形成融合的共识,识别融合的机会时,产业融合成长才有可能得以实现。应当根据产业之间相互融合的特点和需要,规范政府的规制行为,出台一些新的能够促进不同产业在融合渗透中共同成长的规制政策和制度。在产业融合的过程中,促进高技术产业与传统产业之间采取兼并联合、战略联盟等手段来提高企业的技术研发水平,整合业务和市场能力。建立高技术产业融合成长的实现机制,强化高技术的渗透与运用,建立融合型的产业共性关键技术平台。高技术产业与传统产业的融合产生了融数字、网络和生物技术与传统业务为一体的新业态,成为产业成长的新动力,应设立科技促进专项基金及引导社会资金投向融合型高技术产业。另外,产业融合也对融合型和创造型的人才产生了强大的需求,因此要加快培养复合型人才。高技术产业具有高成长性、高创新性的特点。要发挥高技术产业对经济增长的突破性带动作用,就必须加快高技术产业的融合成长,实现高技术产业的升级转换,促进高技术产业与传统产业之间的产业关联。要大力发展高技术产业,提供产业整体技术水平,培育新的经济增长点。电子信息产业的发展应该成为重中之重,要全面地调整优化电子元器件产业,提升集成电路,壮大软件产业,率先做强通信制造业,重点培育数字化音视频产业,积极发展计算机产业,大力发展汽车电子专用设备产业。生物技术产业的发展应该重点扶持,优先发展生物农业,大力发展生物医药产业,积极发展生物能源,加快发展生物制造。大力发展高技术服务业,加强信息基础设施的建设,增强电信服务的能力,推进电子商务和电子政务发展,积极发展数字内容产业,培育高技术服务业。要大力发展促进传统支柱产业升级的高技术产业关联发展,促进高技术产业创新扩散,加快高技术产业的融合成长。

2. 全书主要创新点

1) 揭示了高技术产业融合的机制和融合成长路径。信息技术变革、模块化分工形成激励机制;产业规制的放松、市场需求的拉动以及不同产业企业主体之间的竞争与协同推动形成动力机制;产业价值链的解构与重构形成过程机制。高技术产业本身具备的高成长性、高创新性和高关联性的特性,加上高技术产业融合形成的复合经济效应使得产业形态创新、产业组织创新和产业结构创新,由此高技术产业可以获得巨大的增值潜力,派生出极高的产业成长速度,从而形成从技术融合到业务融合、市场融合,直至产业融合的高技术产业融合成长路径。

2）构建了我国高技术产业融合成长模式。高技术产业通过与传统产业渗透、交叉和重组等方式融合，形成新的产业业态，既带动传统产业升级，也促进自身快速成长。以代表性产业为例进行分析，高技术产业与农业融合生成生物农业，高技术产业与制造业融合生成汽车电子产业，高技术产业与服务业融合生成现代物流产业。

3）通过专利系数法，结合我国《专利实施许可合同备案专栏信息表》，对电子信息业与制造业的两大产业技术融合程度进行了测算，并得出2002～2010年电子信息业的正向技术融合系数与反向融合系数以及电子信息业与制造业的技术融合系数。运用灰色关联分析法对产业技术融合度和产业结构度进行了关联分析，揭示了产业技术融合度分别与代表产业结构优化升级的制造业结构度，工业结构度与三次产业结构度的关联程度。结合服务业与制造业融合发展的实际，分析了生产性服务业是服务业与制造业的融合后形成的新兴产业，并通过增加值比重测算了两大产业间1991～2008年的产品与业务融合系数。比较分析了产业产品与业务融合度和代表产业结构优化升级指标的制造业结构度，工业结构度与三次产业结构度的曲线关系。通过有代表性的电信、广播电视和出版业三大产业市场融合案例，提出测算三大产业市场融合程度的方法。分析总结了市场融合对产业结构优化升级的影响。

4）提出了加速我国高技术产业融合成长的政策建议。要根据不同产业之间相互融合的特点和需要，规范政府的规制行为，出台一些能够促进不同产业在融合中共同成长的规制政策和制度。在产业融合的过程中，促进高技术产业与传统产业之间采取兼并联合、战略联盟等手段来提高企业的技术研发水平，整合业务和市场能力。建立高技术产业融合成长的实现机制，强化高技术的渗透与运用，建立融合型的产业共性关键技术平台。高技术产业融合产生了融数字、网络和生物技术与传统业务为一体的新业态，政府应设立科技促进专项基金及引导社会资金投向融合型高技术产业，加快培养复合型人才。

3. 研究展望

由于产业融合在我国还处于初期阶段，可供支持本研究观点的实际案例并不多见或者是需要进一步地收集梳理，而且目前还难以收集到足够的融合型产业相关数据来进行产业融合成长的量化研究。模型和实证上的局限使得对研究结果作一般化的解释会受到一定程度的限制。

因此，本课题还有一些重要的理论和实践问题值得进行深化研究。未来的研究方向主要是以下几个方面。

1）本书系统分析了高技术产业与农业、制造业、服务业的融合，通过专利系数法，对技术融合度、产品与业务融合度以及市场融合度进行了初步测算，运用灰色关联分析法总结了各个融合阶段对产业结构优化升级的影响。在以后的研究中，可以进一步尝试建立起全面测度高技术产业融合成长的数理模型，进行深入的定量分析，使理论更有说服力。

2）可以进行不同国家高技术产业融合成长的比较研究，以进一步验证高技术产业融合成长的经济效应。

3）持续跟踪我国高技术产业融合的发展动态，收集融合型产业发展的数据，进行量化的实证研究，在充分的前提下建立起统计模型来检验本研究的结论。

参 考 文 献

白雪洁. 2005. 产业融合影响物流产业市场结构的路径及企业的应对策略. 物流技术, (10): 132-147.

毕斗斗. 2009. 生产服务业发展研究. 北京: 经济科学出版社.

蔡艺, 张春霞. 2010. 基于产业融合视角的福建产业结构调整研究. 福建论坛(人文社会科学版), (9): 129-132.

陈川. 2000. 关于实现高科技产业对传统产业切入的思考. 学术论坛, (4): 21-23.

陈力丹, 付玉辉. 2006. 论电信业和传媒业的产业融合. 新闻学与传播学, (3): 28-31.

陈柳钦. 2006. 未来产业发展的新趋势: 集群化、融合化和生态化. 商业经济与管理, (1): 30-34.

陈晓涛. 2006. 技术扩散与吸收对产业融合演进的影响. 科技管理研究, (11): 45-48.

戴维·莫谢拉. 2002. 权力的浪潮——全球信息技术的发展与前景1964-2010(中译本). 高戈译. 北京: 社会科学文献出版社.

道良德. 2004. 产业融合: 上海产业发展的新趋势. 区域经济, (2): 32-33.

邓心安, 王世杰, 姚庆筱. 2006. 生物经济与农业未来. 北京: 商务印书馆.

邓心安, 延吉生. 2001. 谁将取代信息经济: 知识经济还是生物经济. 全球科技经济瞭望, (1): 7-8.

高汝熹, 张洁. 2004. 知识·服务业——都市经济第一支柱产业. 上海: 上海交通大学出版社.

宫泽健一. 1999. 制度和信息的经济学. 东京: 有斐阁.

龚雪. 2009. 创意经济时代的产业融合研究. 科技进步与对策, (3): 72-74.

郭俊华. 2007. 产业融合与西部地区新型工业化道路. 北京: 中国经济出版社.

国家发展和改革委员会高技术产业司. 2004. 中国生物技术产业发展报告(2004). 北京: 化学工业出版社: 59-60.

韩顺法, 李向民. 2009. 基于产业融合的产业类型演变及划分研究. 中国工业经济, (12): 66-75.

韩小明. 2006. 对于产业融合问题的理论研究. 教学与研究, (6): 54-61.

何立胜. 2005. 产业融合与产业竞争力. 河南社会科学, (5): 13-15.

何立胜. 2006. 产业融合与产业转型. 河南师范大学学报(哲学社会科学版), (4): 61-64.

胡汉辉, 邢华. 2003. 产业融合理论以及对我国发展信息产业的启示. 中国工业经济, (2): 23-29.

胡金星. 2007. 产业融合的内在机制研究——基于自组织理论的视角. 上海: 复旦大学.

胡金星. 2008. 浅析产业融合产生的前提条件. 中国科技产业, (4): 81-82.
胡晓鹏. 2009. 模块化: 经济分析新视角. 北京: 人民出版社.
胡永佳. 2007. 从分工角度看产业融合的实质. 理论前沿, (8): 30-31.
黄建富. 2001. 产业融合: 中国发展新经济的战略选择. 南方经济, (7): 67-69.
贾玉花, 薛蓉娜. 2005. 基于产业成长理论的中国汽车电子信息产业发展研究. 西安邮电学院学报, (4): 11-15.
姜奇平. 1998. 浮场中的数字经济. 北京: 中国人民大学出版社.
姜奇平. 2004. 新知本主义. 北京: 北京大学出版社.
蒋满元. 2006. 主导产业融合趋势的成因与影响分析. 昆明理工大学学报 (社会科学版), (12): 29-32.
蒋士杰. 2006. 我国汽车电子产业分析与投资价值研究. 上海: 同济大学.
杰里米·里夫金. 2000. 生物技术世纪. 付立杰译. 上海: 上海科技教育出版社: 40, 189.
金碚. 2003. 高技术在中国产业发展中的地位和作用. 中国工业经济, (12): 5-10.
卡丽斯·鲍德温, 金·克拉克. 2006. 设计规则. 张传良译. 北京: 中信出版社.
克里斯·弗里曼, 罗克·苏特. 2004. 工业创新经济学 (中译本). 华宏勋, 华宏慈, 等译. 北京: 北京大学出版社: 44.
李怀勇. 2008. 信息化时代的市场融合. 北京: 经济管理出版社.
李金勇. 2005. 上海生产性服务业发展研究. 上海: 复旦大学.
李美云. 2005. 国外产业融合研究新进展. 外国经济与管理, (12): 12-20.
李美云. 2006. 论服务业的跨产业渗透与融合. 外国经济与管理, (10): 25-42.
李美云. 2007. 服务业的产业融合与发展. 北京: 经济科学出版社.
李青, 李文军, 郭金龙. 2004. 区域创新视角下的产业发展: 理论与案例研究. 北京: 商务印书馆.
李想. 2008. 模块化分工条件下网络状产业链的基本构造与运行机制研究. 上海: 复旦大学.
李晓丹. 2003. 产业融合与产业发展. 中南财经政法大学学报, (1): 54-57.
李兴华, 蓝海林. 2004. 高新技术企业集群自组织机制. 北京: 经济科学出版社.
理查德·奥利佛. 2003. 即将到来的生物科技时代. 曹国维译. 北京: 中国人民大学出版社, 北京大学出版社.
厉无畏, 王慧敏. 2002. 产业发展的趋势研判与理性思考. 中国工业经济, (4): 5-11.
厉无畏, 王振. 2003. 中国产业发展前沿问题. 上海: 上海人民出版社.
梁伟军, 易法海. 2009. 农业与生物产业技术融合发展的实证研究——基于上市公司的授予专利分析. 生态经济, (11): 144-147
林民盾, 杜曙光. 2006. 产业融合: 横向产业研究. 中国工业经济, (2): 30-36.
蔺雷, 吴贵生. 2007. 服务创新. 北京: 清华大学出版社.
岭言. 2001. 产业融合发展——美国新经济的活力之源. 工厂管理, (3): 25-26.
刘继国. 2009. 制造业服务化发展趋势研究. 北京: 经济科学出版社.
刘升学. 2006. 对加强我国农业生物产业技术经营的经济学分析. 商业研究, (20): 167-170.
刘欣. 2005. MVNO 推动国际化运营与跨产业融合. 通信世界: 30.

刘燕. 2001-10-22. 产业融合，挡不住的趋势. 人民日报，（12）

刘助仁. 2007. 美国农业生物技术应用蓬勃发展——兼论美国农业生物产业公共政策的运用. 调研世界，（3）：35-37.

柳旭波. 2006. 产业融合对产业结构政策的影响. 生产力研究，（7）：204-205.

柳尧杰，唐波. 2006. 我国汽车电子行业投资机会研究. 财贸研究，（1）：13-19.

卢锐. 2005. 跨国学习模仿创新与我国汽车产业的成长. 国际经贸探索，（5）：42-46.

陆国庆. 2003. 基于信息技术革命的产业创新模式. 产业经济研究，（4）：31-37.

吕政，刘勇，王钦. 2006. 中国生产性服务业发展的战略选择——基于产业互动的研究视角. 中国工业经济，（8）：5-12.

罗文，马如飞. 2005. 产业融合的经济分析及其启示. 科技与产业，（6）：59-61.

马健. 2002. 产业融合理论研究评述. 经济学动态，（5）：78-81.

马健. 2003. 信息产业融合与产业结构升级. 产业经济研究，（2）：37-42.

马健. 2005. 产业融合识别的理论探讨. 社会科学辑刊，（3）：86-89.

马健. 2006. 产业融合论. 南京：南京大学出版社.

马晓国，李宗植，管军. 2006. 产业融合理论及发展江苏信息产业的分析. 科学学研究，（8）：158-162.

迈克尔·波特. 2002. 国家竞争优势（中译本）. 李明轩，邱如美译. 北京：华夏出版社.

美国商务部报告. 1998. 浮现中的数字经济. 姜奇平译. 北京：中国人民大学出版社.

聂子龙，李浩. 2003. 产业融合中的企业战略思考. 软科学，（2）：80-83.

彭湃. 2007. 基于社会网络视角的高技术企业集群式成长机制研究. 长春：吉林大学.

钱平凡，黄川川. 2003. 模块化：解决复杂系统问题的有效方法. 中国工业经济，（11）：85-90.

青木昌彦，安藤晴彦. 2003. 模块时代：新产业结构的本质（中译本）. 周国荣译. 上海：上海远东出版社.

清华大学经济管理学院"中国服务业发展的问题和对策"课题组. 2006. 促进服务业发展政策研究，2006年研究报告.

芮明杰，胡金星. 2008. 产业融合的识别方法研究——基于系统论的研究视角. 上海管理科学，（3）：33-35.

芮明杰，李想. 2009. 网络状产业链构造与运行. 上海：格致出版社，上海人民出版社.

萨尔坦·科马里. 2000. 信息时代的经济学（中译本）. 姚坤，何卫红译. 南京：江苏人民出版社.

史丹，李晓斌. 2004. 高技术产业发展的影响因素及其数据检验. 中国工业经济，（12）：32-39.

史忠良，刘劲松. 2002. 网络经济环境下产业结构演进探析. 中国工业经济，（7）：34-39.

苏东水. 2000. 产业经济学. 北京：高等教育出版社.

苏京平，闫双勇，孙林静，等. 2007. 我国转基因水稻研究的现状. 天津农业科学，13（4）：7-11.

谭梅，杨卫辉，盖晓晶. 2005. 汽车电子产业发展现状分析. 工业技术经济，10：42-43.

唐昭霞, 朱家德. 2008. 产业融合对产业结构演进的影响分析. 经济论坛, (1): 83-86.
王昌林, 蒋云飞. 2008. 我国高技术产业发展及其政策调整. 中国软科学, (8): 30-36.
王丹. 2008. 产业融合背景下的企业并购研究. 上海: 上海社会科学院.
王宏广. 2003-11-03. 试论"生物经济". 科技日报.
王瑞丹. 2006. 高技术型现代服务业的产生机理与分类研究. 北京交通大学学报（社会科学版）, (1): 50-54.
王树林. 2006. 现代服务业: 北京经济发展第一支柱产业. 新视野, (4): 30-33.
王旭超, 张少杰, 郑骁鹏. 2007. 发展汽车电子产业振兴吉林经济的战略思考. 工业技术经济, 5: 15-17.
王仰东, 谢明林, 安琴, 等. 2011. 服务创新与高技术服务业. 北京: 科学出版社.
吴福象, 马健, 程志宏. 2009. 产业融合对产业结构升级的效应研究: 以上海市为例. 上海经济, (1): 62-65.
吴福象, 朱蕾. 2011. 技术嵌入、产业融合于产业结构转换效应——基于北京与上海六大支柱产业数据的实证分析. 上海经济研究, (6): 39-44.
吴欣望, 夏杰长. 2006. 知识密集型服务业与结构转型. 财贸经济, (1): 86-88.
吴义杰. 2010. 产业融合理论与产业结构升级——以江苏信息产业转变发展方式为例. 江苏社会科学, (1): 248-251.
吴颖, 刘志迎, 丰志培. 2004. 产业融合问题的理论研究动态. 产业经济研究, (4): 64-70.
夏杰长. 2008. 高新技术与现代服务业融合发展研究. 北京: 经济管理出版社.
肖弦弈, 杨成. 2008. 手机电视: 产业融合的移动革命. 北京: 人民邮电出版社.
徐胜. 2007. 产业集群与区域创新体系的融合研究. 当代财经, (1): 77-81.
徐盈之, 孙剑. 2009. 信息产业与制造业的融合——基于绩效分析研究. 中国工业经济, (7): 56-66.
徐哲. 2006. 我国汽车电子产业发展现状及对策研究. 工业技术经济, 2: 106-108.
杨明强, 李世新, 郭庆然, 等. 2004. 产业融合与产业竞争力相关性研究. 统计与决策, (10): 58-59.
姚战琪. 2009. 技术进步与现代服务业: 融合、互动及对增长的贡献. 北京: 社会科学文献出版社.
叶彬, 马海峰, 李永红. 2006. 对发展深圳农业生物技术产业的思考与建议. 改革与战略, (6): 26-28.
于刃刚, 李玉红, 麻卫华, 等. 2006. 产业融合论. 北京: 人民出版社.
于刃刚. 1997. 三次产业分类与产业融合趋势. 世界政治与经济, (1): 18-20.
余东华, 芮明杰. 2005. 模块化、企业价值网络与企业边界变动. 中国工业经济, (10): 88-95.
余东华. 2005. 产业融合与产业组织结构优化. 天津社会科学, (3): 72-76.
郁明华, 陈抗. 2006. 国外产业融合理论研究的新进展. 现代管理科学, (2:) 36-38.
喻国明, 张小争. 2005. 传媒竞争力. 产业价值链案例与模式. 北京: 华夏出版社.
喻学东, 苗建军. 2010. 技术融合推动产业结构升级的机理研究. 科技与管理, (2): 108-110.

原小能. 2005. 论转型经济中生产性服务业的发展. 南京社会科学,（9）：17-22.
詹浩勇. 2005. 产业融合内涵的再认识. 沿海企业与科技,（12）：67-69.
张辉. 2004. 全球价值链理论与我国产业发展研究. 中国工业经济,（5）：38-46.
张磊. 2001. 产业融合与互联网管制. 上海：上海财经大学出版社：8.
张昕,让·拉丰,安·易斯塔什. 2000. 网络产业：规制与竞争理论. 北京：社会文献出版社.
赵西华. 2010. 加强农业生物产业研发,培育江苏农业新兴战略产业. 江苏农业科学,（1）：1-3.
赵玉林,魏芳. 2006. 高技术产业发展对经济增长带动作用的实证分析. 数量经济技术经济研究,（6）：44-54.
赵玉林,徐娟娟. 2009. 创新诱导主导性高技术产业成长的路径分析. 科学学与科学技术管理,（9）：123-129.
赵玉林,张钟方. 2008. 高技术产业对产业结构优化升级作用的实证分析. 科研管理,（3）：35-42.
赵玉林. 2004. 高技术产业经济学. 北京：中国经济出版社.
赵玉林. 2009. 高技术产业发展与经济增长. 北京：中国经济出版社.
郑明高. 2010. 产业融合发展研究. 北京：北京交通大学.
植草益. 2000. 产业融合——产业组织新的方向. 东京：日本岩波书店.
植草益. 2001. 信息通讯业的产业融合. 中国工业经济,（2）：27.
中国汽车技术研究中心,中国汽车工业协会. 2009. 中国汽车工业年鉴（2009年版）. 北京：中国汽车工业年鉴期刊社.
钟若愚. 2007. 产业融合：深圳服务业发展的现实路径选择. 深圳大学学报（人文社会科学版）,（1）：35-37.
周振华. 2002. 信息化进程中的产业融合研究. 经济学动态,（6）：58-62.
周振华. 2003a. 信息化与产业融合. 上海：上海三联书店.
周振华. 2003b. 产业融合：产业发展及经济增长的新动力. 中国工业经济,（4）：46-52.
周振华. 2003c. 产业融合：新产业革命的历史性标志. 产业经济研究,（1）：5
周振华. 2004. 产业融合中的市场结构及其行为方式分析. 中国工业经济,（2）：11-18.
朱瑞博. 2003. 价值模块整合与产业融合. 中国工业经济,（8）：24-31.
Abernathy W J, Utterback J M. 1978. Pattern of industrial innovation. Technology Review：197.
Accenture. 2006. Content flips the channel：the accenture media content survey 2006. Report, Accenture Convergence Group.
Alfonso G, Salvatore T. 1998. Does technological convergence imply convergence in markets? Evidence from the Electronics Industry. Research Policy, 27：445-463.
Ames E, Rosenberg N. 1997. Technological change in the machine tool industry, 1840-1910//Rosenberg N. Perspectives on Technology. Cambridge：Cambridge University Press.
Australian Government National Office for the Information Economy. 2000. Convergence report. http：//www.noie.gov.au ［2010-11-12］.

Backholm A, Hacklin F. 2002. Estimating the 3G convergence effect on the future role of application-layer mobile middleware solutions: scenarios and strategies for business application providers in 3G and beyond//Lu W W. Proceedings of the 2002 International Conference on Third Generation Wireless and Beyond (3G wireless'02). San Francisco/ Silicon Valley, CA, USA: World Wireless Congress: 74-79.

Baer M. 2004. Kooperationen und Konvergenz, Vol. 26 of Controlling und Management. Frankfurt a. M: Peter Lang.

Baldwin C Y, Clark K B. 1997. Managing in an age of modularity. Harvard Business Reviews, 75 (5): 84-93.

Baldwin C Y, Clark K B. 2000. The Power of Modularity. Cambridge MA, Design Rules: MIT Press.

Bally N. 2005. Deriving managerial implications from technological convergence along the innovation process: a case study on the telecommunications industry. Swiss Federal Institute of Technology (ETHZ rich).

Banker D R, Chang H H, Majundar K S. 1998. Economies of scope in the U. S. telecommunications industry. Information Economics and Policy, 10: 253-272.

Bernstein J, INadiri M I. 1988. Interindustry R&D spillovers, rates of return and production high-tech industries. American Economic Review, 78 (2): 429.

Blackman C. 1998. Convergence between telecommunications and other media: how should regulation adapt? Telecommunications Policy, 22 (3): 163-170.

Bores C, Saurina C, Torres R. 2003. Technological convergence: a strategic perspective. Technovation, 23 (1): 1-13.

Broring S. 2003. Innovation strategies in converging industries: are source-based perspective. Research Paper, University of Muenster, Institute of Business Administration.

Broring S. 2005. The Front End of Innovation in Converging Industries: the Case of Nutraceuticals and Functional Foods. Wiesbaden: DUV.

Browning H C, Singelman J. 1975. The Emergence of a Service Society, Springfield.

Cameron G, Proudman J, Redding S. 2005. Technological convergence, R&D, trade and productivity growth. European Economic Review, 49 (3): 775-807.

Camponovo G, Pigneur Y. 2003. Analyzing the m-business landscape. Annals of Telecommunications, 58 (1/2): 23-33.

Cantwell J A, Fai F. 1999. Firms as the source of innovation and growth: the evolution of technological competence. Journal of Evolutionary Economics, 9: 331-366.

Chan-Olmsted S M. 1998. Mergers, acquisitions and convergence: the strategic alliances of broadcasting, cable television, and telephone services. Journal of Media Economics, 11 (3): 33-46.

Chesbrough H. 2007. Business model innovation: it's not just about technology anymore. Strategy and Leadership, 35 (6): 12-17.

Chi T, Liu J. 2001. Product life cycle, and market entry and exit decisions under uncertainty. IIE Transactions, (33): 695-704.

Choi B R. 2003. High-technology Development in Regional Economic Growth: Policy Implications of Dynamic Externalities. Burlington (USA): Ashgate Publishing Company.

Christensen C, Rosenbloom R. 1995. Explains the auacker's advantage: technological paradigms, organizational dynamics and the value network. Research Policy, 24: 223-257.

Collis D, Bane P, Bradley S. 1997. Winners and losers: industry structure in the converging world of telecommunications, computing and entertainment//Yoffie D B. Competing in the Age of Digital Convergence. Boston: Harvard Business School Press: 159-200.

Curran C S, Broring S, Leker J. 2010. Anticipating converging industries using publicly available data. Technological Forecasting & Social Change, 77 (3): 385-395.

Curran C S, Leker J. 2009. Employing STN AnaVist to forecast converging industries. International Journal of Innovation Management, 13 (4): 637-664.

Curran C S, Leker J. 2011. Patent indicators for monitoring convergence- examples from NFF and ICT. Technological Forecasting & Social Change, 78: 256-273.

David R J. 2000. Environmental Change and Industry Evolution: A Historical Account of the Early Management Consulting Industry. Academy of Management Proceedings, MH: A1.

Davies A. 2003. Are firms moving downstream into high-value services//Tidd J, Hull F M. Service Innovation, Series on Technoogy Management, Vol. 9. London: Imperial College Press: 21-34.

Davis S, Meyer C. 2000. What will replace the tech economy? Time, 155 (21): 76-77.

Drucker P. 1986. The Changed World Economy. Foreign Affairs, Spring: 768-791.

Duysters G, Hagedoorn J. 1998. Technological convergence in the IT industry: the role of strategic technology alliances and technological competencies. International Journal of Econ Bus, 5: 355-368.

Edelmann J, Koivuniemi J, Hacklin F, et al. 2006. New perspectives on mobile service development//Muller J, Preissl B. Governance of Communication Networks: Connecting Societies and Markets with IT. Heidelberg: Physica (Springer): 295-308.

Engelstoft S, Jensen-Butler C, Smith I, et al. 2006. Industrial clusters in denmark: theory and empirical evidence. Papers in Regional Science, 85 (1): 73-98.

European Commission. 1997. Green Paper on the Convergence of the Telecommunications, Media and Information Technology Sectors and the Implications for Regulation towards an Information Society Approach. Brussels: European Commission: 12-15.

Fai F M, von Tunzelmann N. 2001. Industry-specific competencies and converging technological systems: evidence from patents. Structural Change and Economic Dynamics, 12 (2): 141-170.

Fransman M. 2000. Convergence, the Internet and multimedia: implications for the evolution of industries and technologies//Bohlin E, et al. Convergence in Communications and Beyond. North Holland: Amsterdam, the Netherlands.

Freeman C, Seethe L. 1997. Economics of Industrial Innovation (3rd ed). London: Creative Print and Design: 18-80.

Gaines B R. 1998. The learning curves underlying convergence. Technological Forecasting And Social

Change, 57 (1-2): 7-34.

Gambardella A, Torrisi S. 1998. Does technological convergence imply convergence in markets? Evidence from the Electronics Industry Research Policy, 27: 445-463.

Geradin D. 2001. Regulatory issues raised by network convergence: the case of multi-utilities. Journal of Network Industries, (2): 113-126.

Gerum E, Sjurts I, Stieglitz N. 2004. Industry convergence and the transformation of the mobile communications system of innovation. Phillips University Marburg, Department of Business Administration and Economics.

Golder P N, Tellis G J. 2004. Growing, growing, gone: cascades diffusion and turning points in the product life cycle. Marketing Science, 23 (2): 207-218.

Gordon R. 2003. The meanings and implications of convergence//Kawamoto K. Digital Journalism: Emerging Media and the Changing Horizons of Journalism. Rowman & Littlefield: Lanham (MD), USA: 57-73.

Gort M, Klepper S. 1982. Time paths in the diffusion of product innovations. The Economic Journal, (9): 630-653

Greenfield H I. 1966. Manpower and the Growth of Producer Services. New York: Columbia U. Press.

Greenstein S, Khanna T. 1997. What does industry convergence mean//Yoffie D. Competing in the Age of Digital Convergence. Boston: Harvard Business School Press: 201-226.

Gronroos C. 1998. Service Management & Marketing: A Customer Relationship Management Approach (2nd ed). Chichester: John Wiley & Sons, Ltd.

Hackler K, Jopling E. 2003. Technology convergence driving business model collision. Report, Gartner Group.

Hacklin F, Marxt C, Fahrni F. 2009. Coevolutionary cycles of convergence: an extrapolation from the ICT industry. Technological Forecasting and Social Change, 76 (6): 723-736.

Hacklin F, Marxt C, Fahrni F. 2010. An evolutionary perspective on convergence: inducing a stage model of inter-industry innovation. Int J Technology Management, 49 (1/2/3): 220-249.

Hacklin F, Marxt C. 2003. Assessing R&D management strategies for wireless applications in a converging environment//Butler J. Proceedings of the R&D Management Conference 2003 (RADMA), Proceedings. Manchester, England: Blackwell Publishers.

Hacklin F, Raurich V, Marxt C. 2005. Implications of technological convergence on innovation trajectories: the case of ICT industry. International Journal of Innovation and Technology Management, 2 (3): 313-330

Hacklin F. 2008. Management of Convergence in Innovation—Strategies and Capabilities for Value Creation Beyond Blurring Industry Boundaries, Contributions to Management Science. Heidelberg: Physica-Verlag.

Hildenbrand K, Fleisch E, Beckenbauer B. 2004. New business models for manufacturing companies in B2B markets: from selling products to managing the operations of customers//Wdvardsson B, Gustafsson A, Brown S B, et al. Service Excellence in Management: Interdisciplinary Contributions, Proceedings of the QUIS 9 Conference, Karlstad, June 15-18: 407-416.

Kahl S. Utilizing use: the potential impact of customer use patterns on technology and industry evolution. MIT Sloan School of Management MIT Cambridge, MA 02142.

Kaluza B, Blecker T, Bischof C. 1999. Implications of digital convergence on strategic management// The Current State of Economic Science. Rohtak: Spellbound Publications: 2223-2249.

Klepper S, Graddy E. 1990. The evolution of new industries and the determinants of market structure. Rand Journal of Economics, 21 (1): 27-44.

Klepper S. 2002. Firm survival and the evolution of oligopoly. RAND Journal of Economics, 33 (1): 37-61.

Kubota T. 1999. Creation of New Industry by Digital Convergence. Hitachi Ltd.

Langlois R N, Robertson P L. 1992. Networks and innovations in a modular system: lessons from the microcomputer and stereo component industries. Research Policy, (21): 297-313.

Langlois R N. 2000. Modularity in technology and organization. Journal of Economic Behavior & Organization, 49: 19-37.

Lee G K F. 2003. The competitive consequences of technological convergence in an era of innovations: telephony communications and computer networking, 1989-2001. PhD thesis, Haas School of Business, UC Berkeley, CA.

Lei D T. 2000. Industry evolution and competence development: the imperatives of technological convergence. International Journal of Technology Management, 19 (7-8): 699-738.

Lemola T. 2002. Convergence of national science and technology policies: the case of Finland. Research Policy, 31 (8-9): 1481-1490.

Lind J. 2004. Convergence: history of term usage and lessons for firm strategies. Stockholm School of Economics, Center for Information and Communications Research.

Lind J. 2005. Ubiquitous convergence: market redefinitions generated by technological change and the industry lifecycle. Paper for the DRUID Academy, Winter 2005 Conference.

Malhotra A. 2001. Firm strategy in converging industries: an investigation of US commercial bank responses to US commercial investment banking convergence. Doctorial Thesis of Maryland University.

Marsden C, Verhulst S. 1999. Convergence in European Digital Television Regulation. London: Black Stone Press Ltd.

Martha A, Murillo G, MacInnes I. 2001. FCC organizational structure and regulatory convergence. Telecommunications Policy, (25): 431-452.

McDonald F, Tsagdis D, Huang Q H. 2006. The development of industrial clusters and public policy. Entrepreneurship & Regional Development, 18 (11): 525-542.

Meyer M. 2000. Does science push technology? Patents citing scientific literature. Research Policy, 29 (3): 409-434.

Mueller M. 1997. Telecom Policy and Digital Convergence. City University of HongKong Press.

Murray F. 2002. Innovation as co-evolution of scientific and technological networks: exploring tissue engineering. Research Policy, 31 (8-9): 1389-1403.

Nokia. 2004. Digital convergence: a new chapter for mobility. Report, Nokia Group.

Norman V D, Venables A J. 2004. Industrial clusters: equilibrium welfare and policy. The London School of Economics and Political Science, 71: 543-558.

OECD. 2001. OECD Proceedings, Innovation and Productivity in Service.

Oliva R, Kallenberg R. 2003. Managing the transition from products to services. International Journal of Service Industry Management, 14 (2): 160-172.

Ono R, Aoki K. 1998. Convergence and new regulatory frameworks. Telecommunications Policy, 22 (10): 817-838.

Ono R, Aoki K. 2000. Regulation of internet telephone//HuKill M, et al. Electronic Communication Convergence, Policy Challenges in Asia. New Delhi/Thousands Oaks/ London: Sage Publications.

Pandit N R, Cook G A S, Swann G M P. 2003. The dynamics of industrial clustering in British financial services. The Service industries Journal, 21 (4): 33-61.

Pappas N, Sheehan P. 1998. The new manufacturing: linkages between production and service activities//Sheehan P, Tegart G. Working for the Future. Melbourne: Victoria University Press: 127-131.

Pennings J M, Puranam P. 2001. Market convergence and firm strategy: new directions for theory and research. ECIS Conference, The Future of Innovation Studies, Eindhoven, The Netherlands.

Porter M E, Millar V A. 1985. How information gives you competitive advantage. Harvard Business Review, 85 (4): 149-160.

Porter M E. 2001. Strategy and the internet. Harvard Business Review, 79 (3): 63-78.

Pringle D. 2003. Clash of the titans. Wall Street Journal Europe, 3 (14-16): R1-R2.

Prudhomme G, Zwolinski P, Brissaud D. 2003. Integrating into the design process the needs of those involved in the product life-cycle. J Eng Design, 14 (3): 333-353.

Quinn S. 2005. Convergence's fundamental question. Journalism Studies, 6 (1): 29-38.

Ralph D, Graham P. 2004. MMS: Technologies, Usage and Business Models. New York: John Wiley & Sons: 18-20.

Ramundo V. 1999. The convergence of telecommunications technology and providers: the evolving state role in telecommunications regulation. Albany Law Journal of Science and Technology, (6): 6-9.

Reiskin E D, White A L, Johnson J K, et al. 2000. Servicizing the chemical supply chain. Journal of Industrial Econlogy, 3 (2-3): 19-31.

Robinson F. 2003. The marketing of 3G. Marketing Intelligence & Planning, 21 (6): 370-378.

Rosenberg N. 1963. Technological change in the machine tool industry: 1840-1910. The Journal of Economic History, 23: 414-446.

Schiller H. 1996. United States//MacLeod V. Media Ownership and Control in the Age of Convergence. London: International Institute of Communication.

Schilling M A, Steensma H K. 2001. The use of modular organization form: an industry-level analysis. Academy of Management Joural, 44 (6): 1149-1168.

Shepard S. 2002. Telecommunications Convergence: How To Bridge The Gap Between Technologies and Services. New York: McGraw-Hill.

Sigurdson J, Ericsson P. 2003. New services in 3G: new business models for streaming and video. International Joournal of Mobile Communications, 1 (1/2): 15-34.

Simon H. 1962. The architecture of complexity. Proceedings of the American Philosophical Society, 106 (6): 467-482.

Simons K L. 2003. Industry life cycles and their causes (Synopsis). Academy of Management Best Conference Paper, BPS: 11.

Steinbock D. 2003. Globalization of wireless value system: from geographic to strategic advantages. Telecommunications Policy, 27 (3-4): 207-235.

Steinbock D. 2005. The Mobile Revolution: The Making of Mobile Services Worldwide. London: Kogan Page.

Stieglitz N. 2002. Industry dynamics and types of market convergence. Paper to be presented at the DRUID Summet Conference on "Industrial Dynamics of the New and Old Economy —Who is Embracing Whom?" Copenhagen/Elsinore: 1-6.

Stieglitz N. 2003. Digital dynamics and types of industry convergence: the evolution of the handheld computers market in the 1990s and beyond//Christensen J F, Maskell P. The Industrial Dynamics of the New Digital Economy. Cheltenham: Edward Elgar: 179-208.

Sturgeon T J. 2002. Modular production networks: a new american model of industrial organization. Industrial and Corporate Change, 11 (3): 451-496.

SVEDA. 2005. Nano-bio-info technology convergence. Report, Silicon Valley Economic Development Alliance (SVEDA).

Szalavetz A. 2003. Tertiarization of manufacturing industry in the new economy: experiences in Hungarian companies. Hungarian Academy of Sciences Working Papers, (3): 134.

Tadayoni R, Skouby K E. 1999. Terrestrial digital broadcasting: convergence and its regulatory implications. Telecommunications Policy, (23): 175-199.

Tsai K H, Wallg J C. 2004. R&D productivity and the spillover effects of high-tech industry on the traditional manufacturing sector: the case of Taiwan. World Economy, 27 (10): 1555-1570.

Vandermerwe S, Rada J. 1988. Servitization of business: adding value by adding services. European Management Journal, 6 (4): 314-324.

Wan X, Xuan Y, Lv K. 2011. Measuring convergence of China's ICT industry: an input-output analysis. Telecommunications Policy, 35: 301-313.

White A L, Stoughton M, Feng L. 1999. Serviciaing: The Quiet Transition to Extended Product Responsibility. Boston: Tellus Institute.

Winter S G, Kaniovski Y M, Dosi G. 2003. A baseline model of industry evolution. Journal of Evolutionary Economics, (13): 355-383.

Wirtz B. 2001. Reconfiguration of value chains in converging media and communications markets. Long Range Planning, 34: 489-507.

Yang D H, Kim S, Nam C, et al. 2004. Fixed and mobile service convergence and reconfiguration of telecommunications value chains. IEEE Wireless Communications, 11 (5): 42-47.

Yoffie D B. 1997a. Competing in the Age of Digital Convergence. Boston: Harvard Business School Press.

Yoffie D B. 1997b. Introduction: CHESS and competing in the age of digital convergence//Yoffie D B. Competing in the Age of Digital Convergence. Boston: Harvard Business School Press: 1-35.

Ypsilanti D, Xavier P. 1998. Towards next generation regulation. Telecommunications Policy, 22 (8): 643-659.